普通高等教育“十二五”规划教材

公路施工技术

主　编　訾爱民
副主编　李永华
主　审　曹中杰

中国水利水电出版社
www.waterpub.com.cn

内 容 提 要

依据实践专家访谈会中达成的基本技能共识，结合广泛的社会调研及现行规范，本书分为三篇：第一篇为施工放样，介绍了施工放样的基本方法，中线的施工放样，横断面的施工放样，路面的施工放样；第二篇为路基施工，介绍了路基的概念，路堤填筑施工，路堑开挖施工，路基工程检查验收，路基防护工程施工，挡土墙施工，路基排水设施施工，公路软土地基处理等内容；第三篇为路面施工，介绍了路面的概念，路面基层、底基层的施工，沥青类路面施工，水泥混凝土路面施工等内容。为了便于在学习中更好地了解和掌握本书核心内容并指导实践，每章后附有复习思考题。

本书既可作为道路桥梁工程技术专业、工程监理专业、公路工程检测技术专业、市政工程等专业用教材，也可作为交通土建类相关专业工程技术人员的参考用书。

图书在版编目（CIP）数据

公路施工技术 / 訾爱民主编. -- 北京 : 中国水利水电出版社, 2013.6(2018.12重印)
普通高等教育“十二五”规划教材
ISBN 978-7-5170-0938-2

Ⅰ. ①公… Ⅱ. ①訾… Ⅲ. ①道路施工－工程技术－高等学校－教材 Ⅳ. ①U415.6

中国版本图书馆CIP数据核字(2013)第136350号

书　　名	普通高等教育“十二五”规划教材 **公路施工技术**
作　　者	主编　訾爱民　副主编　李永华　主审　曹中杰
出版发行	中国水利水电出版社 （北京市海淀区玉渊潭南路1号D座　100038） 网址：www.waterpub.com.cn E-mail：sales@waterpub.com.cn 电话：（010）68367658（营销中心）
经　　售	北京科水图书销售中心（零售） 电话：（010）88383994、63202643、68545874 全国各地新华书店和相关出版物销售网点
排　　版	中国水利水电出版社微机排版中心
印　　刷	北京印匠彩色印刷有限公司
规　　格	184mm×260mm　16开本　12.25印张　290千字
版　　次	2013年6月第1版　2018年12月第2次印刷
印　　数	3001—4500册
定　　价	**34.00**元

前言

QIANYAN

“公路施工技术”课程是道桥专业群中道路桥梁工程技术专业、工程监理专业的一门专业核心课程，尤其是针对路桥专业高职教育主要培养的是面向施工第一线的应用型人才，本书结合到职业教育的特点和内容，以实用、实际、实效为原则，同时紧密追踪公路施工技术的发展，紧贴现行有关标准规范，也充分考虑到教学规律，与“公路设计”、“桥涵施工技术”等课程教材较好地衔接和分工，以便学生系统学习。其目标是通过本课程的学习，使学生能够具备基本的公路施工能力，尽快适应公路施工的岗位需要。

本书依据实践专家访谈会中达成的基本技能共识，结合广泛的社会调研以及现行规范等内容要求，把整个教学内容划分为施工放样、路基施工、路面施工三部分，内容充分考虑了对高职学生的学习特点和工作实际需求的定位，具有一定的针对性。

全书分为三篇：第一篇为施工放样，介绍了施工放样的基本方法，中线的施工放样，横断面的施工放样，路面的施工放样；第二篇为路基施工，介绍了路基的概念，路堤填筑施工，路堑开挖施工，路基工程检查验收，路基防护工程施工，挡土墙施工，路基排水设施施工，公路软土地基处理等内容；第三篇为路面施工，介绍了路面的概念，路面基层、底基层的施工，沥青类路面施工，水泥混凝土路面施工等内容。

本书由河北交通职业技术学院訾爱民主编，石家庄市公路管理处曹中杰正高工主审。全书共三篇，十六章，具体编写情况如下：河北交通职业技术学院訾爱民编写第一篇第一章至第四章；第二篇第八章；第三篇第三章和第四章；由河北交通职业技术学院张邰生编写第二篇第五章至第七章；由河北交通职业技术学院李永华编写第二篇第一章至第四章；由河北交通职业技术学院赵毅编写第三篇第一章和第二章。

本书在编写过程中得到了河北交通职业技术学院李中秋教授、苏建林教授，东南大学博士生导师倪富健教授的支持与帮助，在此一并向他们致以诚挚的谢意。

鉴于我国幅员辽阔，各省的地理位置、自然条件、经济状况和公路建设的特点均不同，各院校可结合具有情况，讲授过程中可对本书内容进行取舍补充。

由于编者水平有限，时间仓促，书中疏漏之处在所难免，敬请读者批评指正。

编　者

2013 年 4 月

目录

MULU

第三篇　路　面　施　工

第一篇　施　工　放　样

施工放样就是在公路施工过程中，利用现代测量技术和仪器设备，依据交通部颁发的有关公路施工技术规范和经过批准的公路施工设计文件、图纸，将图纸上的点位放样于实地，由点构成线，由线构成面，进而形成公路的整体轮廓，以指导公路施工。

公路工程施工放样之前要做以下几项准备工作。

1. 资料收集

通常情况下，施工单位应收集的设计文件图表主要有：

（1）公路平面总体设计图即路线平面图。

（2）路线纵断面图。

（3）路基横断面图。

（4）路面横断面结构图（也称路面结构图）。

（5）路基设计表。

（6）直线、曲线及转角表。

（7）埋石点成果表（包括导线点成果表、水准点成果表）。

（8）逐桩坐标表。

（9）路基标准横断面图。

技术人员应全面熟悉设计文件、图纸，如发现错误，应及时向业主或监理报告，并由设计单位加以修改。

2. 现场勘查

在施工队伍进驻施工现场后，技术人员还应到施工现场勘察核对，其主要内容包括：

（1）搞清施工标段路线起点里程桩和终点里程桩的实地位置以及该标段四周的地貌概况，以确定取土、弃土运输便道的位置及制定临时排水措施等。

（2）对照路线设计纵断面及横断面图查看沿线地形，搞清挖方、填方地段。

（3）查看公路沿线平面控制导线点位、交点点位和高程控制水准点位的实地位置完好程度，各点通视情况能否满足放样需要。

（4）查看公路设计定测时的中线桩点位情况，为恢复中桩做准备。

（5）考察该施工标段沿线应加密的施工导线点、施工水准点的实地位置，并拟订联测已知导线点、水准点的方案。

（6）考察沿线盖板涵、通道、圆管涵、桥梁等附属构造物实地现状，拟订放样方案。

经过实地勘察，如发现施工现场存在与设计图表文件不符的内容，应及时向业主或监理报告，并根据施工现场实况，拟订施工测量方案。

3. 公路施工测量的仪器设备及材料准备

(1) 公路施工测量的仪器。

1) 全站仪：用于导线测量，坐标放样。

2) 水准仪：用于水准测量，高程放样。

3) 经纬仪配测距仪：用于导线测量，坐标放样。

4) 对讲机：用于放样联络。

5) 经纬仪配视距尺（水准标尺）：用于路基施工初期点的放样，路堑边坡堑顶放样等。

(2) 公路施工测量的量具。

1) 量具：钢尺（30～50m）、皮尺（30～50m）、小钢尺、fx－4500PA计算机。

2) 标尺：水准尺（双面）一对或塔尺（3m或5m）、尺垫、坡度尺（控制边坡）。

(3) 公路施工测量的材料。包括竹签、铁钉（钢钉）、记号笔（油性）、粉笔、石灰、红布（或红塑料袋）、铁锤、油漆、细绳、凿子等。

(4) 测量仪器的检验校正。

第一章　施工放样的基本方法

第一节　已知水平距离的放样

距离放样，不同于距离丈量。距离丈量是先用钢尺量出两定点之间的尺面长度，然后加上钢尺的尺长、温度和倾斜等项改正，求得两点间的水平距离。而距离放样则是根据给定的水平距离，结合现场情况，先进行钢尺的各项改正，反算出放样的尺面长度，然后按照这一长度从起点开始，沿已知方向定出终点位置。因此，放样时的程序和改正数的符号，恰恰与距离丈量时相反。

例如，放样的水平距离 S 为 30.000m，已知钢尺名义长度 D 为 30.000m，经检定钢尺实长为 30.003m，检定时的温度 t_0 为 20℃，拉力为 100N；放样时钢尺温度 t 为 30℃，拉力采用 100N。概量距离后，测得两放样端点的高差 h 为 1.00m，则三项改正数计算如下：

尺长改正数：　$\Delta D_l = 30.000 - 30.003 = -0.003(\text{m})$

温度改正数：　$\Delta D_t = \alpha D(t_0 - t) = 0.000012 \times 30.000 \times (20 - 30) = -0.004\ (\text{m})$

高差改正数：　$\Delta D_h = h^2/2S = 1^2/2 \times 30.000 = 0.017\ (\text{m})$

式中　α——温度改正系数，0.000012m/(℃m)。

沿倾斜地面放样时尺的另一端读数应为

$$30.000 - 0.003 - 0.004 + 0.017 = 30.010(\text{m})$$

当放样的距离大于一个整尺段时，应按地形情况分段施测并求取分段应量长度，然后分段标定，最后将终点放样于实地。

距离放样时，应使用拉力计，要求对钢尺所施拉力等于检定时拉力，故无需进行拉力改正。

第二节　已知水平角的放样

一、粗略放样

如图 1－1－1（a）所示，角顶点 A 及方向线 AB 已确定，拟在 A 点从 AB 开始顺时针方向设置水平角 β，定出 AC 方向。放样时，多采用正倒镜分中法。在 A 点安置经纬仪，先以盘左位置照准 B 点，使水平度盘读数为零，转动照准部，使读数为 β，在视线方向定出 C'点；再用盘右位置以同样方法放样出 β 角，定出 C''点；然后定出 $C'C''$中点 C，则 AC 即为放样的方向线，$\angle BAC$ 为放样角值 β。

二、精确放样

若需精确放样 β 角，可按图 1－1－1（b）进行。先按上法定出$\angle BAC$，再用经纬仪观测$\angle BAC$ 数个测回，取其平均值 β' 作为观测结果。令观测值 β' 与放样角值 β 之差为 $\Delta\beta$（单位为″），则可根据 AC 长度和 $\Delta\beta$ 计算垂距 CC_1，即

$$CC_1 = AC\,\frac{\Delta\beta}{\rho''}$$

式中，$\rho'' = 206265''$。

过 C 作 AC 的垂线，在垂线上按 CC_1 定出 C_1 点，则$\angle BAC_1$ 即为所放样之 β 角。若 $\Delta\beta$ 为正，则按逆时针方向改正点位；$\Delta\beta$ 为负，则按顺时针方向改正点位。

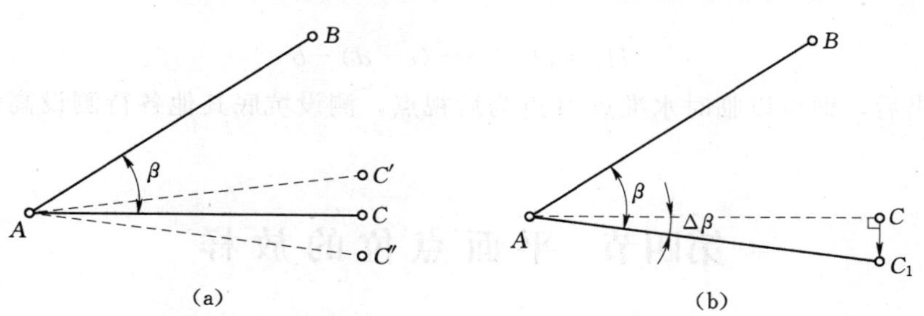

图 1－1－1　已知水平角的放样

第三节　已知高程的放样

已知高程的放样，是根据已知水准点及放样点的高程，用水准测量的方法进行。

如图 1－1－2 所示，设水准点 A 的已知高程为 $H_A = 40.359$m，在 B 点放样高程为 $H_B = 41.000$m，则在 A、B 间安置水准仪，后视 A 尺得读数 $a = 2.468$m，仪器视线高

程为

$$H_i = 40.359 + 2.468 = 42.827 \text{ (m)}$$

B 点的尺读数应为

$$B = H_i - H_B$$
$$= 42.827 - 41.000$$
$$= 1.827 \text{ (m)}$$

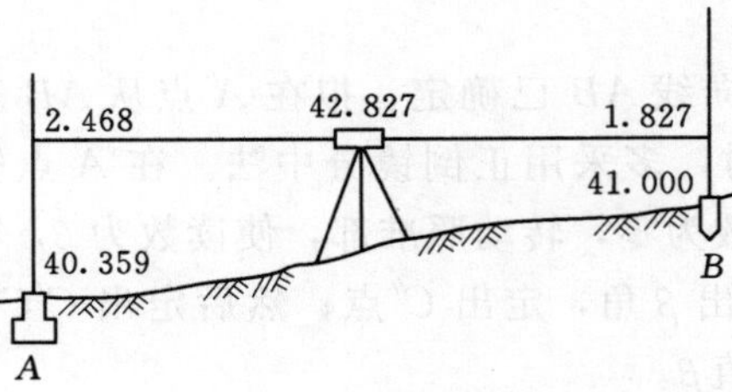

图 1－1－2　已知高程的放样

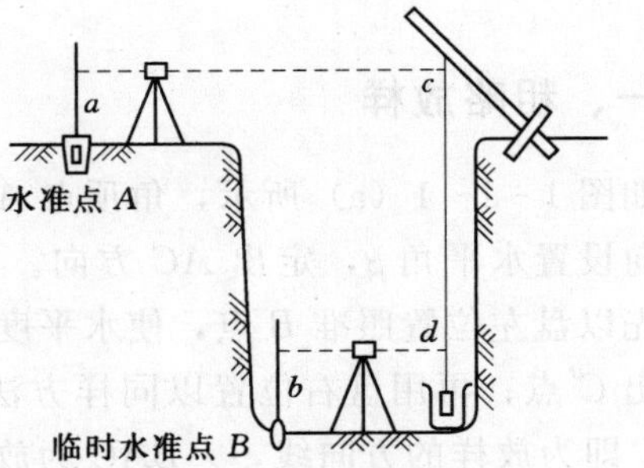

图 1－1－3　高程传递

操作时，在 B 点徐徐打入木桩（或先打下木桩，紧贴木桩侧面上下移动标尺），直至前视读数 b 恰为 1.827m 为止（或沿尺底在木桩侧面划一水平线），即可得放样的点 B 高程。

若待测设高程点的设计高程与已知高程点的高程相差较大，如测较深的基坑标高或测高层建筑物的标高，只用标尺已无法测设，此时可借助钢尺将地面水准点的高程传递到在坑底或高楼上所设置的临时水准点上，然后再根据临时水准点测设其他各点的设计高程。

如图 1－1－3 所示，是将地面水准点 A 的高程传递到基坑临时水准点 B 上。在坑边木杆上悬挂经过检定的钢尺，零点在下端并挂 10kg 重锤。为减少摆动，重锤放入盛废机油或水的桶内。在地面上和坑内分别安置水准仪，瞄准水准尺和钢尺的读数 a、b 和 c、d，则

$$H_B = H_A + a - (c - d) - b$$

H_B 求出后，即可以临时水准点 B 点为后视点，测设坑底其他各待测设高程点的设计高程。

第四节　平面点位的放样

一、直角坐标法

直角坐标法放样，是在指定的坐标轴系中，通过 x、y 坐标的放样，来确定其放样点位的。

在现场，通常是以导线边施工基线和建筑物的主轴线为 x 轴，某一固定点为坐标原点。放样时，从原点开始，沿 x 轴用钢尺量出 x 值得垂足点，然后在垂足点安置经纬仪，设置垂线，沿垂线方向量出 y 值，即得放样点的位置。

二、极坐标法

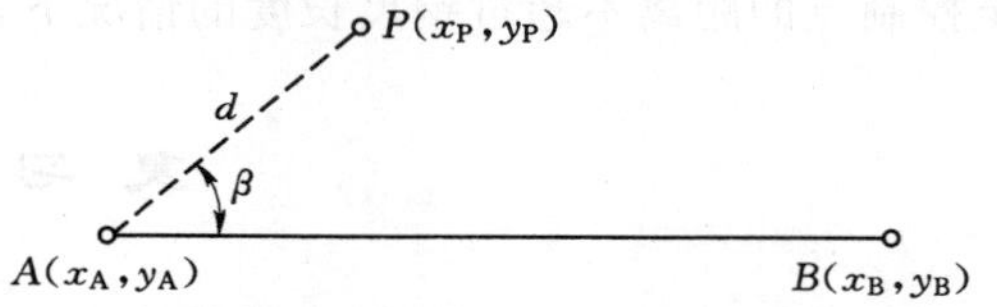

图 1-1-4　极坐标法放样

当放样点距已知直线上某定点（如导线点）不远，且易于量距测角时，宜采用极坐标法定点。如图 1-1-4 所示，P 为待放样点，A、B 为控制点。如以 A 为极点，则可根据 A、P 坐标反算出极距 d 和 AP 方位角 α_{AP}，同理也可反算出 AB 方位角 α_{AB}。由图可知，α_{AB} 与 α_{AP} 之差即为所求的极角 β。使用经纬仪和钢尺把极角 β、极距 d 放样到地面上去，即可确定 P 点位置。

$$d=\sqrt{(x_P-x_A)^2+(y_P-y_a)^2}$$

$$R_{Ai}=\arctan\left|\frac{y_i-y_A}{x_i-x_A}\right|,i=B,P$$

$\alpha_{Ai}=R_{Ai}$　　R_{Ai} 在Ⅰ象限

$\alpha_{Ai}=180-R_{Ai}$　　R_{Ai} 在Ⅱ象限

$\alpha_{Ai}=180+R_{Ai}$　　R_{Ai} 在Ⅲ象限

$\alpha_{Ai}=360-R_{Ai}$　　R_{Ai} 在Ⅳ象限

三、角度交会法

角度交会法放样点位如图 1-1-5 所示，先根据控制点 A、B 和放样点 P 的坐标，反算出水平角 β_1、β_2。再在 A、B 点上安置经纬仪分别放出 β_1、β_2，定出两条方向线，跑尺者手拿花杆，A、B 两台经纬仪的观测者同时指挥跑尺者，直到花杆同时落在望远镜的竖丝上为止，花杆的位置即为放样出的平面点位。为了保证交会点的精度，交会角值应在 30°～150°之间。此法适用于地面不平或丈量距离困难的地段。

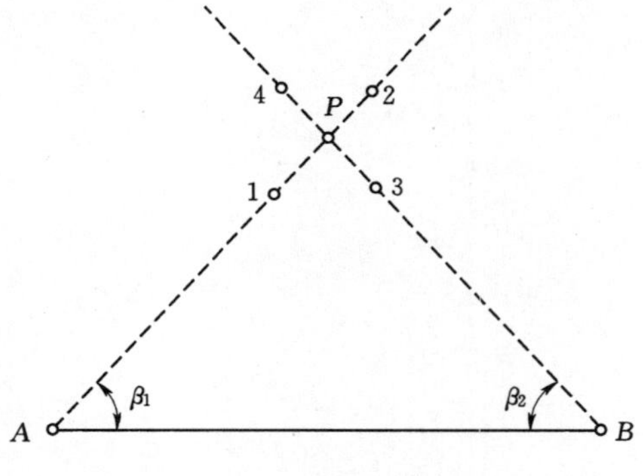

图 1-1-5　角度交会法

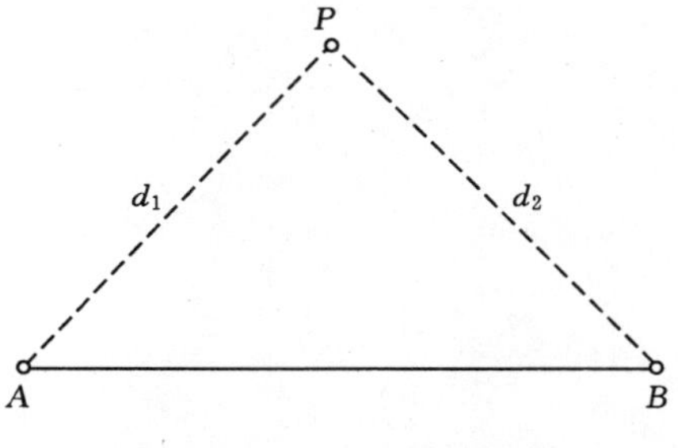

图 1-1-6　距离交会法

四、距离交会法

如图 1-1-6 所示，先根据控制点 A、B 和待放样点 P 的坐标，反算出水平距离 d_1 和 d_2。测设时，需同时用两把钢尺，分别将零点对准 A 与 B，将钢尺拉平且使尺上的读数 d_1 及 d_2 的分划线交于一点，则该点即是欲放样的 P 点。此法在便于量距、且放样点至控制点的距离不超过钢尺长度的情况下，使用较为方便。

复 习 思 考 题

1. 如何放样一段已知的水平距离？
2. 如何放样一个已知点的高程？
3. 如何粗略放样水平角？
4. 如何精确放样水平角？
5. 平面点位放样的基本方法有哪些？

第二章　中线的施工放样

路线中线的施工放样就是利用测量仪器和设备，按设计图纸中的各项元素（如公路平、纵、横元素）和控制点坐标（或路线控制桩），将公路的“中心线”准确无误地放到实地，指导施工作业，习惯上称为中线放样。

路线中线的施工放样是保证施工质量的一个重要环节。这是一项严肃认真、精确细致的工作，稍有不慎，就有可能发生错误。一旦发生错误，又未能及时发现，就会影响下一步工作，影响工作进度，甚至造成损失。因此，要严格按照有关规范、规程的要求，对测量数据进行认真复核和检查，不合格的成果一定要返工重测。为确保施工测量质量，在施工前必须对导线控制点和路线控制桩进行复测，施工过程中也要定期检查。放样时应尽量使用精良的测量设备，采用先进的测设方法。

路线中线的施工放样又称为恢复中线。一般有两种放样方法，即导线控制点放样和路线控制桩（交点桩、转点桩）放样。

用导线控制点放样中线，放样精度能得到充分的保障。在测量技术飞速发展的今天，测距仪的使用非常普遍，几乎所有的施工单位都有测距仪或全站仪，因而这种方法得到了广泛的应用，成为恢复中线的主要手段。二级及二级以上公路必须采用导线控制点放样中线。

用路线控制桩来恢复中线有两种情况：一种情况是公路两旁未布设导线控制点，公路中线均用交点桩号、曲线元素（转角、半径、缓和曲线长）标定，施工单位只能根据路线控制桩来恢复中线；另外一种情况是由于施工单位没有测距仪，无法利用控制点，因此只能利用路线控制桩恢复中线。二级以下公路可以用路线控制桩来恢复中线。

第一节　利用导线点进行中线放样

一、导线点检测

施工现场的导线点是测设单位在进行路线设计时埋设的，期间还要经历设计、招投标等一系列活动，往往要经过很长一段时间才能施工。在这段时间内，导线点是否移位，精度如何，需要对其进行检测；另外，由于人为或其他原因，导线点丢失或遭到破坏，要对其进行补测；有的导线点在路基范围以内，需要将其移至路基范围以外。只有当这一切都完成无误时，方能进行施工放样工作。

（一）导线点的检测

通常情况下，导线点和水准点是合二为一的。导线点的检测主要是检查它的坐标是否正确。导线点检测的方法如图1-2-1所示，图中导线点1、2、…、$n-1$、n、$n+1$为已知的导线点（在标段起始端一定注意与相邻标段的衔接），其坐标数据由监理工程师提供。

导线点检测分为测站检测和测段检测。测站检测主要检查相邻导线点之间的相对关系（角度、距离）与反算值的差值是否在误差容许的范围内。测段检查方法是在实测导线点转角和导线长的基础上，按测段全长对应的导线等级进行导线点的平差计算。

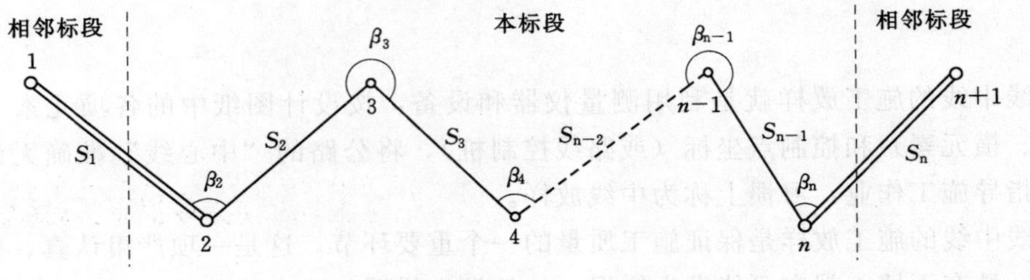

图1-2-1　导线点检测

1. 测站检测

（1）第一步：根据导线点$1\sim n+1$的坐标（图纸提供的坐标数据）反算转角和导线边长。

首先计算出各条导线的坐标方位角（沿导线前进方向），再计算出导线的转角。

若转角为左角，则

$$\beta_{左}=\alpha_{前}-\alpha_{后}+180^{\circ}$$

若转角为右角，则

$$\beta_{右}=\alpha_{后}-\alpha_{前}+180^{\circ}$$

$$S_i=\sqrt{(X_{i+1}-X_i)^2+(Y_{i+1}-Y_i)^2}$$

（2）第二步：实地观测各转角$\overline{\beta_{i+1}}$及导线边长$\overline{S_i}$，当观测值与计算值满足下式时，则认为点的平面坐标和位置是正确的。施工单位可以利用现场的导线点以及图纸提供的每个导线点的坐标数据，进行平面点位放样。

$$|\beta_{i+1}-\overline{\beta_{i+1}}|\leqslant 2m_{\beta}=16''$$

$$\left|\frac{S_i-\overline{S_i}}{S_i}\right|\leqslant\frac{1}{15000}$$

2. 测段检查

在测站检测的基础上，如果想使平面放样更加精确一些，还要把整条导线作为附合导线，进行导线测量，并按对应的导线等级的方位角闭合差和全长相对闭合差的精度要求进行控制（下面各式中仅按二级导线精度介绍）。进行计算，求出导线点$3\sim n-1$的坐标。

具体做法如下。

（1）第一步：计算角度闭合差。

$$f_{\beta}=(\alpha_{始}-\alpha_{终})+\sum\beta_{左}-180^{\circ}n$$

$$f_{\beta}=(\alpha_{始}-\alpha_{终})-\sum\beta_{右}+180^{\circ}n$$

$$f_\beta \leqslant f_{\beta容许} = \pm 16\sqrt{n} \qquad (单位：'')$$

(2) 第二步：导线全长相对闭合差。

1) 计算坐标增量闭合差。

$$f_x = \sum \Delta_{x测} - (x_终 - x_始)$$
$$f_y = \sum \Delta_{y测} - (y_终 - y_始)$$

2) 计算导线全长闭合差。

$$f = \sqrt{f_x^2 + f_y^2}$$

3) 计算导线全长相对闭合差。

$$K = \frac{f}{\sum D} \leqslant \frac{1}{10000} \qquad (D\ 为导线边长)$$

(3) 第三步：计算出导线点 3～$n-1$ 的坐标。

(4) 第四步：导线成果整理，报监理工程师审批。审批后，施工单位即可以利用现场的导线点以及成果表上每个导线点的坐标数据，进行平面点位放样。

注意事项：①检测导线时，必须与相邻标段的导线闭合；②防止在标段衔接处出现路中线错位或断高；③在施工前的第一次检测如果坐标值改动很小则不需要改变导线点坐标值，如果改动值较大就应该检查相对关系变化大的段落，重新分段找出可能移动的导线点并修改其坐标值；④施工开始后的联测不要轻易再改变导线点的坐标，以免对已建成的部分产生影响。

(二) 导线控制点的补测与移位

由于人为或其他的原因，导线控制点可能丢失或遭到破坏。如果是间断性的丢失，则可利用前方交会、支点等方法补测该点，或采用任意测站方法补测导线点。如果是连续丢失数点，则要用导线测量的方法补测。若将路基范围内的导线点移至路基范围以外，可根据移点的多少分别采用交会法或导线法，也可采用“骑马桩”法加以保护。

施工期间应定期（一般半年）对导线控制点进行检测。季节冻融地区，在冻融以后也要进行检测。发现导线控制点丢失后应及时补上，并做好对导线控制点（特别是原始点）的保护工作。

(三) 高程控制测量

利用水准点进行高程放样之前，必须对水准点进行检测。通常情况下导线点和水准点是合二为一的。水准点的检测主要是检查它的高程是否正确。只有水准点的高程是正确的，高程放样才准确可信。

水准点高程的检测和水准测量的方法一样，按照附合水准路线计算水准点高差闭合差 f_h，当 $f_h \leqslant f_{h容许}$ 时，进行高差闭合差的平差计算，算出每一个水准点的高程。进行水准点成果整理，报监理工程师审批。审批后，施工单位就可以利用现场的水准点以及成果表上每个水准点的高程数据，进行高程放样了。高速公路和一级公路的水准点闭合差按四等水准（$20\sqrt{L}$）控制，二级以下公路水准点闭合差按五等水准（$30\sqrt{L}$）控制。大桥附近的水准点闭合差应按《公路桥涵施工技术规范》(JTJ041—2000) 的规定办理。若满足精度要求，则认为点的高程是正确的。

二、中桩坐标计算

（一）点 P 在直线段上

如图 1-2-2 所示，JD_n 的坐标为（X_n，Y_n），$JD_n \sim JD_{n+1}$ 的坐标方位角为 $\alpha_{n\sim n+1}$，点 P 在 JD_n 与 JD_{n+1} 的直线段上，则点 P 的坐标按下式求得：

$$X=X_n+[T_n+(L_i-L)]\cos\alpha_{n\sim n+1}$$
$$Y=Y_n+[T_n+(L_i-L)]\sin\alpha_{n\sim n+1}$$

式中 L_i、L——P 点和 YZ（或 HZ）点的里程桩号；

T_n——切线长。

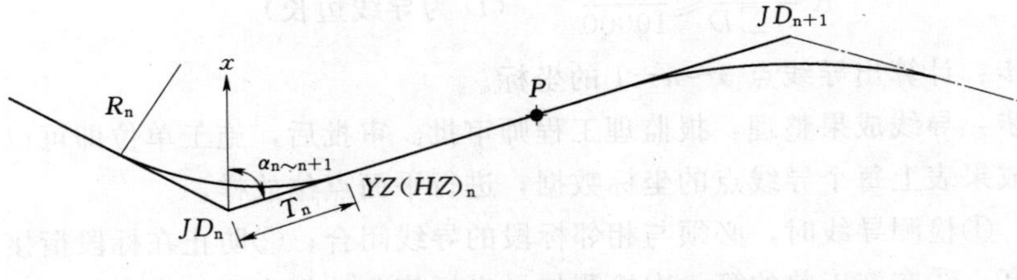

图 1-2-2 直线段坐标计算

（二）点 P 在平曲线段上

1. 点 P 在带有对称式缓和曲线的平曲线段上

如图 1-2-3 所示，JD_{n-1}、JD_n、JD_{n+1} 的坐标分别为（X_{n-1}，Y_{n-1}）、（X_n，Y_n）、（X_{n+1}，Y_{n+1}），$JD_{n-1}\sim JD_n$、$JD_n\sim JD_{n+1}$ 的坐标方位角分别为 $\alpha_{n-1\sim n}$，$\alpha_{n\sim n+1}$。

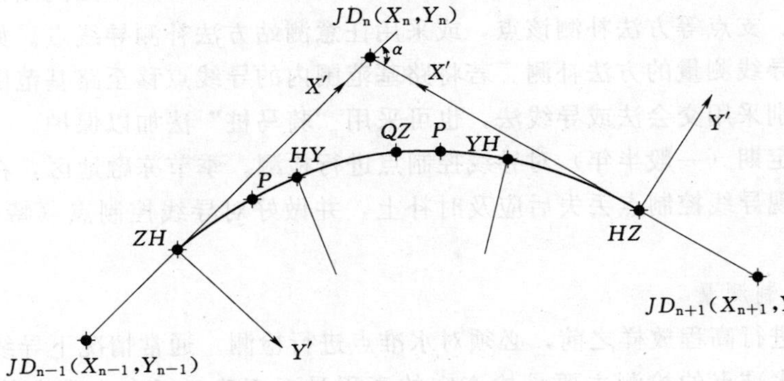

图 1-2-3 对称式缓和曲线

（1）转角的计算。转角 $\alpha=\alpha_{n\sim n+1}-\alpha_{n-1\sim n}$ 负为左转，正为右转。

（2）中桩坐标的计算。先根据交点的坐标、切线的坐标方位角与切线长，采用导线坐标的计算方法，计算主点 ZH、HZ 的坐标，然后以 ZH 或 HZ 为坐标原点，以向 JD_n 的切线为 X' 轴，过原点的法线为 Y' 轴，建立 $X'O'Y'$ 辅助坐标系（图 1-2-3），计算点 P 在辅助坐标系中的坐标（X'，Y'），再利用坐标平移和旋转的方法将此坐标转化为路线坐标系中的坐标（X，Y）。

1）主点坐标的计算。

$$X_{ZH}=X_n+T_h\cos(\alpha_{n-1,n}+180°)$$
$$Y_{ZH}=Y_n+T_h\sin(\alpha_{n-1,n}+180°)$$
$$X_{HZ}=X_n+T_h\cos\alpha_{n,n+1}$$
$$Y_{HZ}=Y_n+T_h\sin\alpha_{n,n+1}$$

2）计算点 P 在坐标系 $X'O'Y'$ 中的坐标（X'，Y'）

a. 点 P 在缓和曲线段内，则

$$X'=\Delta L-\frac{\Delta L^5}{40R^2L_S^2}$$
$$Y'=\frac{\Delta L^3}{6RL_S}$$
$$\Delta L=|L_i-L_0|$$

式中　ΔL——P 点到切点（ZH 或 HZ）间的曲线长度；

L_i——P 点桩号；

L_0——ZH 或 HZ 桩号；

R——圆曲线半径；

L_S——缓和曲线长度。

b. 点 P 在圆曲线段内，则

$$X'=R\sin\frac{\left(\Delta L-\frac{L_S}{2}\right)\frac{180°}{\pi}}{R}+q$$
$$Y'=R\left[1-\cos\frac{\left(\Delta L-\frac{L_S}{2}\right)\frac{180°}{\pi}}{R}\right]+p$$
$$p=\frac{L_S^2}{24R}$$
$$q=\frac{L_S}{2}-\frac{L_S^3}{240R^2}$$

式中　p——内移值；

q——切线增长值；

其余符号意义同前。

3）坐标转换。

a. 对于前半个曲线，有

$$X=X_{ZH}+X'\cos\alpha_{n-1,n}-Y'\sin\alpha_{n-1,n}$$
$$Y=Y_{ZH}+X'\sin\alpha_{n-1,n}+Y'\cos\alpha_{n-1,n}$$

b. 对于后半个曲线，有

$$X=X_{HZ}+X'\cos(\alpha_{n,n+1}+180°)-Y'\sin(\alpha_{n,n+1}+180°)$$
$$Y=Y_{HZ}+X'\sin(\alpha_{n,n+1}+180°)+Y'\cos(\alpha_{n,n+1}+180°)$$

其中，为了辅助坐标系旋转至大地坐标系，Y'的符号有正有负，当起点为 ZH 点，曲线为左偏时，Y'取负值，曲线为右偏时，Y'取正值；当起点为 HZ 点，曲线为左偏时，Y'取正值，曲线为右偏时，Y'取负值。

2. 点 P 在带有非对称式缓和曲线的平曲线段上

在 JD_n 处所设曲线为非对称式带有缓和曲线的平曲线，其中 $L_{S1}>L_{S2}$。曲中点不在右角平分线上，而是偏向缓和曲线短的一侧。点 P 为曲线上任意待放点。对于非对称式带有缓和曲线的平曲线，先计算前、后两半部分曲线的内移值 p_1、p_2，曲线增长值 q_1、q_2，前、后两半部分曲线的切线长 T_{h1}、T_{h2}，中间圆曲线长 L_Y。

如图 1-2-4 所示，JD_{n-1}、JD_n、JD_{n+1} 的坐标分别为 (X_{n-1}, Y_{n-1})、(X_n, Y_n)、(X_{n+1}, Y_{n+1})，$JD_{n-1}\sim JD_n$、$JD_n\sim JD_{n+1}$ 的坐标方位角分别为 $\alpha_{n-1\sim n}$，$\alpha_{n\sim n+1}$。

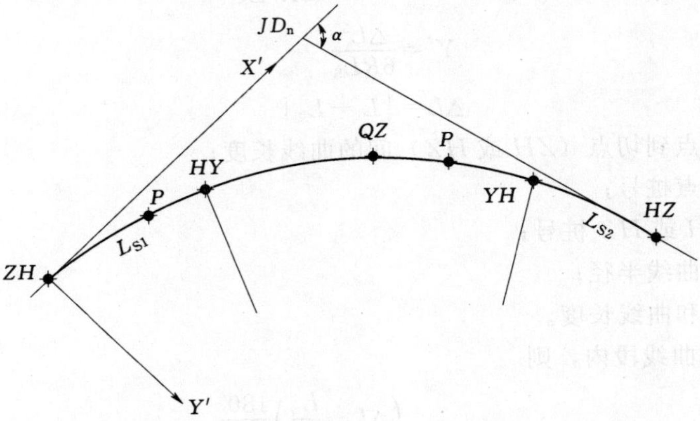

图 1-2-4 非对称式缓和曲线

(1) 基本计算。转角 $\alpha=\alpha_{n\sim n+1}-\alpha_{n-1\sim n}$，负为左转，正为右转。

$$p_1=\frac{L_{S1}^2}{24R}, p_2=\frac{L_{S2}^2}{24R}$$

$$q_1=\frac{L_{S1}}{2}-\frac{L_{S1}^3}{240R^2}, q_2=\frac{L_{S2}}{2}-\frac{L_{S2}^3}{240R^2}$$

$$T_{h1}=\frac{R+p_2-(R+p_1)\cos\alpha}{\sin\alpha}+q_1$$

$$T_{h2}=\frac{R+p_1-(R+p_2)\cos\alpha}{\sin\alpha}+q_2$$

$$L_Y=\frac{\pi}{180°}\alpha R-\frac{L_{S1}}{2}-\frac{L_{S2}}{2}$$

(2) 中桩坐标的计算。先根据交点的坐标、切线的坐标方位角与切线长，采用导线坐标的计算方法，计算主点 ZH、HZ 的坐标，然后以 ZH 或 HZ 为坐标原点，以向 JD_n 的切线为 X' 轴，过原点的法线为 Y' 轴，建立 $X'O'Y'$ 辅助坐标系（图 1-2-4），计算点 P 在辅助坐标系中的坐标 (X', Y')，再利用坐标平移和旋转的方法将此坐标转化为路线坐标系中的坐标 (X, Y)。

1) 主点坐标的计算。

$$X_{ZH}=X_n+T_{h1}\cos(\alpha_{n-1,n}+180°)$$
$$Y_{ZH}=Y_n+T_{h1}\sin(\alpha_{n-1,n}+180°)$$
$$X_{HZ}=X_n+T_{h2}\cos\alpha_{n,n+1}$$

$$Y_{HZ}=Y_n+T_{h2}\sin\alpha_{n,n+1}$$

2）计算点 P 在坐标系 $X'O'Y'$ 中的坐标（X'，Y'）。

a. 点 P 在第一段缓和曲线段内，则

$$X'=\Delta L-\frac{\Delta L^5}{40R^2L_{S1}^2}$$

$$Y'=\frac{\Delta L^3}{6RL_{S1}}$$

b. 点 P 在第二段缓和曲线段内，则

$$X'=\Delta L-\frac{\Delta L^5}{40R^2L_{S2}^2}$$

$$Y'=\frac{\Delta L^3}{6RL_{S2}}$$

c. 点 P 在前半个圆曲线段内，则

$$X'=R\sin\frac{\left(\Delta L-\frac{L_{S1}}{2}\right)\frac{180°}{\pi}}{R}+q_1$$

$$Y'=R\left[1-\cos\frac{\left(\Delta L-\frac{L_{S1}}{2}\right)\frac{180°}{\pi}}{R}\right]+p_1$$

$$p_1=\frac{L_{S1}^2}{24R}$$

$$q_1=\frac{L_{S1}}{2}-\frac{L_{S1}^3}{240R^2}$$

d. 点 P 在后半个圆曲线段内，则

$$X'=R\sin\frac{\left(\Delta L-\frac{L_{S2}}{2}\right)\frac{180°}{\pi}}{R}+q_2$$

$$Y'=R\left[1-\cos\frac{\left(\Delta L-\frac{L_{S2}}{2}\right)\frac{180°}{\pi}}{R}\right]+p_2$$

$$p_2=\frac{L_{S2}^2}{24R}$$

$$q_2=\frac{L_{S2}}{2}-\frac{L_{S2}^3}{240R^2}$$

3）坐标转换。

a. 对于前半个曲线，有

$$X=X_{ZH}+X'\cos\alpha_{n-1,n}-Y'\sin\alpha_{n-1,n}$$
$$Y=Y_{ZH}+X'\sin\alpha_{n-1,n}+Y'\cos\alpha_{n-1,n}$$

b. 对于后半个曲线，有

$$X=X_{HZ}+X'\cos(\alpha_{n,n+1}+180°)-Y'\sin(\alpha_{n,n+1}+180°)$$
$$Y=Y_{HZ}+X'\sin(\alpha_{n,n+1}+180°)+Y'\cos(\alpha_{n,n+1}+180°)$$

其中，为了辅助坐标系旋转至大地坐标系，Y' 的符号有正有负，当起点为 ZH 点，

曲线为左偏时，Y'取负值，曲线为右偏时，Y'取正值；当起点为 HZ 点，曲线为左偏时，Y'取正值，曲线为右偏时，Y'取负值。

三、使用全站仪进行路线中线放样

使用全站仪进行路线中线放样，需要调入全站仪中相关的放样程序，输入测站点、后视点以及待放样点坐标，仪器自动计算放样元素，并将值存入存储器中。然后根据提示放样出中桩的具体位置。详细步骤如下：

（1）在测站（导线点）安置全站仪，对中、整平，后视（导线点）。

（2）输入测站点的坐标，再输入后视点的坐标，仪器自动计算出测站至后视方向的坐标方位角。

（3）将水平读盘的读数设置为前述坐标方位角。

（4）输入要放样的点 P 的坐标，调用放样程序（这时，仪器自动计算出极角 β 和极距 s 值，并显示在显示屏上）。

（5）松开水平制动，转动照准部，使极角 β 值变为 $0°00'00''$。

（6）在望远镜照准的方向上，置反射棱镜并测距 d（这时，仪器将测的距离 d 与 s 比较，显示屏上显示其差值 $\Delta D=d-s$）。前后移动棱镜，直到 ΔD 为零时为止（为了提高放样效率，实际放样中路基放样时可以 $\Delta D\leqslant 1\text{cm}$ 即可，路面放样时应尽可能准确）。此点即为要放样的点 P 的确切位置。

（7）在点 P 位置打入木桩（并在桩顶钉入铁钉或用油漆做标记），桩侧面标明中桩桩号。

（8）重复（4）～（7）步，放样其他路线中桩。

第二节　利用路线控制桩进行中线放样

一、恢复交点

（1）当原勘测设计时所钉的交点桩保存基本完好，只有个别交点桩丢失时，恢复路线中线的测量工作就比较简单，可用角度交会法，根据前、后两已知方向交出已丢失的交点桩，然后将经纬仪搬到新交出的交点上量角，同时丈量相邻两交点间的直线距离，所量得的转角值和距离应和原勘测时的转角值和距离相符，其差数应不超过测量误差要求的范围，并根据勘测时的路线平面图和横断面图与实地对照，看其新交点的点位是否与图示一致。

（2）当原勘测设计时所钉的交点桩大部分丢失时，路线要恢复到原来的位置是比较困难的，一般只能恢复到比较接近原来的位置。恢复时先组织人员根据路线平面图把可能保存下的桩都打出来，然后从一已知直线段出发，根据原勘测设计时的直线—曲线转角一览表上的数据，用放样已知数值的水平角和已知长度直线的方法，放样出丢失的交点。

安置经纬仪量角、量边，看其数值是否符合直线—曲线转角一览表上所列数值。若不超过测量误差要求的范围，可根据地形和地物判断先在直线段恢复几个比较典型的中桩，并在中桩上测出横断面图，将测出的横断面图与原来的进行对照，如果基本一致，可认为所恢复的交点桩基本正确。否则应反复调整交点桩，直到所测得的横断面与原横断面图出入不大为止。

二、恢复转点

由于在恢复交点的过程中不能一次定下交点的点位，一般都要经过多次调整，才能符合要求，所以用正倒镜的方法得出的转点往往不能在两交点之间的直线上。因此，转点的最后恢复都需采用逐渐趋近法。

三、恢复中桩

当交点和转点恢复后，根据路基设计表上的桩号可直接用钢尺恢复直线段上的中桩。如果在恢复后的交点上量得的转角与原设计表上所列值相差不大，则可根据勘测设计时给定的半径和曲线元素用切线支距法或偏角法等设置曲线加桩；假如所量得的转角与原来的相差较大，应根据地形并参照原来的切线长，根据改变后的转角改动曲线半径，重新计算曲线元素，并设置曲线上的各加桩。但应注意：改变半径值不应影响纵坡设计的规定和要求。

复习思考题

1. 导线点如何复测？
2. 中桩坐标的如何计算？
3. 如何使用全站仪进行中线放样？
4. 如何使用经纬仪及钢尺进行中线放样？

第三章　横断面的施工放样

公路横断面施工放样包括路基边桩的放样和路基边坡的放样两部分。通过路基横断面放样，确定路基的外形轮廓，从而指导路基填挖施工作业。

第一节　边桩的放样

填方路堤的边桩又称坡脚桩，挖方路堑的边桩又称坡顶桩。路基边桩放样，就是根据路肩外边缘设计标高（填方路堤）或边沟外缘底标高（挖方路堑）、边桩处地面标高以及边坡坡度计算出路基边桩至中桩的距离，然后根据这一距离，定出边桩的位置。实际放样时，通常采用渐进法，具体过程如下。

1. *横断面方向的确定*

路基横断面方向和公路的中心线垂直。横断面方向的确定可以采用方向架或全站仪打边桩确定，为了提高工作效率，高等级公路测量宜采用先计算边桩坐标（可以直接采用设计图纸提供的逐桩占地边界坐标）再利用全站仪打边桩的方法得到横断面方向；方向架确定横断面方向的方法请参照工程测量方面的教材。

2. *路基边桩放样*

渐进法边桩放样过程如下：

（1）计算路肩外边缘设计标高（填方路堤，见图1－3－1）或边沟外缘底标高（挖方路堑，见图1－3－2）$H_{设计}$。

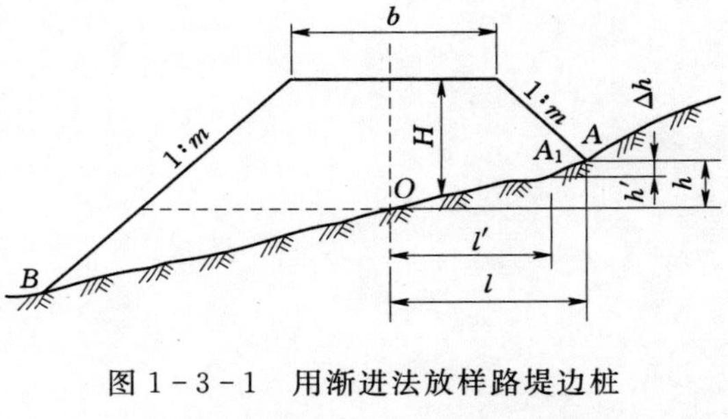

图1－3－1　用渐进法放样路堤边桩

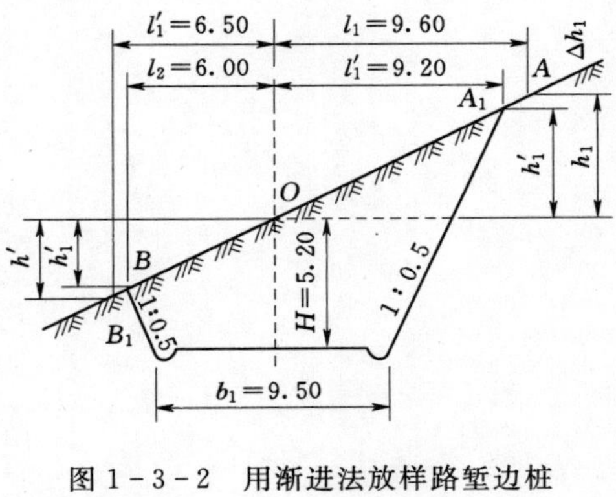

图1－3－2　用渐进法放样路堑边桩

（2）计算路肩外边缘（填方路堤）或边沟外缘（挖方路堑）到中桩的距离 L_0。

（3）实测假定边桩处地面标高 $H_{实测}$，根据边坡坡度以及路肩外边缘（填方路堤）或边沟外缘（挖方路堑）到中桩的距离计算出边桩到中桩的距离 L。

(4) 实测假定边桩到中桩的距离 $L_{实测}$，$L_{实测}$ 和 L 进行比较，若 $L_{实测}>L$，则说明假定边桩在边坡外侧；若 $L_{实测}<L$，则说明假定边桩在边坡内侧；不断调整假定边桩的位置，重复第 (3) 步，直到 $L_{实测}=L$ 为止，此时假定边桩正好位于边坡之上，从而确定了边桩的位置。

3. 在弯道上的路基边桩放样

要根据设计要求，详细了解弯道上的超高值和加宽值，确定路基边桩（左或右）至中心桩的距离，要注意弯道加宽是在弯道的内侧。加宽是从缓和曲线的起点开始的，其值是变量，直到圆曲线的起点至终点才是等宽的，圆曲线的终点至缓和曲线的终点亦是变量。

第二节　边坡的放样

路基边坡放样就是确定路基边坡在现场的空间位置，放样方法如下。

1. 用小麻绳和小竹竿放样边坡

当路堤高度不大时，可一次挂线放样，如图 1-3-3 (a) 所示；当路堤填土较高时，可分层挂线放样，如图 1-3-3 (b) 所示。

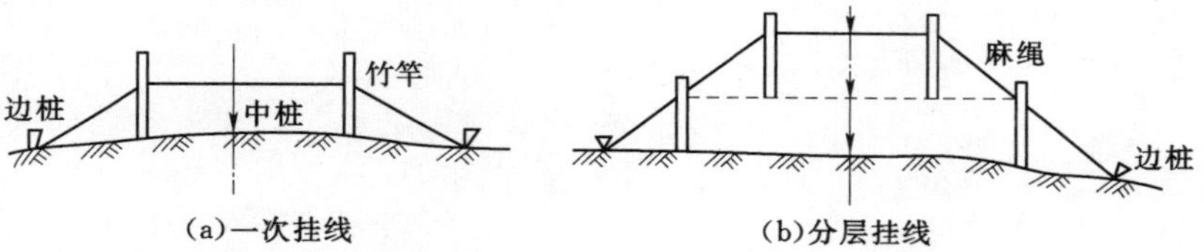

图 1-3-3　用挂线法放样边坡

2. 用固定边坡样板放样边坡

挖方路堑通常采用固定边坡样板进行边坡放样，在坡顶外侧钉立固定样板，施工时可瞄准样板所指示的坡度进行开挖，如图 1-3-4 所示。

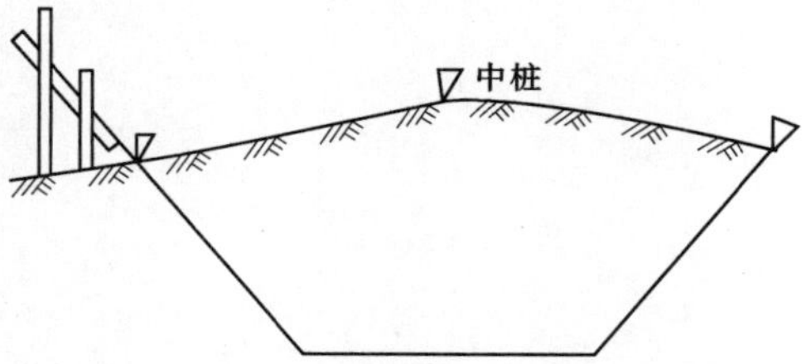

图 1-3-4　固定边坡样板边坡放样

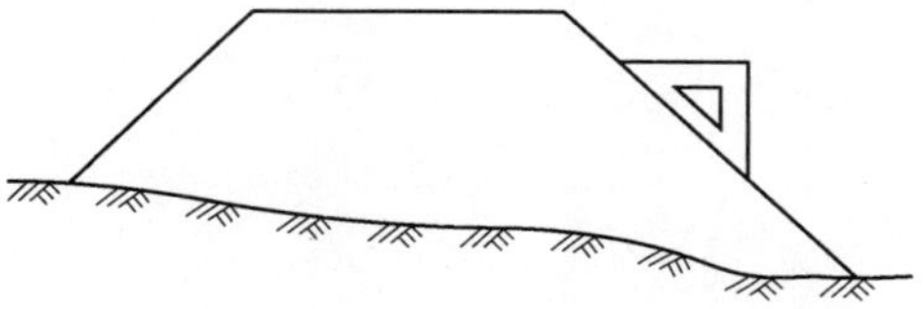

图 1-3-5　活动边坡样板检查边坡坡度

3. 用活动边坡样板检查边坡坡度

首先按照边坡坡度做好活动边坡样板。如图 1-3-5 所示，根据活动边坡样板上水准气泡的偏位情况，很容易确定目前边坡坡度和设计边坡坡度间的偏离情况。注意，检查边坡坡度时，一定要从边桩处开始，逐渐检查到路基边缘。

注意：填方路基实际施工时，一般只需定出每层填土的边线，从而确定出每层填土的填筑范围，最后进行边坡修整，去掉超填的土方即可。

复 习 思 考 题

1. 如何进行渐进法边桩放样?

2. 如何进行边坡放样?

第四章　路面的施工放样

第一节　路基设计高程的计算

1. 得到竖曲线的三要素

根据纵断面设计图或竖曲线设计图查出或计算出竖曲线（图 1-4-1）的三要素——半径 R、切线长 T、外距 E，以及变坡点桩号、设计高程、坡道的坡度等数据。

$$T=\frac{1}{2}R\left|i_1-i_2\right|$$

$$L=R\left|i_1-i_2\right|$$

$$E=\frac{T^2}{2R}$$

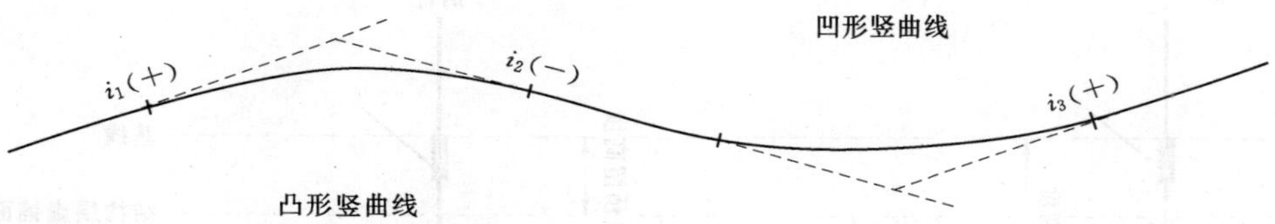

图 1-4-1　竖曲线计算图

2. 计算竖曲线起点、终点桩号

竖曲线起点桩号＝变坡点桩号－切线长 T

竖曲线终点桩号＝变坡点桩号＋切线长 T

进而判断中桩是否位于竖曲线范围，在哪一半竖曲线上。

3. 计算坡道高程

坡道高程＝变坡点设计高程±变坡点到计算点的路线长度×相应坡度

注意：当变坡点处于坡道的最低点时，取“＋”号；当变坡点处于坡道的最高点时，取“－”号。

4. 计算高差改正值

$$y_i=\frac{x_i^2}{2R}$$

式中　x_i——计算点到竖曲线起点或终点的路线长度。

5. 计算竖曲线设计高程

设计高程＝坡道高程±高差改正值

注意：凹曲线取“＋”号；凸曲线取“－”号。

第二节　路面的施工放样

路面施工放样包括两方面内容，即确定各路面结构层边桩的位置和确定各结构层虚铺高程。

1．路面结构层边桩的位置的确定

首先进行中线放样，确定中桩的位置；再确定横断面的方向；最后查路面结构设计图，得到结构层的宽度数据，可放样出结构层的边桩位置。

2．路面结构层虚铺高程的确定

路拌法施工时，先测定下承层顶面高程（图 1－4－2），计算各点虚铺顶面高程为

虚铺顶面高程＝下承层顶面高程＋（结构层顶面设计高程－下承层顶面高程）×虚铺系数（虚铺系数在做试验路段时测定）

摊铺稳压完毕，按计算的虚铺顶面高程进行高程放样，做灰点，指挥平地机按灰点刮平。

目前，路面结构层的施工多用集中拌和法（也称厂拌法）施工，现场使用摊铺机摊铺。施工的关键就是摊铺机基线的高程控制。基线设置示意图如图 1－4－2 所示。

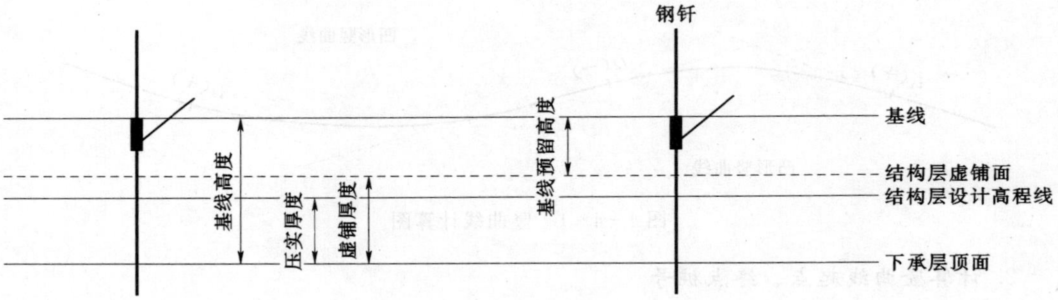

图 1－4－2　路面结构层虚铺高程的计算

压实厚度＝结构层设计高程－下承层顶面高程

虚铺厚度＝压实厚度×虚铺系数

基线高度＝虚铺厚度＋基线预留高度

施工时，按照计算的基线高度，定好每一个钢钎横杆的高度，挂上并拉紧钢丝绳，将摊铺机电脑滑靴搭到钢丝绳上进行摊铺。要求摊铺面距基线的高度保持为基线预留高度，如果摊铺面距基线的高度小于基线预留高度，则证明结构层铺厚了；如果摊铺面距基线的高度大于基线预留高度，则证明结构层铺薄了。

复习思考题

1．如何计算路基设计标高？

2．如何确定摊铺机基线高度？

第二篇 路基施工

第一章 概 述

一、路基施工的重要性

路基工程涉及范围广，影响因素多，灵活性较大，尤其是岩土内部结构复杂多变，而且，路基土石方工程量大、分布不均匀，不仅与路基工作相关的设施如路基排水、防护与加固等相互制约，而且同公路工程的其他工程项目如桥涵、隧道、路面及附属设施相互交错。因此，路基施工在质量标准、技术操作、施工管理等方面具有特殊性，必须予以重视和不断改进，就整个公路工程的施工而言，路基施工往往是施工组织管理的关键。

公路施工是野外操作，边远山区自然条件差，运输不便，设备与施工队伍的供应与调度难；路基工地分散，工作面狭窄，遇有特殊地质不良现象时，使一般的技术问题变得复杂化，而复杂的技术问题更是难以用常规的方法去解决。此外，路基施工中还存在场地布置难、临时排水难、用土处置难、土基压实难等不利的因素。路基的隐蔽工程较多，质量不合标准会给路面及自身留下隐患，一旦产生病害，不仅损坏道路使用品质，导致妨碍交通及经济损失，而且往往后患无穷，难以根治。因此，为确保工程质量，实现快速、高效、安全施工，必须重视施工技术与管理，要有一个稳定的专业施工队伍，配有相应的技术骨干和机具设备，建立和健全施工技术操作规程与质量检查验收制度，采用现代化的施工管理方法。

二、路基施工的基本方法

路基施工的基本方法，按其技术特点大致可分为人工及简易机械化，综合机械化，水力机械化和爆破方法等。人力施工是传统方法，使用手工工具、劳动强度大、功效低、进度慢、工程质量亦难以保证，但限于具体条件，短期内还必然存在并适用于地方公路和某些辅助性工作。

为了加快施工进度，提高劳动生产率，实现高标准高质量施工，对于劳动强度大和技术要求高的工序，应配以数量充足、配套齐全的施工机械。机械化施工和综合机械化施工是保证公路施工质量和施工进度的重要条件。对于路基土石方工程来说，更具有迫切性。实践证明，单机作业的效率比人力及简易机械施工要高得多，但需要大量的人力与之配合，由于机械和人力的效率差距过大，难以协调配合，单机效率受到限制，势必造成停机待料，机械的生产率低，如果对主机配以辅机，相互协调，共同形成主要工序的综合机械化作业，工效才能大大提高。以挖掘机开挖土路堑为例，如果没有足够的汽车配合运输土方，或者汽车运土填筑路基，如果没有相应的摊平和压实机械配合，或者不考虑相应的辅助机械为挖掘机松土和创造合适的施工面，整个施工进度就无法协调，难以紧凑作业，功效亦势必达不到应有的要求。所以，实现综合机械化施工，科学地严密组织施工，是路基施工现代化的重要途径。

水力机械化施工亦是机械化施工的方法之一，它是运用水泵、水枪等水力机械，喷射强力水流，冲散土层并流送至指定地点沉积，如采集砂料或地基加固等。水力机械适用于电源和水源充足，挖掘比较松散的土质及地下钻孔等。对于砂砾填筑路堤或基坑回填，还可起到密实作用（称为水夯法）。

爆破法是石质路基开挖的基本方法，如果采用钻岩机钻孔与机械清理，亦是岩石路基机械化施工的必备条件。除石质路堑开挖而外，爆破法还可用于冻土、泥沼等特殊路基施工，以及清除路面、开石取料与石料加工等。

上述施工方法的选择，应根据工程性质、施工期限、现有条件等因素而定，而且应因地制宜和综合地使用各种方法。

三、路基施工的一般程序

路基施工的主要内容和程序如下。

1. 施工前的准备工作

为保证施工正常进行，施工前的准备工作极为重要，必须给予足够重视并认真做好。施工前的准备工作内容较多，大体可归纳为组织准备、技术准备和物质准备等方面。

2. 路基施工的基本工作

路基施工的基本工作包括路基和小型人工构筑物两部分。

(1) 路基施工的主要内容为开挖路堑、填筑路堤、路基压实、整平路基表面、整修边坡、修筑排水沟渠及防护加固设施等。

(2) 小型人工构筑物包括小桥、涵洞和挡土墙的修筑等。

3. 路基工程的检查和验收

为加强工程质量管理、确保工程质量，在施工过程中应按施工标准和技术规范的要求进行检查与验收。中间检查是在施工过程中每当一部分工程完成时，特别是隐蔽工程，应按设计图纸、设计文件和技术规范的要求进行检查与验收。中间检查的目的在于检查分部工程质量，及时发现存在问题，采取补救措施，以利于下一步工序顺利进行。

在全部工程完工后，还应由施工单位会同设计、使用和养护单位进行交工验收。路基工程检查与验收的项目主要包括路基有关工程的位置、高程、断面尺寸、压实度等，应满足在规定的允许误差范围，不符合时应设法进行修整。

四、施工前的准备工作

路基施工的主要内容大致可归纳为施工前的准备工作和基本工作两大部分。路基施工工程量大、施工期长，且所需人力物力资源较大，因而必须集中精力，认真对待。但要保证正常施工，施工前的准备工作极为重要，它是组织施工的第一步，无准备的施工或准备不充分的施工，均使路基施工的基本工作难以顺利进行。

施工的准备工作内容较多，大致可归纳为组织准备、技术准备和物质准备三个方面。

1. 组织准备工作

组织准备工作主要是建立和健全施工队伍和管理机构，明确施工任务，制定必要的规章制度，确立施工所应达到的目标等。组织准备亦是做好一切准备工作的前提。

2. 技术准备工作

路基开工前，施工单位应在全面熟悉设计文件和设计交底的基础上进行施工现场的勘查，核对与必要时修改设计文件，发现问题应及时根据有关程序提出修改意见并报请变更设计，编制施工组织计划，恢复路线，施工放样与清除施工场地，搞好临时工程的各项工作等。

现场勘查与核对设计文件，目的是熟悉和掌握施工对象的特点、要求和内容，显然这是整个施工的重要步骤，舍此则其他一切工作就失去目标，难以着手。

施工组织计划是具有全局性的大事，其中包括选择施工方案、确定施工方法、布置施工现场（施工总平面布置），编制施工进度计划，拟订关键工程的技术措施等，它是整个工程施工的指导性文件，亦是其他各项工作的依据。在当前强调加强施工管理，实现现代化科学管理的时期，如何抓住施工组织计划这一环节，更具有现实意义。

临时工程包括施工现场的供电、给水，修建便道、便桥，架设临时通信设施，设置施工用房（生活和生产所必需）等，这些均为展开基本工作的必备条件。

路基恢复定线、清除路基用地范围内一切障碍物等，是施工前的技术准备工作，亦是基本工作的一个组成部分，宜协调进行。

路基开工前应做好施工测量工作，其内容包括导线、中线、水准点复测，横断面检查与补测，增设水准点等。施工人员还应对路基工程范围内的地质、水文情况详细调查，通过取样、试验确定其性质和范围，并了解附近现有建筑物对特殊土的处理方法。

3. 物质准备工作

物质准备工作包括各种材料与机具设备的购置、采集、加工、调运与储存，以及生活后勤供应等。为使供应工作能适应基本工作的需要，物质准备工作必须制定具体计划，其中有的计划内容如劳动力调配、机具配置及主要材料供应计划，必须服从于保证上述施工组织计划顺利实施，而且亦常被列为施工组织计划的一个组成部分。

复习思考题

路基施工准备工作包括哪些内容？

第二章　路 堤 填 筑 施 工

第一节　路堤填筑及其施工要点

一、土质路基填筑

1. 各类土的工程性质

(1) 不易风化的石块：包括漂石、卵石，强度高、稳定性好，使用场合与施工季节不受限制。

(2) 碎（砾）石土：强度较高、内摩擦系数高、水稳性好、材料的透水性大、施工压实方便；若细粒含量增多，则透水性和水稳性会下降。

(3) 砂土：无塑性、透水性和水稳性良好，具有较大的摩擦系数、黏结性小，易于松散，对流水冲刷和风蚀的抵抗能力差，不易压实。

(4) 砂性土：强度、稳定性好，是最好的路基填筑材料。

(5) 黏性土：内摩擦系数小、黏聚力大、毛细现象显著、透水性小、水稳性差。

(6) 粉性土：毛细现象严重，水稳性差，不良用土。

(7) 膨胀土、重黏土：几乎不透水、黏结力特强，湿时膨胀性和可塑性都很大。

(8) 易风化的软质岩石：水稳性差，浸水后易崩解、强度显著降低，变形量大。

2. 规范中对路基用土的规定

(1) 路基填料不得使用淤泥、沼泽土、冻土、有机土、含草皮土、生活垃圾、树根和含有腐朽物质的土。采用盐渍土、黄土、膨胀土填筑路堤时，就遵照有关规定执行。

(2) 液限大于50%，塑性指数大于26的土，以及含水量超过规定的土，不得直接作为路基填料。

(3) 矿渣、粉煤灰等材料，可用作路基填料，其他工业废渣在使用前应进行有害物质的含量试验。

(4) 捣碎后的种植土，可用于路堤边坡表层。

3. 路基填筑施工的工艺流程

路基填筑施工的工艺流程如图2-2-1所示。

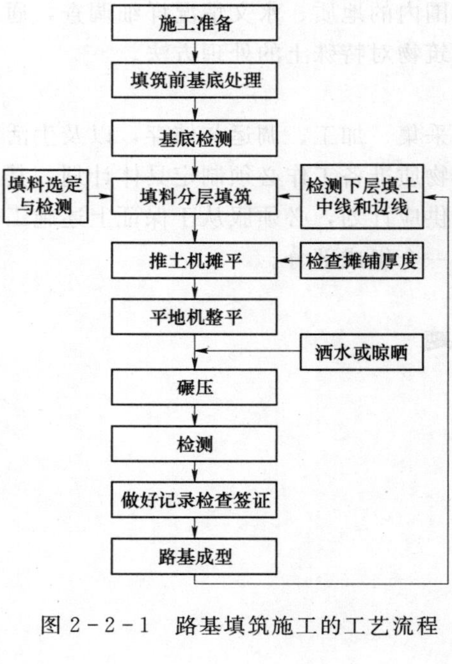

图2-2-1　路基填筑施工的工艺流程

4. 路基填筑施工的主要工序

(1) 料场选择。

(2) 基底处理。

1) 路基用地范围内的树木、灌木丛等均应在施工前砍伐或移植清理，砍伐的树木应移置于路基用地之外，进行妥善处理。

2) 路堤压实。

a. 原地面的坑、洞、墓穴应用原地土或砂性土回填，并按规定压实。

b. 原地基为耕地或松土时应先清除有机土、种植土、草皮等，清除深度应达到设计要求，一般不小于15cm，平整后按规定要求压实。

c. 原土强度不符合要求时，应进行换填，深度不小于30cm，并予分层压实到规定要求。

d. 路堤原地基应在填筑前进行压实，当路堤填土高度小于路床厚度（80cm），基底的压实度不宜小于路床的压实度标准。

e. 当路堤原地基陡于1：1.5时，应挖成台阶，台阶宽度不小于1m，高度不小于0.5m（图2-2-2）。

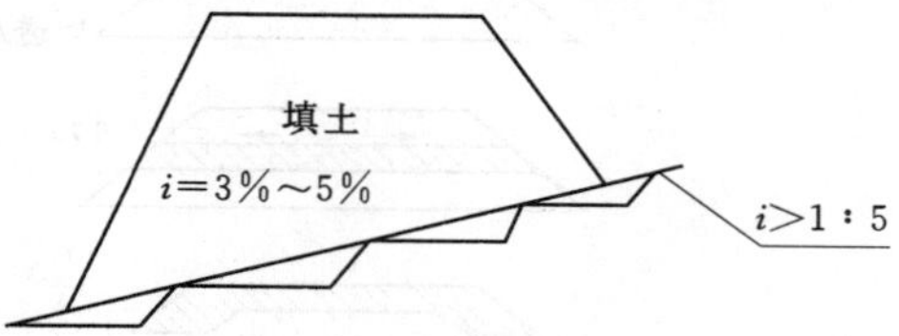

图2-2-2 陡坡地面处理

(3) 填筑。

1) 填筑方式。

a. 水平分层填筑法。填筑时按照横断面全宽分成水平层次，逐层向上填筑（图2-2-3）。如原地面不平，在地基表面经过处治后，从最低处分层填起，每填一层经过压实达到标准后再填下一层，依此循环进行直至达到设计标高。

b. 纵向分层填筑法。用推土机从路堑取土填筑距离较短的路堤，依纵坡方向分层填筑、压实，直至达到设计标高，如图2-2-4所示。

c. 竖向填筑法。在深谷陡坡地段，无法自下而上分层填筑路堤，只能从路堤的一端或两端按横断面全部高度逐步推进填筑，如图2-2-5所示。

d. 混合填筑法。在深谷陡坡地段可采用上层水平分层填筑，下层竖向填筑的混合填筑方案，如图2-2-6所示。

2) 不同土质混填时的方法（图2-2-7）。不同土质混填筑路堤时，不同性质土应分别填筑，不得混填。每种填料层累计总厚度不宜小于0.5m，以透水性较小的土填筑路堤下层时，应做4%的双向横坡；如用于填筑上层时，除干旱地区外，不应覆盖在由透水性较好的土所填筑的路堤边坡上。为防止相邻两段用不同土质填筑的路堤在交接处发生不均匀变形，交接处应做成斜面，并将透水性差的土填在斜面的下部。

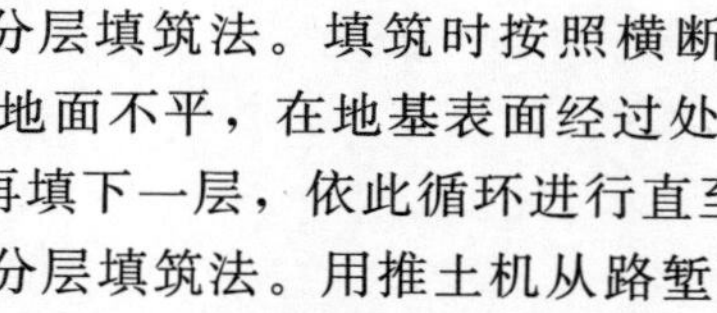

图2-2-3 水平分层填筑法

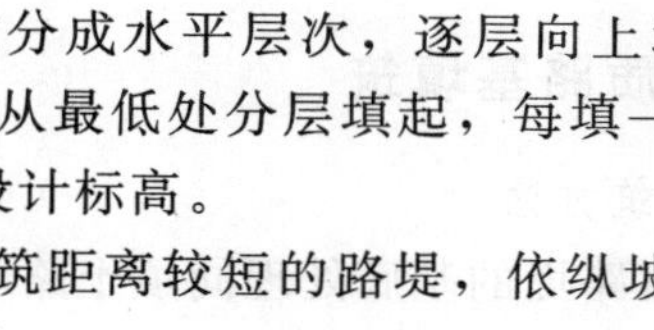

图2-2-4 纵向分层填筑法

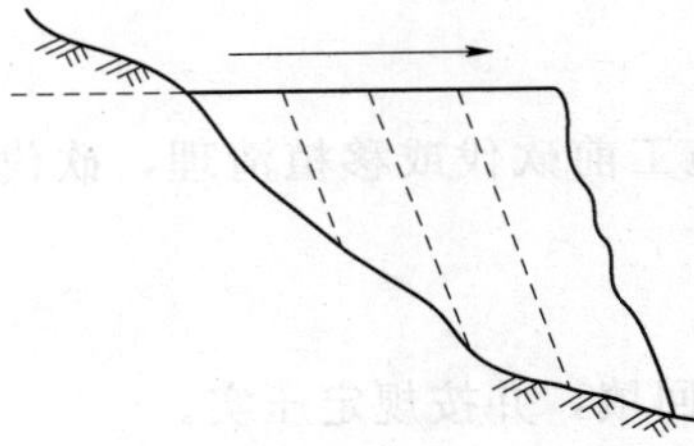

图 2-2-5　竖向填筑法

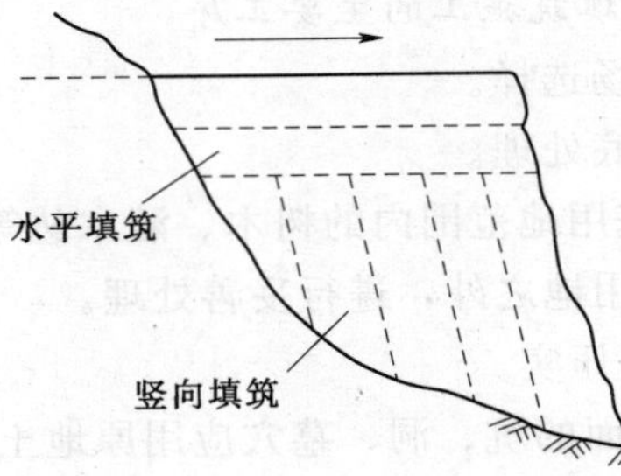

图 2-2-6　混合填筑法

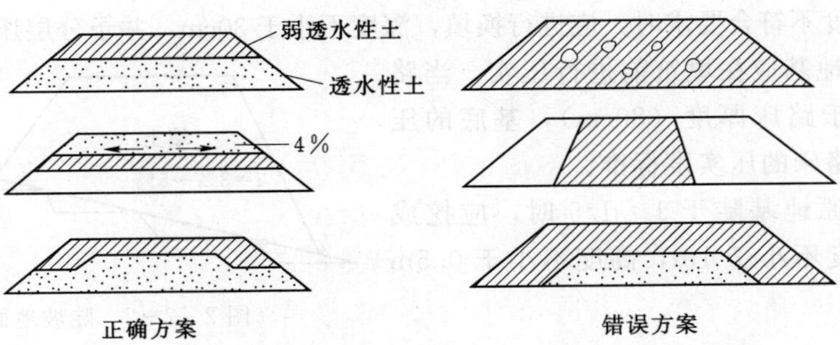

图 2-2-7　路堤内不同土质的填筑方式

二、石质路基填筑

(一) 填筑方法

(1) 填石路堤的基底处理同填土路堤。

(2) 高速公路、一级公路和铺设高级路面的其他等级公路的填石路堤均应分层填筑，分层压实。二级及二级以下且铺设低级路面的公路在陡峻山坡段施工特别困难或大量爆破以挖作填时，可采用倾填方式将石料填筑于路堤下部，但倾填路堤在路床底面下不小于 1.0m 范围内仍应分层填筑压实。

(3) 填石路堤的压实度检验：我国现行《公路路基技术规范》(JTJ 033) 规定的压实标准为在规定深度范围内，以通过 12t 以上振动压路机进行压实试验，当压实层顶面稳定，不再下沉（无轮迹）时，可判为密实状态。

(二) 填石路堤的施工要求

(1) 填石路堤的石料强度不应小于 15MPa（用于护坡的不应小于 20MPa）。填石路堤石料最大粒径不宜超过层厚的 2/3。

(2) 分层松铺厚度：高速公路及一级公路不宜大于 0.5m；其他公路不宜大于 1.0m。

(3) 填石路堤倾填前，路堤边坡坡脚应用硬质石料码砌。当设计无规定时，填石路堤高度小于或等于 6m 时，码砌厚度不应小于 lm；当高度大于 6m 时，码砌厚度不应小于 2m。

(4) 高速公路及一级公路填石路堤路床顶面以下 50cm 范围内应填筑符合路床要求的土并分层压实，填料最大粒径不得大于 10cm。其他公路填石路堤路床顶面以下 30cm 范围内宜填筑符合路床要求的土并压实，填料最大粒径不应大于15cm。

（三）石质路基填筑质量控制

1. 石质路基填料选择

路堤一般都是利用当地就近石料作填料修筑，公路沿线石料性质有变化，尽可能选择当地强度高、稳定性好并便于施工的石料。

但是，膨胀性岩石、易溶性岩石不宜直接用于路堤填筑，强风化石料、崩解性岩石和盐化岩石不得直接用于路堤填料。

2. 基底的处理

（1）二级及二级以上公路路堤基底的压实度应不小于90%；三级、四级公路应不小于85%。路基填土高度小于路面和路床总厚度时，基底应按设计要求处理。

（2）原地面坑、洞、穴等，应在清除沉积物后，用合格填料分层回填分层压实，压实度应符合规定。

（3）泉眼或露头地下水，应按设计要求，采取有效导排措施后方可填筑路堤。

（4）地基为耕地、土质松散、水稻田、湖塘、软土、高液限土等时，应按设计要求进行处理，局部软弹的部分也应采取有效的处理措施。

（5）当地下水影响路堤稳定时，应采取拦截引排地下水或在路堤底部填筑渗水性好的材料等措施。地下水位较高时，应按设计要求进行处理。

（6）陡坡地段、土石混合地基、填挖界面、高填方地基等都应按设计要求进行处理。

（7）地面横坡缓于1∶5时，清除地表草皮、腐殖土后，可直接在天然地面上填筑路堤。地面横坡为1∶5～1∶2.5时，原地面应挖台阶，台阶宽度不应小于2m。当基岩面上的覆盖层较薄时，宜先清除覆盖层再挖台阶；当覆盖层较厚且稳定时，可保留。地面横坡陡于1∶2.5地段的陡坡路堤，必须验算路堤整体沿基底及基底下软弱层滑动的稳定性，抗滑稳定系数不得小于规范要求的稳定安全系数。否则应采取改善基底条件或设置支挡结构物等防滑措施。

（8）承载力还应满足设计要求。

（9）在非岩石地基上，填筑填石路堤前，应按设计要求设过渡层。

3. 边坡码砌

在填石路堤填筑前，要进行边坡码砌。码砌的石料应大于30cm，且石质坚硬。石料尽量规则，石料之间应尽量紧贴、密实，石料之间无明显空洞、松动现象。

4. 运料摊铺

在石质填料装运时，尽量使填料均匀，避免大粒径填料过分集中。卸料时，按水平分层，先低后高，先两侧后中间。填石路堤的堆料和摊铺同时进行，由大功率的推土机向前摊铺。对大粒径的石块，要进行人工摆平，石块应贴紧底面，且大面朝下。同一位置，大粒径的石块不能重叠堆放。对细料明显少的段落，应撒铺石屑料，石屑料应占粗集料的15%～20%，要保证石屑料填满石块间的缝隙。

5. 石质路基碾压过程

对于填石路堤，由于粒料之间没有黏聚力，主要靠粒料之间相互嵌锁、紧密咬合。所以，填石路堤要采用大吨位的振动式压路机。在施工中采用18t以上的振动式压路机。操作要求是：先静压一遍，再振压 6～8 遍，最后再静压一遍。碾压的顺序先压两侧后压中间，每次重合轮迹 1/3。对于有明显空洞、孔隙的地方，补充细料后再碾压。

压实前，应用大型推土机摊铺平整。个别不平处应用人工配合以细石屑找平，使石块之间无明显高差台阶而便于压路机碾压，或使夯锤下坠到地面时受力基本均匀，不致使夯锤倾倒。

填石路堤填料石块本身是密实而不能压缩的。压实工作是使各石块之间松散接触状变为紧密咬合状态。

填石路堤的施工质量主要有施工工序配合质量检测进行。在各个施工工序中，特别是对填料的最大粒径、压实厚度、碾压遍数、压实沉降差等，必须严格控制。

同时填石路堤成型后的外观质量应达到：路堤表面无明显孔洞，铁锹挖动困难；边坡码砌紧贴、密实，无明显孔洞、松动，砌块间承接面向内倾斜，坡面平顺。

三、土石混填路基填筑

土石路堤填筑应分层填筑，分层压实。当含石量超过 70%时，整平应采用大型推土机辅以人工按填石路堤的方法进行，当含石量小于 70%时；土石混合直接铺筑；松铺厚度控制在 40cm 以内，接近路堤设计标高时，需改用土方填筑。

土石混合料中石料强度大于 20MPa 时，石料最大粒径不宜超过层厚的 2/3，否则应剔除。当石料强度小于 15MPa 时，石料最大粒径不宜超过压实层厚。

高速公路及一级公路土石路堤路床顶面以下 30～50cm 范围内应填筑符合路床要求的土并分层压实，填料最大粒径不得大于 10cm。其他公路土石路堤路床顶面以下 30cm 范围内宜填筑符合路床要求的土并压实，填料最大粒径不应大于 15cm。

土石路堤不得采用倾填方法，只能采用分层填筑，分层压实。当土石混合料中石料含量超过 70%时，宜采用人工铺填；当土石混合料中石料含量小于 70%时，可用推土机铺填，最大层厚 40cm。

填筑规定如下：

(1) 压实机械：不小于 18t 振动压路机。

(2) 碾压前，应使大粒径石料均匀分散在填料中，孔隙间填充小粒径石料、土和石渣。

(3) 压实后透水性差异大的土石混合料，应分层或分段填筑，不宜纵向分幅填筑。如确需纵向分幅填筑，应将压实后渗水良好的土石混合料填筑于路堤两侧。

(4) 土石混合料来自不同料场，其岩性或土石比例相差较大时，宜分层或分段填筑。

(5) 填料由土石混合材料变化为其他材料时，土石混合料最后一层的压实厚度应小于 300mm，该层填料最大粒径宜小于 150mm。

(6) 中硬、硬质石料的土石路堤，应进行边坡码砌。

第二节 路 基 压 实

路基压实的意义：①压实使土的强度大大增加；②压实使土基的塑性变形明显减小；

③压实使土的透水性降低，毛细上升高度减小。

一、影响压实效果的因素

1. 含水量对压实的影响

土中含水量对压实效果的影响比较显著。当含水量较小时，由于粒间引力使土保持着比较疏松的状态或凝聚结构，土中空隙大都互相连通，水少而气多，在一定的外部压实功能作用下，虽然土空隙中气体易被排出，密度可以增大，但由于水膜润滑作用不明显以及外部功能不足以克服粒间引力，土粒相对移动不容易，因此压实效果比较差；含水量逐渐增大时，水膜变厚，引力缩小，水膜起润滑作用，外部压实功能比较容易使土体相对移动，压实效果渐佳；土中含水量过大时，空隙中出现了自由水，压实功能不可能使水排出，压实功能一部分被自由水所抵消，减小了有效压力，压实效果反而降低。

然而，含水量较小时，土粒间引力较大，虽然干密度较小，但其强度可能比最佳含水量时还要高。可此时因密实度较低，空隙多，一经饱水，其强度会急剧下降。这又得出一个结论：在最佳含水量情况下压实的土水稳性最好。

最佳含水量和最大干密度是两个十分重要的指标，对路基设计和施工很有用处。

2. 土质对压实效果的影响

如图 2-2-8 所示，在同一压实功能作用下，含粗粒越多的土，其最大干密度越大，而最佳含水量越小。

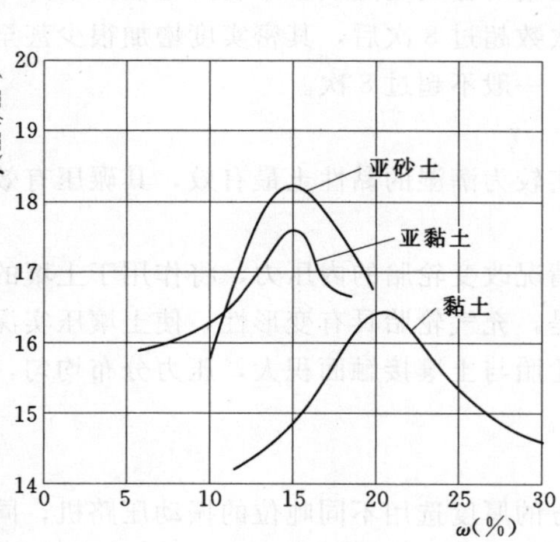

图 2-2-8 土质对压实效果的影响

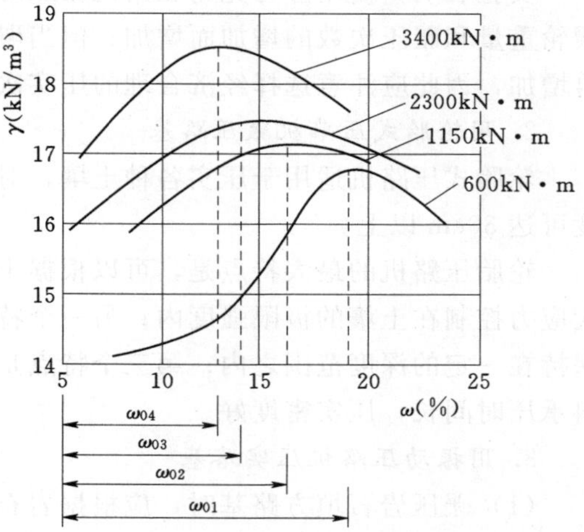

图 2-2-9 压实功能对压实的影响

对不同土的击实实验结果表明：

(1) 土的类别不同，它的最大密实度和最佳含水量不同。

(2) 颗粒越细的土，ω_0 越大，但 γ_0 的绝对值越小。

(3) 亚砂土和亚黏土的压实性能较好，而黏性土的压实性能较差。

3. 压实功能对压实的影响

如图 2-2-9 所示，同一类土，其最佳含水量随压实功能的加大而减小，而最大干密度则随压实功能的加大而增大。当土偏干时，增加压实功能能对提高干密度的影响较大，偏湿时则收效甚微。故对偏湿的土企图加大压实功能的办法来提高土的密实度是不经济的，若土的含水量过大，此时增大压实功能就会出现“弹簧”现象。另外，当压实功能加大到一定程度后，对最佳含水量的减少和最大干密度的提高都不明显了，这就是说单纯用增大压实功能来提高土的密度未必合算，压实功能过大还会破坏土体结构，效果适得其反。

4. 压实厚度对压实的影响

在相同土质和相同压实功能的条件下，压实效果随压实厚度的递增而减弱。试验证明，表层压实效果最佳，越到下面压实效果逐渐减小。因此，对不同压实机械和不同的土质压实时控制的厚度不同。

二、压实机具的选择与操作

1. 用静力光轮压路机碾压路基

静力光轮压路机只适用于碾压较薄的填土路基。这是因为静力光轮压路机的滚轮与土壤的接触面积较大，单位压力小，压实能力由表面向下逐渐减少，使得上层密度大于下层密度，路基的整体密实性差。

使用静力光轮压路机碾压时，宜采用“薄填、慢驶、多次”的方法，即填土层厚度较薄（25～30cm），碾压速度先慢后快，先轻碾后重碾。

实验表明，使用静力光轮压路机碾压时，土壤的密实度随填土厚度的增加而下降，随碾轮重量和碾压次数的增加而增加；但当碾压次数超过 8 次后，其密实度增加很少甚至不再增加，因此应注意选择经济合理的压实次数，一般不超过 8 次。

2. 用轮胎式压路机碾压路基

轮胎式压路机适用于压实各种土壤，对压实较为潮湿的黏性土最有效，其碾压有效深度可达 30cm 以上。

轮胎压路机的最大特点是，可以根据土质情况改变轮胎的内压力，将作用于土壤的最大应力控制在土壤的极限强度内；另一个特点是，充气轮胎具有变形性，使土壤压实深度保持在一定的深度范围之内；第三个特点是，轮胎与土壤接触面积大，压力分布均匀，土料承压时间长，压实密度好。

3. 用振动压路机压实路基

（1）碾压岩石填方路基时，应根据岩石填方的厚度选用不同吨位的振动压路机，同时还应注意压路机的行驶速度。通常，压实效果与碾压遍数成正比，与行驶速度成反比；实验表明，行驶速度为 3～6km/h 时压实效果最佳。

（2）碾压砂和砾石等非黏土路基时，可采用高频率、低振幅的振动压路机。碾压速度在 3～6km/h 范围内变化，碾压次数约 2～3 遍。若铺层过厚可降低碾压速度。

（3）碾压无塑性粉土路基时，铺层厚度可达 0.7～1.0m，可采用 10～15t 的重型压路机。

（4）碾压含有一定数量黏土的粉质土路基，可采用较低或中等静线压力振动压路机。

（5）碾压黏土路基时，应采用大吨位振动压路机；碾压高强度黏土路基时，必须采用羊足碾振动压路机；碾压黏性土路基时，应采用高振幅、低频率的压实方法，碾压速度为3～4km/h。

三、路基压实标准

1. 概念

工地实测干重度γ与室内标准击实试验所得到的最大干重度γ_0之比，称为压实度K。

$$K=\frac{\gamma}{\gamma_0}\times 100\%$$

2. 压实标准

(1) 土质路堤。土质路堤压实度标准见表2-2-1。

表2-2-1 土质路堤压实度标准

填挖类型		路床顶面以下深度（m）	压实度（%）		
			高速公路、一级公路	二级公路	三级、四级公路
路堤	上路床	0～0.30	≥96	≥95	≥94
	下路床	0.30～0.80	≥96	≥95	≥94
	上路堤	0.80～1.50	≥94	≥94	≥93
	下路堤	>1.50	≥93	≥92	≥90
零填及路堑路床		0～0.30	≥96	≥95	≥94
		0.30～0.80	≥96	≥95	—

(2) 填石路堤。上、下路堤的压实质量标准见表2-2-2。

表2-2-2 填石路堤上、下路堤的压实质量标准

分区	路床顶面以下深度（m）	硬质石料空隙率（%）	中硬石料空隙率（%）	软质石料空隙率（%）
上路堤	0.8～1.50	≤23	≤22	≤20
下路堤	>1.50	≤25	≤24	≤22

四、碾压工序的控制

1. 确定不同种类填土最大干密度和最佳含水量

用于填筑路基的沿线土石材料，其性质往往有较大的变化。在路基填筑施工前，必须对主要取土场采集代表性土样，进行土工试验，用规定方法求得各个土场土样的最大干密度和最佳含水量，以便指导路基土的施工。

2. 检查控制填土含水量

由于含水量是影响路基土压实效果的主要因素，故需检测欲填入路基中的土的含水量。用透水性不良的土做填料时，应控制其含水量与最佳含水量相差在±2%以内。

3. 分层填筑、分层压实

土压实层的密度随深度递减，表面5cm的密度最高。填土分层的压实厚度和压实遍

数与压实机械类型、土的种类和压实度要求有关，应通过试验路来确定。一般认为，对于细粒土，用12～25t光轮压路机时压实厚度不超过20cm；用22～25t振动压路机时（包括激振力），压实厚度不超过50cm。

4. 全宽填筑、全宽碾压

填筑路基时，应要求从基底开始在路基全宽范围内分层向上填土和碾压，尤其应注意路堤的边缘部分。路堤边缘往往压实不到，处于松散状态，雨后容易滑坍，故两侧可采取宽填40～50cm，压实工作完成后在按设计宽度和坡度予以刷齐整平。

5. 加强测试检验及压实控制

检查压实度一般采取灌砂法、环刀法、水袋法和核子密度仪法。环刀法适用于细粒土，灌砂法适用于各类土。采用核子仪时，应先进行标定，并与灌砂法作对比试验，找出相关的压实度修正系数。尤其是当填土种类发生变化时，必须重新标定，方能保证压实度检测的准确可靠性。

填筑路基时，应分层碾压并分层检查压实，并要求填土层压实度达到要求后方能允许填筑上一层填土，只有分层控制填土的压实度，才能保证全深度范围内的压实质量。

当工地实测压实度小于要求压实度时，应检查填土含水量，当填土含水量ω与最佳含水量ω_0相差在±2%以内，说明压实功能不够，应增加碾压遍数，如果压实遍数超过10遍仍达不到压实度要求，继续增加遍数效果很小，不如减少压实层厚度；$\omega>\omega_0$时，将填土挖松，晾干至ω_0再重新碾压；$\omega<\omega_0$时，应洒水使填土含水量接近ω_0再进行碾压。

许多地段都是由于路基压实度未能达到规定要求而导致路基出现翻浆、沉陷等破坏现象。因此，路基填筑时压实度必须要达到规定的要求，这样才能保证路基的稳定性。

复习思考题

1. 规范中对路基用土的规定有哪些？
2. 填土路基的填筑方式有哪些？
3. 影响压实效果的因素有哪些？
4. 压实度如何计算？
5. 如何进行碾压控制？

第三章　路 堑 开 挖 施 工

第一节　土质路堑开挖及其施工要点

路堑施工就是按设计要求进行挖掘，并把挖掘出来的土方运到路堤地段作填料，或者运到弃土地点。

路堑开挖方式应根据路堑的深度和纵向长度，以及地形、土质、土方调配情况和开挖机械设备条件等因素确定，以加快施工进度和提高工作效率。

一、施工中应注意的事项

1. 路堑排水

应先在适当的位置开挖截水沟，并设置排水沟，以排除地面水和地下水。路堑设有纵坡时，下坡的坡段可以直接挖到底，而上坡的坡段必须先挖成向外的斜坡，最后再挖去剩下的土方。路堑为平坡时，两端都要先挖成向外的斜坡，最后挖去余下的土方。

2. 废方处理

要求：不得妨碍路基的排水和路堑边坡的稳定，同时，弃土应尽可能用于改地造田，美化环境。

3. 设置支挡工程

开挖时，应自上而下，逐层进行，以防边坡塌方，尤其在地质不良地段，应分段开挖，分段支护。

二、土方路堑的开挖方式

（一）全断面横挖法

从路堑的一端或两端按横断面全宽逐渐向前开挖，这种开挖方法适宜较短的路堑（图2－3－1）。

一层横向全宽挖掘法［图2－3－1（a）］适应于开挖深度小且较短的路堑；

多层横向全宽挖掘法［图2－3－1（b）］适应于开挖深而短的路堑。

注意：每层挖掘台阶深度，人工为1.5～2.0m，机械为3～4m。

（二）纵挖法

沿路堑纵向将高度分成不大的层次依次开挖，适用于较长的路堑。它又分为分层纵挖法和分段纵挖法两种，前者适用于施工机械能够到达路线上方的堑顶，并在堑顶能够展开推土施工；后者适用于施工机械无法到达堑顶，但通过先修临时施工便道，能够到达与路线设计高程基本一致，并且离路线一侧不远的（即向路线打横向通道增加挖方量不大）若

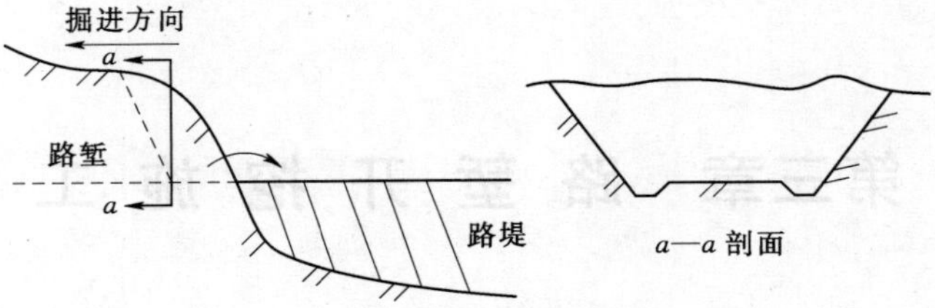

(a) 一层全断面横挖法

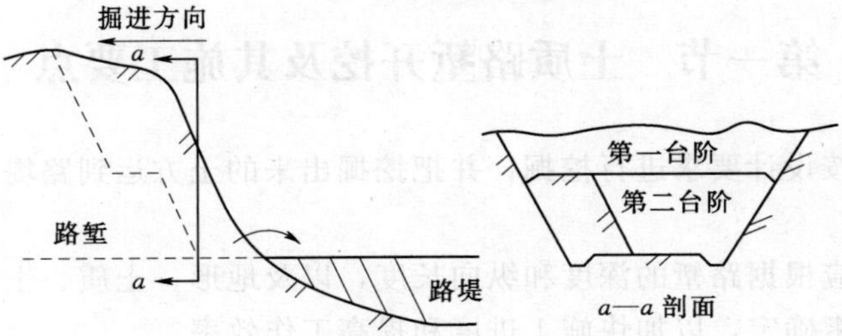

(b) 多层全断面横挖法

图 2-3-1　全断面横挖法

干处，便于水平作业施工。

1. 分层纵挖法

如图 2-3-2（a）所示，施工机械到达路线上方的堑顶后，沿路堑全宽以深度不大的纵向分层挖掘前进的作业方法称为分层纵挖法。当路堑长度不超过 100m，开挖深度不大于 3m，地面横坡度较陡时，宜采用推土机作业；当地面横坡度较缓时，表面宜横向铲土，

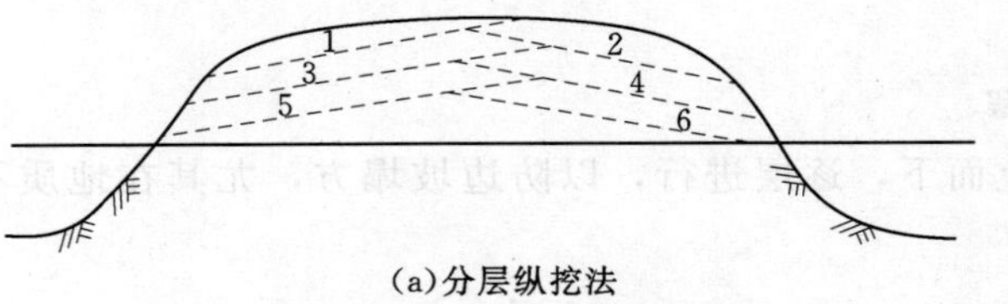

(a)分层纵挖法

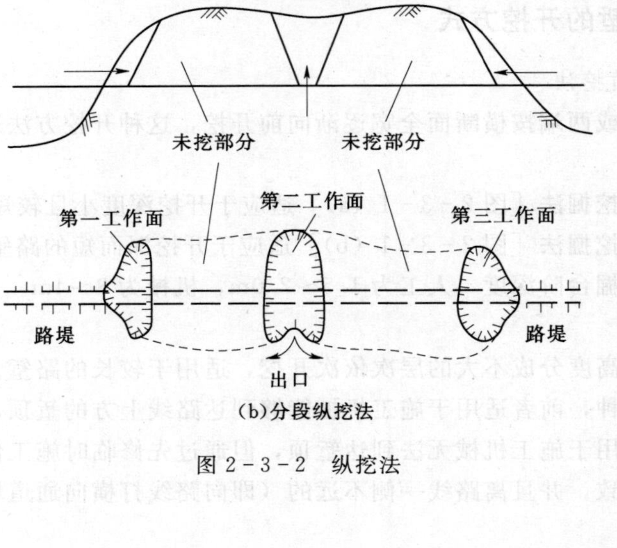

(b)分段纵挖法

图 2-3-2　纵挖法

下层的土宜纵向推运；当路堑横向宽度较大时，宜采用两台或多台推土机横向联合作业；当路堑傍陡峻山坡时，宜采用斜铲推土。

2. 分段纵挖法

如图 2－3－2（b）所示，沿路堑纵向选择若干处，在山体较薄一侧横向朝着路线先挖穿（俗称打“马口”），提供通道便于横向出土，这样将路堑沿纵向分成若干段，待机械到达路线位置时，各段再纵向开挖，此种作业方法称为分段纵挖法。本法适用于路堑过长、纵向弃土运距过远的傍山路堑。这种方法由于增加了许多工作面，使得施工进度大大加快。具体方案选择时，应把山体一侧堑壁不厚的横向出土通道与附近的弃土场及有利于废弃土方调配等条件综合考虑而定。

（三）混合开挖法

先在路堑的中央沿路线纵向挖成通道，然后在堑内改为横向挖成若干个通道，使许多挖掘机械各自到达横向通道内的工作面后，再沿路线纵向进行全断面开挖，此种纵挖法与全断面横挖法结合的作业方法称为混合开挖法，亦称通道纵挖法，如图 2－3－3 所示。

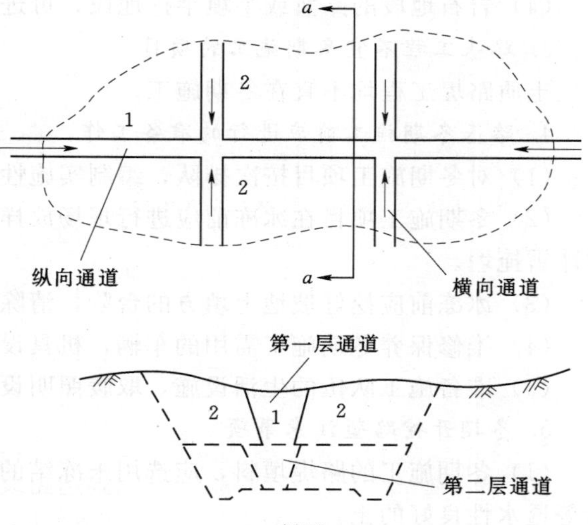

图 2－3－3 混合开挖法

三、雨期开挖路堑

（1）在土质路堑开挖前，在路堑边坡坡顶 2m 以外开挖截水沟并接通出水口。

（2）开挖土质路堑宜分层开挖，每挖一层均应设置排水纵横坡。挖方边坡不宜一次挖到设计标高，应沿坡面留 30cm 厚，待雨期过后整修到设计坡度。以挖作填的挖方应随挖随运随填。

（3）土质路堑挖至设计标高以上 30～50cm 时应停止开挖，并在两侧挖排水沟，待雨期过后再挖到路床设计标高后再压实。

（4）土的强度低于规定值时应按设计要求进行处理。

（5）雨期开挖岩石路堑，炮眼应尽量水平设置。边坡应按设计坡度自上而下层层刷坡，坡度应符合设计要求。

四、路基冬期施工技术

1. 冬期施工

（1）在反复冻融地区，昼夜平均温度在－3℃以下，连续 10d 以上时，进行路基冬期施工。

（2）当昼夜平均温度虽然上升到－3℃以上，但冻土未完全融化时，亦应按冬期施工。

2. 路基施工可冬期进行的工程项目

(1) 泥沼地带河湖冻结到一定深度后，如需换土时可趁冻结期挖去原地面的软土，淤泥层换填合格的其他填料。

(2) 含水量高的流动土质，流沙地段的路堑可利用冻结期开挖。

(3) 河滩地段可利用冬期水位低，开挖基坑修建防护工程，但应采取加温保温措施，注意养护。

(4) 岩石地段的路堑或半填半挖地段，可进行开挖作业。

3. 路基工程不宜冬期施工的项目

土质路堤工程均不宜在冬期施工。

4. 路基冬期施工前应进行的准备工作

(1) 对冬期施工项目按次排队，编制实施性的施工组织计划。

(2) 冬期施工项目在冰冻前应进行现场放样，保护好控制桩并树立明显的标志，防止被冰雪掩埋。

(3) 冰冻前应挖好坡地上填方的台阶，清除石方挖方的表面覆盖层，裸露岩体。

(4) 维修保养冬期施工需用的车辆，机具设备，充分备足冬期施工期间的工程材料。

(5) 准备施工队伍的生活设施，取暖照明设备，燃料和其他越冬所需的物资。

5. 冬期开挖路堑注意事项

(1) 冬期施工的路堤填料，应选用未冻结的砂类土，碎、卵石土，开挖石方的石块石渣等透水性良好的土。

(2) 当冻土层破开挖到未冻土后，应连续作业，分层开挖，中间停顿时间较长时，应在表面覆雪保温，避免重复被冻。

(3) 挖方边坡不应一次挖到设计线，应预留 30cm 厚台阶，待到正常施工季节再削去预留台阶，整理达到设计边坡。

(4) 路堑挖至路床面以上 1m 时，挖好临时排水沟后，应停止开挖并在表面覆以雪或松土，待到正常施工时，再挖去其余部分。

(5) 冬期开挖路堑必须从上向下开挖，严禁从下向上掏空挖“神仙土”。

(6) 每日开工时先挖向阳处，气温回升后再挖背阴处，如开挖时遇地下水源，应及时挖沟排水。

(7) 冬期施工开挖路堑的弃土要远离路堑边坡坡顶堆放，弃土堆高度一般不应大于 3m，弃土堆坡脚到路堑边坡顶的距离一般不得小于 3m，深路堑或松软地带应保持 5m 以上。弃土堆应摊开整平，严禁把弃土堆于路堑边坡顶上。

第二节　石质路堑开挖及其施工要点

石质路堑的开挖通常采用爆破法，有条件时宜采用松土法，局部情况可采用破碎法开挖。施工时，采用的爆破方法要根据石方的集中程度、地质、地形条件及路基断面形状等具体条件而定。主要方法有钢钎炮、深孔爆破、葫芦炮、光面爆破与预裂爆破和抛坍爆破。

一、常用爆破方法的特点及优点

综合爆破是根据石方的集中程度，地质、地形条件，公路路基断面的形状，综合配套使用的一种比较先进的爆破方法。一般包括小炮和洞室两大类。小炮主要包括钢钎炮、深孔爆破等钻孔爆破；洞室炮主要包括药壶炮和猫洞炮，洞室炮则随药包性质、断面形状和地形的变化而不同。用药量 1t 以上为大炮，1t 以下为中小炮。

（一）钢钎炮

钢钎炮通常指炮眼直径小于 70mm 和深度小于 5m 的爆破方法。

1. 特点

钢钎炮炮眼浅、用药少，并全靠人工清除，所以工效较低。

2. 优点

钢钎炮比较灵活，因而它又是一种不可缺少的炮型，在综合爆破中是一种改造地形，为其他炮型服务的辅助炮型。

（二）深孔爆破

深孔爆破是孔径大于 75mm、深度在 5m 以上、采用延长药包的一种爆破方法。

1. 特点

深孔爆破的炮孔需用大型的潜孔凿岩机或穿孔机钻孔，是大量石方（万方以上）快速施工的发展方向之一。

2. 优点

深孔爆破的劳动生产率高，一次爆落的方量多，施工进度快，爆破时比较安全。

（三）药壶炮

药壶炮是指在深 2.5～3.0m 以上的炮眼底部用小量炸药经一次或多次烘膛，使底成葫芦形，将炸药集中装入药壶中进行爆破。

1. 特点

药壶炮主要用于露天爆破，其使用条件是：岩石应在Ⅺ级以下，不含水分，阶梯度（H）小于 10～20m，自然地面坡度在 70°左右。经验证明，药壶炮最好用于Ⅶ～Ⅸ级岩石，中心挖深 4～6m，阶梯高度在 7m 以下。

2. 优点

药壶炮是小炮中最省工、省药的一种方法。

（四）猫洞炮

猫洞炮是指炮洞直径为 0.2～0.5m，洞穴成水平或略有倾斜（台眼），深度小于 5m 将药集中于炮洞中进行爆破的一种方法。

1. 特点

猫洞炮的最佳使用条件是：岩石等级一般为Ⅸ级以下，最好是Ⅴ～Ⅶ级；阶梯度最小应大于眼深的两倍，自然地面坡度不小于 50°，最好在 70°左右。

2. 优点

在有裂缝的软石、坚石中，阶梯高度大于 4m，采用猫洞炮爆破，可以获得好的爆破效果。

（五）洞室炮

洞室炮属于大爆破，是采用导洞和药室装药，用药量在1000kg以上的爆破方法。

1. 特点

洞室炮适用于当路线穿过孤独山丘，开挖后边坡不高于6m，而且根据岩石产状和风化程度确认开挖后边坡稳定的地形条件。

2. 优点

洞室炮一次爆破方量大，能有效地提高路堑的开挖速度。

（六）光面爆破

光面爆破是在开挖限界的周边，适当排列一定间隔的炮孔，在有侧向临空面的情况下，用控制抵抗线和药量的方法进行爆破，使之形成一个光滑平整的边坡。

（七）预裂爆破

预裂爆破是在开挖限界处按适当间隔排列炮孔，在没有侧向临空面和最小抵抗线的情况下，用控制药量的方法，预先炸出一条裂缝，使拟爆体与山体分开，作为隔振减振带，起保护和减弱开挖限界以外山体或建筑物的地震破坏作用。

（八）微差爆破

两相邻药包或前后排药包以毫秒的时间间隔（一般为15～75ms）依次起爆，称为微差爆破，亦称毫秒爆破。多发一次爆破最好采用毫秒雷管。多排孔微差爆破是浅孔深孔爆破发展的方向。

（九）定向爆破

在公路工程中，用于以借为填或以挖作填地段，特别是在深挖高填相间、工程量大的鸡爪形地区，采用定向爆破。

二、松土法

为了有利于开挖边坡的稳定和保护既有建筑物的安全，大马力推土机不断普及，松土法开挖岩石的应用越来越广泛。

三、爆破开挖路堑施工方法

（1）恢复路基中线，放出边线，钉牢边桩。

（2）根据地形、地质及挖深选择适宜的开挖爆破方法，制订爆破方案，作出爆破施工组织设计，报有关部门审批。

（3）用推土机整修施工便道，清理表层覆盖土及危石。

（4）在地面上准确放出炮眼（井）位置，竖立标牌，标明孔（井）号，深度，装药量。

（5）用推土机配合爆破，创造临空面，使最小抵抗线方向面向回填方向。

（6）炮眼布置在整体爆破时采用梅花形或方格形，预裂爆破时采用“一字形”，洞室爆破根据设计确定药包的位置和药量。

（7）在居民区及地质不良可能引起坍塌后遗症的路段，原则上不采用大中型洞室爆破。

在石方集中的深挖路堑采用洞室爆破时，应认真设计分集药包位置和装药量，精确测算爆破漏斗，防止超爆、少爆或振松边坡，留下后患。

(8) 爆破施工要严格控制飞石距离，采取切实可行的措施，确保人员和建筑物的安全，如采用微差爆破技术。

(9) 控制爆破也可以采用分段微差爆破方法。

(10) 确保边坡爆破质量，采用预裂爆破技术，光面爆破技术和排眼微差爆破技术，同时配合选择合理的爆破参数，减少冲击波影响，降低石料大块率，以减少二次破碎，利于装运和填方。

(11) 装药前要布好警戒，选择好通行道路，认真检查炮孔、洞室，吹净残渣，排除积水，做好爆破器材的防水保护工作，雨季或有地下水时，可考虑采用乳化防水炸药。

(12) 装药分单层、分层装药，预裂装药及洞室内集中装药。炮眼装药后用木杆捣实，填塞黏土，洞室装药时，将预先加好的起爆体放在药包中心位置，周围填以硝酸安全炸药，用砂黏土填塞，填塞时要注意保护起爆线路。

(13) 认真设计，严密布设起爆网络，防止发生短路及二响重叠现象。

(14) 顺利起爆，并清除边坡危石后，用推土机清出道路，用推土机、铲运机纵向出土填方，运距较远时，用挖掘机械装土，自卸汽车运输。

(15) 随时注意控制开挖断面，切勿超爆，适时清理整修边坡和暴露的孤石。

复习思考题

1. 土方路堑开挖方式有哪些？
2. 雨季开挖路堑有哪些注意事项？
3. 冬季开挖路堑有哪些注意事项？
4. 石质路堑开挖的方法有哪些？

第四章 路基工程检查验收

一、一般规定

（1）土方路基和石方路基的实测项目技术指标的规定值或允许偏差按高速公路，一级公路和其他公路（指二级及以下公路）两挡设定，其中土方路基压实度按高速公路和一级公路，二级公路，三、四级公路三挡设定。

（2）本章规定的实测项目的检查频率，如果检查路段以延米计时，则为双车道公路每一检查段内的最低检查频率：多车道公路必须按车道数与双车道之比，相应增加检查数量。

（3）路基压实度须分层检测，并符合相关规定。路基其他检查项目均在路基顶面进行检查测定。

（4）路肩工程可作为路面工程的一个分项工程进行检查评定。

（5）服务区停车场、收费广场的土方工程压实标准可按土方路基要求进行监控。

二、土方路基

1. 基本要求

（1）在路基用地和取土坑范围内，应清除地表植被、杂物、积水、淤泥和表土，处理坑塘，并按规范和设计要求对基底进行压实。

（2）路基填料应符合规范和设计的规定，经认真调查、试验后合理选用。

（3）填方路基须分层填筑压实，每层表面平整，路拱合适，排水良好。

（4）施工临时排水系统应与设计排水系统结合，避免冲刷边坡，勿使路基附近积水。

（5）在设定取土区内合理取土，不得滥开滥挖。完工后应按要求对取土坑和弃土场进行修整，保持合理的几何外形。

2. 实测项目

实测项目见表 2-4-1。

3. 外观鉴定

（1）路基表面平整，边线直顺，曲线圆滑。

（2）路基边坡坡面平顺，稳定，不得亏坡，曲线圆滑。

（3）取土坑、弃土堆、护坡道、碎落台的位置适当，外形整齐、美观，防止水土流失。

三、石方路基

1. 基本要求

（1）石方路堑的开挖宜采用光面爆破法。爆破后应及时清理险石、松石，确保边坡安全、稳定。

表 2-4-1　　土方路基实测项目

<table>
<tr><td colspan="3" rowspan="3">检查项目</td><td colspan="3">规定值或允许偏差</td></tr>
<tr><td rowspan="2">高速公路、一级公路</td><td colspan="2">其他公路</td></tr>
<tr><td>二级公路</td><td>三、四级公路</td></tr>
<tr><td rowspan="5">压实度
（%）</td><td rowspan="2">零填及挖方
（m）</td><td>0～0.30</td><td>—</td><td>—</td><td>94</td></tr>
<tr><td>0～0.80</td><td>≥96</td><td>≥95</td><td>—</td></tr>
<tr><td rowspan="3">填方
（m）</td><td>0～0.80</td><td>≥96</td><td>≥95</td><td>≥94</td></tr>
<tr><td>0.80～1.50</td><td>≥94</td><td>≥94</td><td>≥93</td></tr>
<tr><td>>1.50</td><td>≥93</td><td>≥92</td><td>≥90</td></tr>
<tr><td colspan="3">弯沉（0.01mm）</td><td colspan="3">不大于设计要求值</td></tr>
<tr><td colspan="3">纵断高程（mm）</td><td colspan="2">+10，−15</td><td>+10，−20</td></tr>
<tr><td colspan="3">中线偏位（mm）</td><td colspan="2">50</td><td>100</td></tr>
<tr><td colspan="3">宽度（mm）</td><td colspan="3">不小于设计</td></tr>
<tr><td colspan="3">平整度（mm）</td><td colspan="2">15</td><td>20</td></tr>
<tr><td colspan="3">横坡（%）</td><td colspan="2">±0.3</td><td>±0.5</td></tr>
<tr><td colspan="3">边坡</td><td colspan="3">不陡于设计值</td></tr>
</table>

（2）填筑填石路堤时应进行地表清理，逐层水平填筑石块，摆放平稳，码砌边坡。填筑层厚度及石块尺寸应符合设计和施工规范规定，填石空隙用石渣、石屑嵌压稳定。上、下路床填料和石料最大尺寸应符合规范规定。采用振动压路机分层碾压，压至填筑层顶面石块稳定，18t 以上压路机振压两遍无明显标高差异。

（3）路基表面应整修平整。

2. 实测项目

实测项目见表 2-4-2。

表 2-4-2　　石方路基实测项目

<table>
<tr><td colspan="2" rowspan="2">检查项目</td><td colspan="2">规定值或允许偏差</td></tr>
<tr><td>高速公路、一级公路</td><td>其他公路</td></tr>
<tr><td colspan="2">压实</td><td colspan="2">层厚和碾压遍数符合要求</td></tr>
<tr><td colspan="2">纵断高程（mm）</td><td>+10，−20</td><td>+10，−30</td></tr>
<tr><td colspan="2">中线偏位（mm）</td><td>50</td><td>100</td></tr>
<tr><td colspan="2">宽度（mm）</td><td colspan="2">不小于设计</td></tr>
<tr><td colspan="2">平整度（mm）</td><td>20</td><td>30</td></tr>
<tr><td colspan="2">横坡（%）</td><td>±0.3</td><td>±0.5</td></tr>
<tr><td rowspan="2">边坡</td><td>坡度</td><td colspan="2">不陡于设计值</td></tr>
<tr><td>平顺度</td><td colspan="2">符合设计要求</td></tr>
</table>

3. 外观鉴定

(1) 上边坡不得有松石。

(2) 路基边线直顺，曲线圆滑。

复 习 思 考 题

1. 土方路基检查验收的实测项目有哪些？
2. 土方路基检查验收的外观鉴定要求是什么？
3. 石方路基检查验收的实测项目有哪些？
4. 石方路基检查验收的外观鉴定要求是什么？

第五章 路基防护工程施工

第一节 防护的目的与分类

一、防护的目的

由岩、土填挖而成的路基，改变了原地层的天然平衡状态，裸露于空间并直接承受填土及行车荷载的作用。在各种错综复杂的自然因素、行车的长期作用下，路基会产生各种变形和破坏；易于冲蚀的土质边坡和易于风化的岩石边坡施工完成后，在长期的雨水冲刷及干湿、温差反复作用下，将发生滑塌、碎落和冲沟等坡面变形和破坏；修建在河滩上和水库边的沿河路堤，在水流冲击、淘刷和浸蚀作用下，路堤的稳定性会受到影响。因此，为保证路基的稳定性并防止路基病害，必须根据道路等级、当地的气候环境及地层、地质构造，因地制宜地采取有效措施，对各类土、石边坡予以必要的防护。路基防护的重点是边坡，特别是沿河路堤、不良水文地质地段的路基和容易受水冲刷的路基边坡。

二、防护的分类

路基防护设施主要有边坡坡面防护、沿河路堤河岸冲刷防护。路基防护工程对风化和冲刷起隔离、封闭作用。防护工程不能承受外力作用，所以要求路基本身必须是稳定的。

三、防护的一般要求

防护与加固的一般要求如下：

（1）路基防护应按照设计、施工与养护相结合的原则，深入调查研究，根据当地气候环境、工程地质和材料等情况，因地制宜，就地取材，选用适当的工程类型或采取综合措施，以保证路基的稳固。不要轻易取消或减少必要的防护工程措施，而给养护管理遗留繁重的工作量。

（2）对于水流、风力、降水及其他可能引起路基破坏的因素，均应设置防护工程。在冲刷防护设计中，要综合考虑，使防护工程收到更好的效果。

（3）在不良的气候和水文条件下，对粉砂、细砂与易于风化的岩石边坡，以及黄土类边坡，均应在土石方施工完成后及时防护。路堑边坡应根据边坡岩层组成及坡面弱点分布情况考虑全面防护或局部防护。

（4）对于冲刷防护，一般在水流流速不大及水流破坏作用较弱地段，可在沿河路基边坡设砌石护坡、石笼和混凝土预制板等，以抵抗水流的冲刷与淘刷。需要改变水流或提高坡脚处粗糙率，以降低流速、减缓冲刷作用时，可修筑坝类构造物。对于冲刷严重地段，可采用加固边坡（砌石护坡）和改变水流情况的综合设施；水下部分可视水流的淘刷情况，采用砌石、石笼或混凝土预制板等护底护脚。砌石基础应置于冲刷线以下 0.5～1.0m，水上部分采用轻型防护即可。

（5）坡面防护一般不考虑边坡地层的侧压力，故要求防护的边坡有足够的稳定性。但护面墙可用于极限稳定边坡。

（6）对高而陡的防护构造物，设计时要考虑设置便于维修检查的安全设施。

第二节　坡　面　防　护

坡面防护主要是保护路基边坡表面免受雨水冲刷，减缓温差及湿度变化的影响，防止和延缓岩土表面的风化、剥落等演变过程，从而保护路基边坡的整体稳定性，并且还兼顾到公路与环境的美化。

坡面防护本身不承受外力作用，必须要求坡面岩土整体牢固，此外，坡面防护还应与排水设施相配合，以便雨水能尽快排出路基范围。

常用的坡面防护有植物防护、工程防护和骨架植物防护。植物防护又称为有“生命”防护，以土质边坡为主。工程防护又称为“无机”防护，以石质路堑边坡为主。在一定程度上，植物防护在边坡稳定和改善路容方面优于工程防护，防护工程应优先考虑植物防护。

一、植物防护

植物防护是指用人工培植边坡植被，使植物的根系深入土层加固并稳定边坡，同时利用植物的枝叶保护坡面，调节边坡土的湿度与温度，防止并减少降雨尤其是暴雨对边坡的冲刷。植物防护还可以美化路容、协调环境且施工简单、费用低廉，对于坡高不大、边坡比较平缓的土质坡面是一种简易有效的防护设施。植物防护的方法主要有种草、铺草皮和植树。

（一）种草

1. 适用条件

边坡种草防护适用于边坡稳定，坡度不陡于1∶1，坡面冲刷轻微，不浸水或短期浸水但地面径流速度不超过 0.6m/s，且宜于草类生长的土质路堤与路堑边坡。选择草的品种应考虑当地的土壤和气候条件，通常应以易成活、生长快、根系发达、叶茎低矮、枝叶茂盛或有匍匐茎的多年生草种为宜，常用的有白茅草、毛鸭嘴、鱼肩草、果园、雀稗、鼠尾草和小冠。一般情况下，最好采用几种草籽混合播种，使之生成一个良好的覆盖层。对于不利于草类生长的土质，应在坡面上先铺一层厚度不小于 10cm 的种植土，再播种。

2. 边坡种草防护施工

土建工程完成后，监理方（或甲方）、土建施工单位及植物防护施工单位应对边坡的开挖、加固和清理工作及空心砖内的填土厚度、填土质量、坡面的整洁度进行现场验收移交工作，验收合格后方可开始进行植物防护施工。植物防护施工季节宜选在气候温暖，湿度较大的春季、雨季和秋季。

(1) 喷播播种防护施工。喷播播种防护的施工工艺为：坡面整理→种子的处理与配比→点播→喷播→覆盖无纺布→养护管理。

具体阐述以下几点：

1) 坡面整理。清除场地废物和其他有碍植物生长的杂物，平整边坡，填平低洼处。

2) 种子处理。对发芽困难，需处理后播种的草种，进行催芽处理。常用的处理方法有：冷水浸泡、机械处理、药物催芽、高温催芽等。

3) 点播和喷播。对于树草混播的植物防护应采用两步施工，即先点播，后喷播。采用点播法种植树种，采用喷播法种植草种。对于土质松散，急需快速植物防护的边坡，可先喷播，后补播。点播后，当树苗长到 2～3cm 高后，即可开始喷播。一般采用液压喷播法进行施工。喷播的程序为：配料→注水→搅拌→喷播→覆盖无纺布。喷播的配比按设计和试验结果进行，种子配备应按两天施工用量提前一天配备，并标好标签，以免混用。喷播结束后，应立即覆盖无纺布，以防雨水冲刷造成材料和种子流失。

4) 养护管理。包括揭掉无纺布、补播、施肥、病虫害防治工作。

(2) 直播播种防护。直播播种防护的施工工艺为：坡面整理→种子准备→播种→覆盖无纺布→养护管理。

直播播种以撒播为主，还可以用开沟条播、穴播等方法。播种要均匀，播种后应及时翻土覆盖或用齿耙耙松表层土，种子埋深 1～2cm。施工完成后，为保持土壤水分、调节土温和抑制杂草，宜覆盖无纺布，待苗高 6～8cm 时可揭掉无纺布，以防影响植物正常生长。

(3) 三维植被网防护。采用三维植被网防护施工方法播种后，种子均匀并且用量少，降雨或浇水时种子不易冲刷、流失，防止水土流失效果较好。

三维植被网防护的施工工艺为：坡面整理→润湿坡面→铺网垫固定网垫→撒细土→播种→撒土覆盖→养护管理。

在路肩（或边坡坡顶）向里 15cm 左右的范围内向下挖 10cm 深的沟槽，用竹（木）钉将网垫固定再用土埋压；网垫由坡顶顺势铺下，在坡脚将其剪断，然后用竹（木）钉将网垫从上到下固定，大约每平方米用 6 根，竹（木）钉宜以梅花形排列；两幅网垫之间的搭接宽度为 5cm，搭接处用竹（木）钉固定。撒完草籽后，应向网垫撒土覆盖，覆盖土的厚度以稍露出网垫为宜。

(二) 铺草皮

1. 适用条件

铺草皮防护适用于边坡坡度不陡于 1∶1 的土质和强风化、全风化的岩石边坡。草皮应选用根系发达、茎矮叶茂的耐旱品种，不宜采用喜水草种，严禁采用生长在泥沼地草皮。当边坡较陡，坡面冲刷比较严重，地面径流速度大于 0.6m/s 时，应根据具体条件，分别采用平铺、平铺叠置、方格式草皮、卵（片）石方格草皮。

2. 边坡铺草皮防护施工

铺草皮防护的施工工艺为：备料→坡面整理→自下而上铺草皮→固定草皮（用竹钉或木钉）→养护管理。

备料挖草皮时，草皮两端应斜切，挖的深度根据草根的深度而定，一般为 6～10cm，干旱和炎热地区可增加到15cm。将草皮做成草皮卷或草皮块，多块重叠扎紧，运到施工现场后及时铺植。路堑边坡铺草皮时，应铺过路堑顶部1m或铺至截水沟。草皮铺植方法如下：

（1）平铺草皮。在整个坡面上平铺草皮，如图2-5-1（a）所示。铺设时，草皮应与坡面紧贴，块与块之间错缝铺植，根据边坡坡度，用竹（木）尖桩固定草皮，如图2-5-1（b）所示，边坡缓于1∶1.5时，可不钉桩。

（2）平铺叠置草皮。如图2-5-1（c）所示，适用于边坡坡度大于或等于1∶1的坡面，用作冲刷防护时，容许流速1.2～1.8m/s。

（3）方格式草皮。在边坡坡面上把草皮做成45°斜角的带状铺砌，组成1.0m×1.0m或1.5m×1.5m的方格形，在路肩边缘以下和坡脚部分用几条水平的带状草皮铺设，在方格内种草，如图2-5-1（d）所示。该铺砌方法最为经济，但其坚固程度低于前述两种形式。

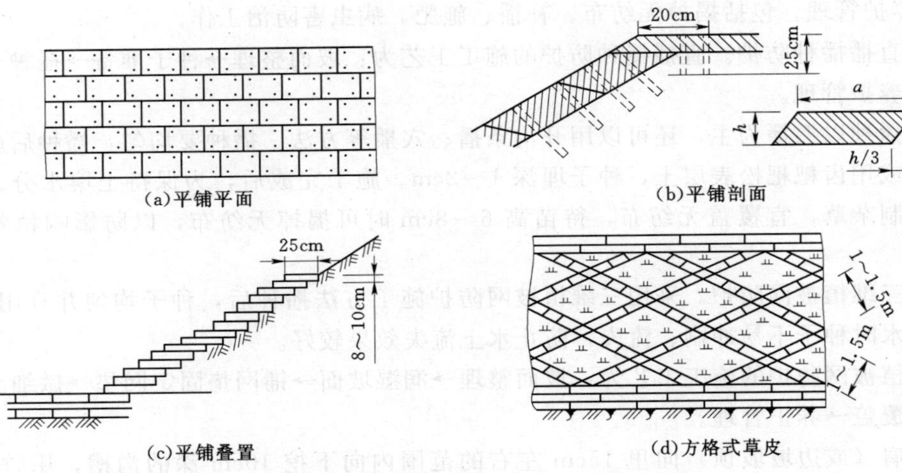

图2-5-1　草皮防护示意图

（4）卵（片）石方格草皮。在边坡表层易发生滑塌的路段为避免草皮脱落，宜采用卵石方格做骨架，中间铺草皮，缺卵石的地区可用片石代替。作为骨架的卵（片）石应竖直栽入、挖槽栽入或打入边坡15～20cm，上端外露5～10cm，以使草皮与骨架顶面齐平，骨架宽20cm，方格尺寸一般为1.5m，在边坡坡顶和坡脚均应用纵向砌石条带加固，骨架做好后应及时铺草皮。

（三）植树

1．适用条件

边坡植树防护适用于坡度不陡于1∶1.5的土质边坡和全风化的岩石边坡。植树用在堤岸边的河滩上可以降低流速，促使泥沙淤积，防止水流直接冲刷路堤。在沙漠与雪害地区，防护林带也可防风、防沙、防雪。树种宜选用在当地气候与土壤条件下能迅速生长、根系发达、枝繁叶茂的耐旱品种，用于冲刷防护时，宜选用生长较快的杨柳类，或不怕水淹的灌木类，常用的有紫穗槐及夹竹桃等。植树的形式，可以是带状或条形，也可以栽成连续式，即栽满防护的全部区域。

2. 边坡植树防护施工

边坡植树防护的施工工艺为：坡面整理→定点放线→挖坑换土→起苗→苗木运输→栽前裁剪→种植。

植树时，应落实防护植物的数量、质量、来源、运输等具体工作，并按照施工进度有计划地调运苗木，宜做到随起、随运、随栽，已运来但未能及时栽完的苗木，应进行假栽（即把树苗根部用土覆盖掩埋）。植树完成后，在树木未长成前，应防止流速大于 3m/s 的水流冲刷，有必要时，可在前方设置障碍物，加以保护。

二、工程防护

当不宜使用植物防护或考虑就地取材时，可以采用工程防护措施。工程防护是采用砂石、水泥、石灰等矿质材料进行坡面防护。工程防护包括砂浆抹面、勾缝、灌浆勾缝、灌浆、喷护、锚杆挂网喷射混凝土，以及护坡或护面墙防护等形式。有时为了降低工程成本，增加路基的美观程度，干砌、浆砌、护面墙等各种砌石护坡也可以采用中间透空的形式，如人字形、拱形、方格形或菱形等，即先用浆砌片石（或混凝土预制空心砖或现浇混凝土）形成刚性骨架，再将中间部分在原坡面上种草、铺草皮（对土质边坡）、干砌（对松软岩石边坡）等，形成骨架植物防护，该方法既经济又美观。

（一）抹面防护

抹面防护适用于易风化而表面比较完整，尚未剥落的岩石挖方边坡，如页岩、泥砂岩及千枚岩的新坡面。常用的抹面材料有：石灰炉渣混合浆、三合土、四合土或水泥石灰砂浆等。抹面厚度视材料和坡面状况而定，石灰炉渣灰浆为 3～4cm，三合土为 6～7cm，四合土为 8～10cm，水泥石灰砂浆为 3cm。

抹面防护的施工工艺为：施工准备→测量放样→清理坡面→准备抹面混合料→预留泄水孔→设置伸缩缝→抹底层→提浆→养生。

抹面前应清理坡面风化层、浮土与松动碎块，填补坑洞，洒水润湿。抹面材料的配合比应经试验确定，保证材料能稳固的密贴于坡面。抹面宜分两次进行，底层和面层分别抹全厚的 2/3 和 1/3，抹面厚度要均匀、表面要光滑。抹面后要拍浆、抹平、养生。在较大面积上抹面时，应每隔 5～10m 设置一道伸缩缝。为了避免抹面堵塞坡体内部水的出水通道，降低坡体稳定性，应在施工中每隔 2～3m 设置一个泄水孔。施工时先将竹筒或 PVC 管放置在泄水口位置，然后在周围进行抹面。

（二）勾缝与灌浆防护

勾缝防护适用于比较坚硬、不易风化、裂缝多而细的岩石挖方边坡，它是防止雨水沿裂缝侵入岩层内而造成病害的一种有效方法。灌浆防护适用于较坚硬、裂缝较大且较深的岩石挖方边坡，借砂浆的黏结力，使坡面表层成为一个整体的防水层。

勾缝或灌浆防护的施工工艺为：清理坡面→拌制砂浆或混凝土→冲洗裂缝→勾缝或灌浆→打磨、抹平→养生。

勾缝和灌浆前应将缝内冲洗干净，以利于黏结。裂缝较小时，宜用勾缝，砂浆应嵌入缝中，与岩体牢固结合；裂缝较大时，宜用砂浆灌缝，可用 1∶4 或 1∶5（质量比）的水泥砂浆，捣插密实，必要时可用压浆机灌注，灌满至缝口抹平；裂缝大而深时，宜用水泥混凝土灌注，可按体积比为1∶3∶6或1∶4∶6配合比配料灌注，振捣密实，灌满至缝口抹平。灌缝后3～5min进行打磨、抹平、使表面光滑，并用麻袋或青草将缝覆盖，洒水养生。

（三）喷护与锚杆挂网喷射混凝土防护

1. 喷护防护

喷护防护是以砂浆或混凝土均匀地喷射在坡面上来保护坡面，适用于坡度缓于1∶0.5、易风化但未遭强风化、坡面不平整的岩石挖方边坡。对于高而陡的边坡，上部岩层较破碎而下部岩层完整的边坡，以及需大面积防护的边坡，采用此法比较经济。

喷护防护的施工工艺为：施工前准备→测量放样→清理坡面→制备砂浆或混凝土→预留泄水孔（→预留伸缩缝）→喷浆或喷混凝土（→切缝→封缝）。

（1）施工前坡面有较大裂缝、凹坑时，应先嵌补牢实；岩体表面要冲洗干净；土体表面要平整、密实、湿润。

（2）喷浆防护采用的砂浆强度不应低于M10，厚度宜为5～10cm；喷射混凝土防护其混凝土强度不应低于C15，厚度不宜小于8cm，配合比常采用：水泥∶砂∶碎石=1∶2∶2～1∶2∶3，水灰比为1∶0.45～1∶0.55。

（3）泄水孔常采用预留的方法形成，即在喷护之前，用硬塑料管（或PVC管或钢管或竹管）放置在泄水孔设计位置，泄水孔间距2～3m，孔径100mm，泄水管应外倾、固定，用纸团或木桩堵孔，喷护施工完成后，再取出纸团或木桩，就形成泄水孔。

（4）喷护防护应设置伸缩缝，伸缩缝间距宜为15～20m，喷护前用浸沥青木板或塑料泡沫放置在伸缩缝设计位置，并加以固定，然后进行喷护施工形成伸缩缝；也可在喷护施工完成后用切割机切割形成伸缩缝。在混凝土凝固后用融化沥青浇筑封闭伸缩缝。

（5）喷射应自下而上进行，喷嘴垂直坡面，并经常保持1m左右的距离。当喷护厚度大于7cm时，宜分两次喷射。喷射厚度应均匀。

（6）喷射完成后，应采用预嵌标钉、刻槽或激光断面仪等方法检查喷护厚度。

（7）喷射完成后2～3h应进行养生。养生方法可采用麻袋或青草将喷射处覆盖，洒水养生，养生时间7～10d。喷层周边与防护坡面的衔接处应作好防水封闭处理。

2. 锚杆挂网喷射混凝土防护

锚杆挂网喷射混凝土防护是在混凝土内设置菱形金属网或高强度聚合物土工格栅，并通过锚杆或锚固钉固定于边坡上来保护坡面，适用于坡面为破碎结构的硬质岩石或层状结构的不连续地层，以及地面岩石与基岩分开并有可能下滑的挖方边坡。混凝土强度不应低于C15，厚度为10～25cm。金属网一般由ϕ2mm普通镀锌铁丝编制而成，规格为2.0m×2.0m，网框条为Φ6钢筋，一般由施工单位自己制作。

锚杆挂网喷射混凝土防护的施工工艺为：施工前准备→测量放样→清理坡面→制备砂浆或混凝土→打锚孔→清孔→插锚杆→压力灌浆→检查锚杆抗拔力→挂钢筋网→预留泄水孔（→预留伸缩缝）→喷浆或喷混凝土（→切缝→封缝）。

锚杆挂网喷射混凝土防护的施工方法如下：

（1）锚杆挂网喷射混凝土防护施工从上向下进行。施工前，用全站仪或卷尺定出伸缩缝位置，再用卷尺定出锚杆位置。采用普通手持风动凿岩机钻孔，锚孔深度宜比锚固长度大200mm，锚固长度根据设计要求并结合岩体性质确定。成孔后，立即将孔内吹洗干净，以1∶3（体积比）水泥砂浆固定锚杆，锚杆应嵌入稳定基岩内。固定锚杆的砂浆应捣固密实，钢筋网与锚杆应连接牢固。

（2）喷射混凝土之前应进行试喷，调整确定水灰比。

（3）当锚固砂浆强度达到设计强度的70%时，可以挂铁丝网，铁丝网采用吊挂安装，网与网之间用ϕ5mm铁丝绑扎，网框与锚杆采用焊接固定。

（4）铺设钢筋网前宜在岩面喷射一层混凝土，钢筋网与岩面的间隙宜为30mm，然后喷射混凝土至设计厚度。喷射混凝土要均匀，钢筋网及锚杆不得外露。

锚杆挂网喷射混凝土防护的其他施工方法及要求与喷护防护相同。

（四）护坡防护

1. 干砌片石护坡防护

干砌片石护坡防护适用于土质路堤或有少量地下水渗出的局部路堑边坡，边坡坡度应缓于1∶1.25。在砌石防护中，宜首选干砌片石结构，干砌片石防护不仅费用较低，而且可以适应较大的边坡变形。

干砌片石护坡一般分为单层铺砌和双层铺砌，如图2-5-2所示。铺砌层厚度，单层为25～35cm，双层为40～60cm。为防止坡面土层细小颗粒被水流冲刷带走，应在铺砌层下设置碎石或砂砾垫层，垫层厚度一般为10～15cm。干砌片石护坡坡脚应视土质情况，设置不同埋深的基础。

基础的砌筑有两种，即墁石铺砌基础和抛石、堆石基础。沿河受水流冲刷的基础，冲刷较轻时，基础应埋置在冲刷线以下；冲刷严重时，基础应埋置在冲刷线以下0.5～1.0m。

干砌片石护坡防护的施工工艺为：施工前准备→刷坡→测量放样→基坑开挖→基坑验收→基础砌筑→基础检查→墙身砌筑→墙顶封面→交工验收。

干砌片石护坡防护施工时应尽量选择枯水季节施工。施工前，应清理坡面、处理好地下水，坡面应稳定、平整。铺砌应自下而上进行，不能损坏垫层；各石块应彼此镶紧，各砌层之间应错缝砌筑；铺砌层表面应平整，周界用水泥砂浆密封，以防渗水。

2. 浆砌片石护坡防护

浆砌片石护坡防护适用于坡度缓于1∶1的易风化岩石和土质路堑边坡。浆砌片石防护用水泥砂浆将片石黏结，使砌石成为一个整体。它比干砌片石防护具有更高的强度与稳定性，是高速公路建设中常用的工程防护方法。但在路基过分潮湿或冻害严重的土质边坡路段，应慎用，以免引起砌体开裂破坏。

浆砌片石护坡的砂浆强度不得低于M5，护坡厚度宜为25～50cm。护坡底面应设10～15cm的碎石或砂砾垫层，也可用反滤土工布。浆砌片石护坡应视土质情况设置砌石基础，其埋深应为护坡厚度的1.5倍以上（在冰冻地区设置在距冰冻线0.25m以下）。浆砌片石护坡应每隔10～15m设置宽为2cm的伸缩缝；在地质条件发生变化处应设沉降缝，可将沉降缝与伸缩缝合并设置。护坡应每隔2～3m设置泄水孔，上下两排错位布置，以便排除护坡背面的积水及减小渗水压力。

浆砌片石护坡防护的施工工艺为：施工前准备→刷坡→测量放样→基坑开挖→基坑验

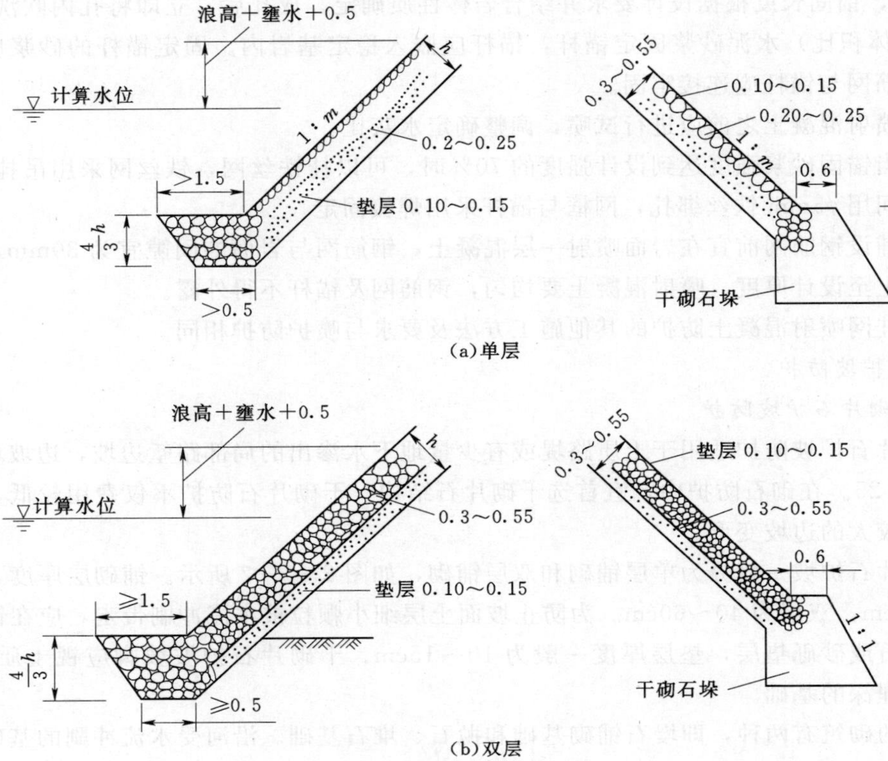

图 2-5-2　干砌片石护坡示意图（单位：m）

收→基础砌筑→基础检查→护坡铺砌→护坡勾缝→墙顶封面→交工验收。

浆砌片石护坡防护的施工方法如下：

（1）采用人工或机械开挖基础，基础埋入冲刷线以下 0.5～1.0m，否则须有防止冲刷基础的措施。

（2）泄水孔施工时，在泄水孔位置处放置直径 5～10cm，并向外倾斜 3%的泄水管（PVC 管、竹管等），然后继续砌筑上面的护坡；在砂浆初凝后，再慢慢抽出 PVC 管（竹管等），并用水冲洗干净，以备后面的泄水孔施工。泄水孔的进水口应设置反滤层。

（3）伸缩缝施工时，在其设计位置先放置厚 2cm 的泡沫板，以保证伸缩缝的直顺度。当边坡为浸水坡面时，缝内应填塞沥青麻絮，防止河水渗入路基内，使路基湿软而降低强度。

（4）浆砌片石砌筑采用坐浆法施工，一般 3～5m 为一个工作段。浆砌砌体之间必须紧密、错缝，严禁通缝、叠砌、贴砌和浮塞。若需勾缝，应在砌筑砂浆凝固前进行，以避免勾缝砂浆与砌筑砂浆不黏结。

（五）护面墙防护

护面墙防护适用于防护易风化或风化严重的软质岩石或者较破碎岩石的挖方边坡及坡面易受侵蚀的土质边坡，边坡不宜陡于 1∶0.5。

护面墙分为实体式、窗孔式、拱式等类型，如图 2-5-3 所示。实体护面墙为了增加其稳定性，应视基岩岩质情况，高度每6～10m设一平台，平台宽1～3m；为增加墙身与基岩的连接，墙背高度每3～6m设一道耳墙。窗孔式护面墙防护的边坡不宜陡于1∶0.75，窗孔内可采用干砌片石、植草等辅助防护设施。拱式护面墙适用于边坡下部岩层较完整而上部需防护的路段，边坡应缓于1∶0.5。

护面墙的厚度视墙高而定，见表2-5-1。护面墙每10m设置一道伸缩缝（或沉降缝），缝宽2cm，嵌以沥青麻絮，并每隔2～3m设置一个泄水孔。

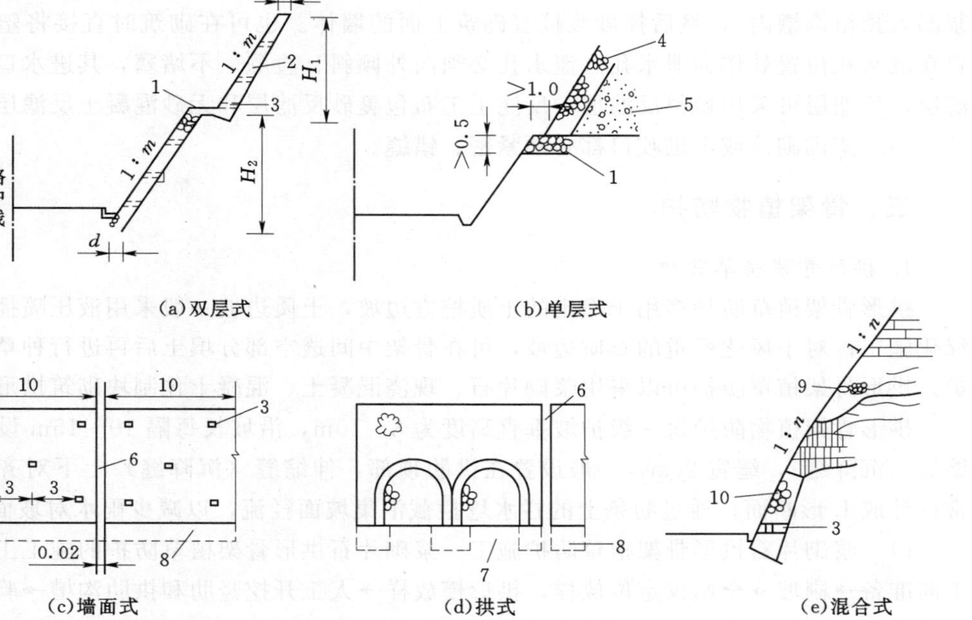

图2-5-3　护面墙示意图（单位：m）

1—平台；2—耳墙；3—泄水孔；4—封顶；5—松散夹层；6—伸缩缝；7—软土基；8—基础；9—支补墙；10—护面墙

表2-5-1　　　　护面墙的厚度

护面墙高度 H（m）	路堑边坡坡度	护面墙厚度（m）	
		顶宽 b	底宽 d
$H\leqslant2$	1∶0.5	0.40	0.40
$H\leqslant6$	陡于1∶0.5	0.40	$0.40+0.10H$
$6<H\leqslant10$	1∶0.5～1∶0.75	0.40	$0.40+0.05H$
$10<H\leqslant15$	1∶0.75～1∶1	0.60	$0.60+0.05H$

护面墙的基础应埋置在稳定的地基上，埋置深度应根据地质条件确定，冰冻地区应埋置在冰冻深度以下不小于25cm。护面墙的前趾应低于边沟铺砌的底面，墙背顶部应用浆砌片石或砂浆、黏土埋填夯实，以防止雨水渗入墙后引起墙体破坏。

护面墙防护的施工工艺为：施工前准备→刷坡→测量放样→基坑开挖→基坑验收→基

础砌筑→基础检查→墙身砌筑（预留泄水孔）→墙顶抹面→墙身勾缝→墙背回填→交工验收。

护面墙防护的施工方法如下：

（1）护面墙应挂线施工，墙背要紧贴坡面，表面要砌平。

（2）施工时在伸缩缝位置处放置2cm的塑料泡沫，施工结束后，应用沥青麻絮填缝。

（3）砌筑护面墙时，在泄水孔位置处的墙体上先留5cm或10cm宽的沟槽，并进行抹面或勾缝，再在槽上方盖上较平整的片石，并将编织带或水泥包装袋铺在片石上（防止砂浆漏入预留沟槽内），然后抹砂浆接着砌筑上面的墙体。也可在砌筑时直接将塑料管等埋置在泄水孔位置处作为泄水孔。泄水孔必须向外倾斜、直顺、不堵塞，其进水口须设置反滤层，反滤层可采用粒料反滤层、反滤土工布包裹砂反滤层和无砂混凝土反滤层。

（4）浆砌砌体或干砌咬口都必须紧密、错缝。

三、骨架植物防护

1. 拱形骨架植草防护

拱形骨架植草防护多用于稳定的土质挖方边坡，土质边坡一般采用液压喷播植草进行绿化施工；对于风化严重的石质边坡，可在骨架中间透空部分填土后再进行种草等植物防护。拱形骨架植草防护可以采用浆砌片石、现浇混凝土、混凝土预制块砌筑拱形骨架。

拱形骨架植物防护每一级护坡垂直高度为8～10m，沿坡长每隔10～15m设置一条伸缩缝（沉降缝），缝宽2cm，一般设置在拱肋顶部，伸缩缝（沉降缝）上下对齐。拱肋通常设计成L形断面，通过肋条上的拦水埝拦截汇集坡面径流，以减少雨水对坡面的冲刷。

（1）浆砌片石拱形骨架植草防护施工。浆砌片石拱形骨架植草防护的施工工艺为：施工前准备→刷坡→全站仪定位放样，拱形模放样→人工开挖竖肋和拱肋沟槽→验槽→铺砌竖肋沟底→铺砌竖肋沟帮→支拱形铁皮模→砌筑拱肋→竖肋和拱肋抹面→骨架中间回填客土→植草绿化。

采用全站仪或卷尺确定竖肋位置，定出竖肋上、下两个点的位置与标高后，插杆挂线，然后用卷尺确定拱肋的位置。采用人工从上向下开挖沟槽，竖肋与拱肋同时进行；沟槽验收合格后，从下向上用M5或M7.5的水泥砂浆铺砌浆砌片石，竖肋与拱肋同时铺砌。拱肋铺砌时先支好成型铁皮模，控制拱肋形状，然后砌筑拱肋片石。如果利用拱肋顶面导水，在拱肋的下侧应用预制块砌筑拦水埝，或在拱肋抹面时，在拱肋的下侧立模，用与抹面相同的砂浆抹出拦水埝。施工中，大约每三个孔设置一条沉降缝。竖肋与拱肋铺砌完工后，从上向下用Ml0砂浆抹面，竖肋同一断面宜先抹沟帮再抹沟底。拱形骨架形成后，将中空部分填满种植土，植草绿化。

（2）混凝土预制块拱形骨架植草防护施工。混凝土预制块拱形骨架植草防护施工与浆砌片石拱形骨架植物防护相同。其施工方法是采用预制的拱肋与竖肋，在开挖验收合格的拱肋和竖肋沟槽中采用坐浆法将其予以砌筑。这种防护中的拦水埝是在预制混凝土块时一次浇筑形成的。

（3）现浇混凝土拱形骨架植草防护施工。现浇混凝土拱形骨架植草防护施工工艺为：边坡开挖→刷坡→全站仪定位放样，拱形模放样→开挖临时截水沟→肋条沟槽开挖→支边模→浇筑混凝土竖肋和拱肋→砌筑拦水埝→养生。

现浇混凝土拱形骨架植草防护的拦水及汇水工作仍是由拱肋和竖肋上的拦水埝完成。为了保证所拦截的坡面水能顺利进入竖肋沟槽，在浇筑竖肋时，应该将竖肋与拱肋交接处的拦水埝断开（竖肋与拱肋交接处不设拦水埝），以便拱肋上汇集的雨水能进入竖肋。在浇筑竖肋和拱肋混凝土时，使用比肋条稍高的模板，用灰刀抹筑一道 6cm×6cm 左右的拦水埝；如果混凝土坍落度较大，可在拦水埝内侧搁置一块小模板，然后同肋条一起养生。

现浇混凝土拱形骨架植草防护其他施工方法与浆砌片石拱形骨架植草防护相同。

2. 菱形网格植草防护

菱形网格植草防护适宜于各地区路基填方或挖方边坡的坡面防护，要求边坡坡率为1∶1.0～1∶1.5，各类土质或强风化岩质边坡均可应用此防护方法。根据工程所在地的材料供应情况，菱形网格可采用浆砌片石、现浇混凝土、混凝土预制块和空心砖等材料，中间透空部分可应用铺草皮、三维植被网、喷播植草等技术进行坡面绿化。

菱形网格植物防护的网格嵌入边坡坡面内，每一级护坡垂直高度不超过 10m，沿坡长每隔 10～15m 设置一条沉降缝。坡脚和坡顶采用浆砌片石（或预制块）镶边，使菱形骨架形成一个整体，以增加护坡的稳定性。

空心砖菱形网格植草防护施工工艺为：刷坡→全站仪定位放样→挂线开挖网格沟槽→验槽→砌筑预制混凝土空心砖→检查菱形网格骨架→养生→填补种植土→植草绿化。

采用人工刷坡或削坡使坡度达到设计要求后，用全站仪或卷尺测量定位放样，确定菱形网格位置，在边坡上、下各定一点，挂线后人工开挖菱形网格沟槽，并人工夯实。沟槽验收合格后，从下向上用 M5 或 M7.5 的水泥砂浆，采用挤浆法砌筑混凝土空心砖或混凝土预制块，要求整齐、顺直，无凹凸、错台、不平等现象。经必要养生后，将砌筑材料的残留物清除干净，及时按设计要求进行植物防护。

混凝土预制块菱形网格植草防护施工与空心砖菱形网格植物防护相同。

3. 人字形骨架植草防护

人字形骨架植草防护适宜于各地区路基填方或挖方边坡的坡面防护，要求边坡坡率为1∶1.0～1∶1.5，各类土质或强风化岩质边坡均可应用此防护方法。根据工程所在地的材料供应情况，人字形骨架可采用浆砌片石、现浇混凝土、混凝土预制块和空心砖等材料，中间透空部分可应用铺草皮、三维植被网、喷播植草等技术进行坡面绿化。

人字形骨架植草护坡由竖肋（或急流槽）和人字肋条组成护坡框架。坡面一般每45～50m 设置一条急流槽，与路面拦水带的泄水口相接，一方面排除路面汇水，另一方面排除边坡人字肋条拦截的水；急流槽之间每 4～6m 设置一条竖肋，竖肋仍设计成急流槽的形式，其断面尺寸比急流槽小，主要排除人字肋的汇水。人字肋条一般沿坡面斜长每隔 2～5m 设置一条，设置数量由边坡高度决定，边坡每级高度不超过 10m。除空心砖人字形骨架外，其他材料人字形骨架的竖肋（急流槽）和人字肋条都应设置拦水埝。人字肋的拦水埝在人字肋条的下侧，竖肋的拦水埝在其两侧，形成截水型人字形骨架植草护坡，以减少对坡面的冲刷。如果未设计拦水埝，人字肋应高出坡面 3cm 以上，并应在人字肋与竖肋交接处的竖肋沟帮上设置一道小沟槽，以便将拦水埝拦截的坡面水引入竖肋沟槽中。人字形骨架上下及左右两边应设置浆砌片石或空心砖砌筑而成的加固条，以便增加网格护坡的稳定性。

填方路堤边坡人字形骨架植草防护的施工工艺为：分层填筑路堤→削坡→检查坡度→定位放样→开挖沟槽→沟槽铺砌→碎落台和碎落台排水沟开挖，以及加固铺砌→回填客土→下一级边坡填筑及坡面防护→植草绿化→前期养护。

挖方路堑边坡人字形骨架植草防护施工工艺为：路基开挖→刷坡→检查坡度→碎落台、临时截水沟开挖→定位放样→开挖沟槽→沟槽铺砌（→浆砌片石抹面）→碎落台和碎落台排水沟修整，以及加固铺砌→回填客土→下一级边坡填筑及坡面防护→植草绿化→前期养护。

人字形骨架植草防护的施工方法如下：

(1) 边坡填筑或开挖到设计高程后，采用人工或机械进行刷坡或削坡，按设计要求平整坡面，清除坡面危石、松土、填补坑洼等。

(2) 砌筑人字肋、急流槽（竖肋）前，应按设计要求在每条骨架的起终点放控制桩，挂线放样，然后开挖人字肋、急流槽（竖肋）的沟槽。由于坡面急流槽的沟底纵坡较陡，需在沟槽中间挖 3～5 个抗滑平台，使急流槽具有较好的稳定性。

(3) 沟槽验收合格后，采用 M5 或 M7.5 水泥砂浆就地砌筑片石、空心砖、混凝土预制块或就地浇筑混凝土。砌筑人字肋、急流槽（竖肋）时应先砌筑人字肋、急流槽（竖肋）的衔接处，再砌筑其他部分，两骨架交接处应在同一高度。人字肋的断面形式为 L 形，用以拦截汇集坡面径流。人字肋与坡面急流槽（竖肋）夹角为 45°。在坡面的底部及顶部和两侧范围内，应用 M5 或 M7.5 水泥砂浆砌筑片石或空心砖镶边加固。

(4) 每台坡面施工时应自上而下逐条砌筑骨架，人字肋、急流槽（竖肋）应与坡面密贴，人字肋拦截流水表面应平顺。坡面之间的防护顺序一般应从上往下进行，路堑开挖一级防护一级；填筑路堤最好是等整个路堤填筑、沉降稳定以后，从上往下逐级防护施工。

(5) 若采用浆砌片石骨架，抹面最好是在砌石砂浆没有凝固前进行。

(6) 对于深路堑边坡防护，路基开挖到每一级边坡碎落台时，及时采用人工开挖碎落台截水沟形成临时截水沟，等坡面防护的施工完成后再对其修整，并采用浆砌片石或现浇混凝土加固截水沟。

(7) 一级坡面人字形骨架施工完成后，可以将上一级坡面刷坡堆在碎落台上的土，顺坡推下，填入骨架中空部分。有条件的路段，应尽量填充改良的土壤。坡面土建工程施工完成后，即进入绿化工作阶段。

4. 满铺式六角空心砖植草防护

满铺式六角空心砖植草防护适用于沿线缺乏石料、较高且缓于 1∶1 的土质路堑边坡或破碎风化严重的路堑边坡的防护，也可用于采用框格加固的陡边坡的中间空格铺砌。但土质软弱边坡不宜采用此形式，以防下沉塌落而产生过大变形。

满铺式六角空心砖植草防护的分级高度一般不超过 8m，空心砖采用 C15～C25 的混凝土进行预制。每隔 40m 左右设一道急流槽，急流槽可采用浆砌片石或用混凝土预制块砌筑而成，也可用混凝土现浇而成。

满铺式六角空心砖植草防护的施工工艺为：边坡开挖→刷坡→检查坡度→定位放样→

确定急流槽位置→开挖沟槽→验槽→沟底铺砌→沟壁铺砌→沟壁、沟底抹面→铺砌六角空心砖→空心砖填土→植草绿化。

坡顶截水沟施工完成后，用全站仪或经纬仪定位放样，确定坡口线，采用爆破或挖掘机从设计开挖线开始挖边坡。如果边坡较高，应分级开挖，并在分级处设置碎落台及临时截水沟。采用人工辅助刷坡，使坡面平顺达到设计要求坡度，然后定出急流槽位置，并挂线人工开挖急流槽沟槽。由于坡面急流槽的沟底纵坡较陡，需在每级急流槽的沟槽中间挖3～5个抗滑平台，使急流槽具有较好的稳定性。沟槽验收合格后，先采用浆砌片石铺砌沟底，然后再砌沟壁。一道急流槽铺砌完工后应及时抹面，先抹沟壁、再抹沟底。急流槽施工完成后，从下向上用挤浆法码砌六角空心砖，上下左右相邻的空心砖至少有一个面应对整齐，并用挤浆法使空心砖之间黏结紧密。坡脚、坡顶及急流槽边上所需要的一些特形砖，可在预制厂预制。坡面的空心砖铺砌完成后，对碎落台截水沟进行修整、加固铺砌，使临时截水沟成为永久截水沟。一级坡面的空心砖和急流槽施工完成后，可以将上一级坡面刷坡堆在碎落台上的土，顺坡推下，填入空心砖空心部分，为绿化公司进行绿化工作做好准备。

第三节 冲 刷 防 护

沿河道路的路基直接受到水流侵害，冲刷防护是为了防止水流对路基的冲刷与淘刷危害岸坡，保证路基稳固而设置的防护。水流对路基的冲刷和淘刷造成的破坏比坡面被雨水和地表径流冲刷所造成的损害更为严重。冲刷防护按其作用可分为直接防护和间接防护两大类。直接防护是直接在路堤坡面或坡脚处设置防护结构物，以减轻或避免水流的直接冲刷；间接防护则是设置工程构造物以改变河道的水流方向或减缓水流流速，以达到减轻冲刷的目的。冲刷防护可根据河流情况、水流性质及岸坡受冲刷情况单独使用一种，也可将两种综合使用。

一、直接防护

直接防护类型有植物防护、砌石防护、混凝土防护或抛石与石笼防护、土工膜袋防护，以及必要时设置的支挡等。其中，植物防护与砌石防护的使用条件及施工，与前节坡面防护所述基本相同，但堤岸的防护原因主要是洪水急流，水位变迁不定，水流速度较大，因此采用植物防护与砌石防护时相应要求更高。植物防护适用于允许流速小于1.2～1.8m/s的季节性水流冲刷，经常浸水或长期浸水的路堤边坡，不宜采用植物防护；砌石或混凝土防护适用于容许流速为2～8m/s的路堤边坡。

1. 抛石防护

抛石防护类似在坡脚处设置护脚，适用于经常浸水且水深较大的路基边坡或坡脚，以及挡土墙、护坡的基础防护，如图2-5-4所示。抛石防护一般多用于抢修工程。

抛石边坡坡度和选用石料粒径应根据水深、流速和波浪情况确定，石料粒径应大于300mm，宜掺杂大小不同的石块抛投；坡度不应陡于所抛石料浸水后的天然休止角。抛石厚度宜为粒径的3～4倍；用大粒径时，厚度不得小于粒径的2倍。抛石除防洪抢险外，一般应尽量安排在枯水季节施工。石料应选用质地坚硬、耐冻且不易风化崩解的石块。为了防止抛石背后路基土的流失，必要时应设置反滤层。

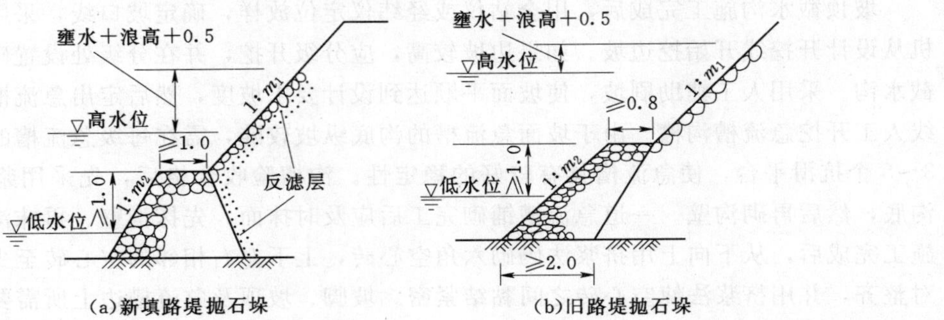

图 2-5-4　抛石防护（单位：m）

2. *石笼防护*

石笼防护适用于受水流冲刷和风浪侵袭，且防护工程基础不易处理或沿河挡土墙、护坡基础局部冲刷深度过大的沿河路堤坡脚或河岸。石笼防护较抛石防护稳定性好，是抵抗流水冲刷的有效措施。特别是在缺乏大块石料的地区，用石笼装填较小石块，形成较大的块体作冲刷防护，可以抵御较大的流速；为了提高其防护的稳定性，也可将石笼连接起来，形成体积更大的柔性结构物。在含有大量泥沙及基底土质良好的急流河段，采用石笼防护尤为有利，因为石块间的空隙很快会被泥沙淤满而使石笼形成整体。在无急流、滚石的河段，可在装好小石子的石笼中，灌注水泥混凝土，使其固结成大块块体，这样石笼铁丝锈蚀或被冲破后，仍能继续起到防护作用，不致立即散体而失效。

根据编制石笼所用材料的不同，石笼可分为竹石笼、铁丝石笼和钢筋混凝土框架石笼等形式。铁丝石笼一般可容许流速 4～5m/s 的水流冲刷，多用铁丝或镀锌铁丝，并用细钢筋作为骨架，铁丝直径用 3～4mm。普通铁丝石笼可使用 3～5 年，镀锌铁丝石笼使用时间可延长 8～12 年。钢筋混凝土框架石笼可用于急流滚石河段，抵抗滚石冲击。在盛产竹料的地区，可用竹石笼代替铁丝石笼，但因其耐久性差，只能用于临时性防护工程。近年来，也有采用聚合物土工格栅编制的石笼，它具有较高的抗拉伸强度和耐久性，使用效果类似铁丝石笼，值得进一步推广使用。

根据需要，石笼的形状可编制成箱形或圆柱形，如图 2-5-5（a）、（b）所示。石笼内所填石料应选用容重大、浸水不崩解、坚硬且未风化的石块，石料粒径应大于石笼的网孔，且应大于 4cm。石笼用于防止冲刷淘底时，一般在河底将石笼平铺，并与坡脚线垂直，同时将靠堤岸坡脚的一端固定，靠河中心一端不必固定，以便于淘底后向下沉落，如图 2-5-5（c）所示；用于防止岸坡受冲刷时，则垒码成梯形，如图 2-5-5（d）所示。单个石笼的大小以不被相应速度的水流冲动为宜。

铺设时，石笼的下面应用碎石、砾石、卵石垫平或铺设一层土工布，垫层厚度宜为 0.2～0.4m。

必要时，底层石笼宜用 ϕ16～19mm 的铁棒将石笼的端脚固定在基底上，使其不随水流动。

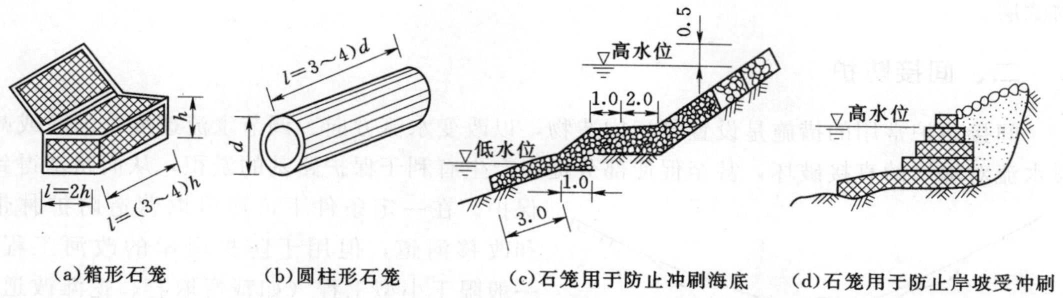

图 2-5-5　石笼防护示意图（单位：m）

3. 土工织物软体沉排、土工膜袋防护

土工织物软体沉排、土工膜袋防护适用于允许流速为 2～3m/s 的沿河路基冲刷防护。土工织物软体沉排是在土工织物上以块石或预制混凝土块体为压重的护坡结构，适用于水下工程及预计可能发生冲刷的河床和岸坡上。土工膜袋可用于替代干砌块石、砂浆块石等修建堤坡、堤脚，构筑丁坝、堤坝主体，还可以用于堤坝崩塌、江河崩岸险情的抢护。

土工膜袋是一种双层织物袋，袋中充填流动性混凝土或水泥砂浆，凝固后形成高强度和高刚度的硬结板块，其主要应用场合及铺设方式如图 2-5-6 所示。充填混凝土时，骨料最大粒径应符合表 2-5-2 的要求，坍落度不宜小于 20mm，其强度等级不低于 C10；充填砂浆时，其强度等级不低于 M2.5。

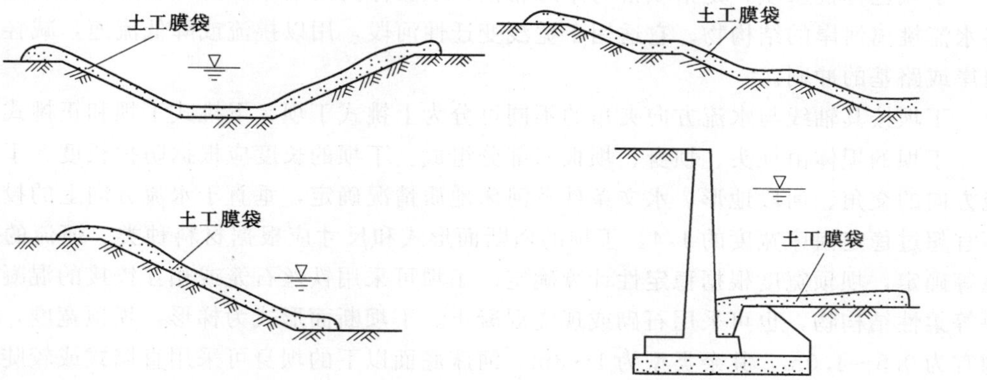

图 2-5-6　土工膜袋的应用及铺设方式

表 2-5-2　　混凝土骨料最大粒径要求　　单位：mm

土工膜袋厚度	骨料最大粒径	土工膜袋厚度	骨料最大粒径
150～250	≤20	≥250	≤40

土工膜袋防护施工时应先按设计要求整平坡面，放线定位，挖好边界处埋沟。土工膜袋铺展后应拉紧固定，以防止充填时下滑。充填材料应根据设计要求和实际情况合理选用，充填时应连续。土工膜袋顶部宜采用浆砌块石固定，有地面径流时，坡顶应采取防护措施，防止地表水侵蚀膜袋底部。岸坡膜袋底端应设压脚或护脚棱体，有冲刷时应采取防冲措施。土工膜袋护坡的侧翼宜设压袋沟。土工膜袋与坡面间应按设计要求铺设好土工织

物滤层。

二、间接防护

间接防护常用的措施是设置导流构造物，以改变水流方向、调节水流速度，消除或减缓水流对堤岸的直接破坏，甚至促使部分堤岸产生有利于保护路基的淤积，从而路基得到保护。在一定条件下，还可以营造防护林带和改移河道，但用于防护堤岸的改河工程，一般限于小型工程（如裁弯取直、挖滩改道、清除孤石等），可在小河的局部路段进行。

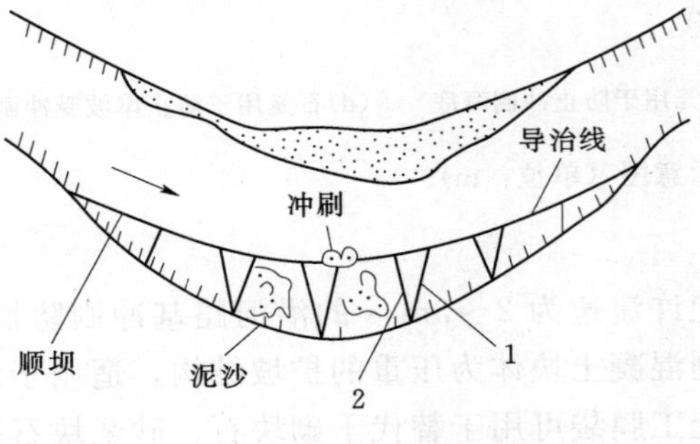

图 2-5-7　丁坝与顺坝

1—上挑式丁坝；1—下挑式丁坝

导流构造物主要是设坝，按其与河道的相对位置，一般可分为丁坝、顺坝和格坝，丁坝如图 2-5-7 所示。导流构造物的布置是工程成败的关键，布置时应综合考虑河道宽窄、水流方向、地质条件、防护要求、材料来源、施工条件和工程经济等，要避免压缩较多河床，或因水位提高或水流改变方向，而危害河对岸或附近地段的农田水利、地面建筑及堤岸等。

1. 丁坝

丁坝也称挑水坝，是指坝根与岸滩相接，坝头伸向河槽，坝身与堤岸垂直或相交，能将水流挑离河岸的结构物。它适用于宽浅变迁性河段，用以挑流或降低流速，减轻水流对河岸或路基的冲刷。

丁坝按其轴线与水流方向夹角的不同可分为上挑式丁坝、下挑式丁坝和正挑式丁坝。

丁坝的坝体由坝头、坝身、坝根三部分组成。丁坝的长度应根据防护长度、丁坝与水流方向的交角、河段地形、水文条件及河床地质情况确定，垂直于水流方向上的投影长度不宜超过稳定河床宽度的 1/4。丁坝的横断面形式和尺寸应根据材料种类、河流的水文特性等确定，坝顶宽度根据稳定性计算确定。丁坝可采用铁丝石笼或相互铰接的混凝土预制块等柔性结构物，也可采用石砌或现浇混凝土。丁坝断面形式为梯形，坝顶宽度，浆砌结构宜为 0.5～1.0m，其余类型为 1～3m。河床底面以下的坝身可采用直墙式或较陡的边坡坡度；河床底面以上坝头及迎水面边坡应采用较缓的边坡，坡度宜为 1∶3.0～1∶2.0，背水面边坡可采用 1∶2.0～1∶0.5。

2. 顺坝

顺坝也称导流坝，是坝根与岸滩相接，坝身大致与堤岸平行的结构物。它适用于河床断面较窄、基础地质条件较差的河岸或沿河路基防护，用于调整流水曲度、改善流态。

顺坝的坝体由坝头、坝身、坝根三部分组成。顺坝一般采用石砌或混凝土结构。其断面形式为梯形，坝顶宽度应根据稳定性计算确定，坝根应嵌入稳定河岸内不小于 3m，坝根附近河岸应防护加固至上游不受水流冲刷处。顺坝受纵向水流影响较大，一般迎水坡应较背水坡缓，迎水坡坡度宜采用 1∶2.5～1∶1.5，背水坡坡度宜采用 1∶1.5～1∶1.0。当流速较大，土质又较松软时，迎水坡应设置护脚，或适当放缓迎水坡坡度，以减轻冲刷，稳定坝体。

复习思考题

1. 路基防护工程分为哪两类？各自的目的是什么？
2. 坡面防护的方法有哪些？
3. 冲刷防护的方法有哪些？

第六章 挡土墙施工

第一节 挡土墙的类型及使用条件

一、挡土墙的用途

挡土墙是用来支撑天然边坡或人工填土边坡以保持土体稳定的建筑物。在公路工程中，它广泛应用于支撑路堤或路堑边坡、隧道洞口、桥梁两端及河流岸边等。

按照设置挡土墙的位置，挡土墙可分为路肩挡土墙、路堤挡土墙、路堑挡土墙、山坡挡土墙和浸水挡土墙等，如图 2-6-1 所示。

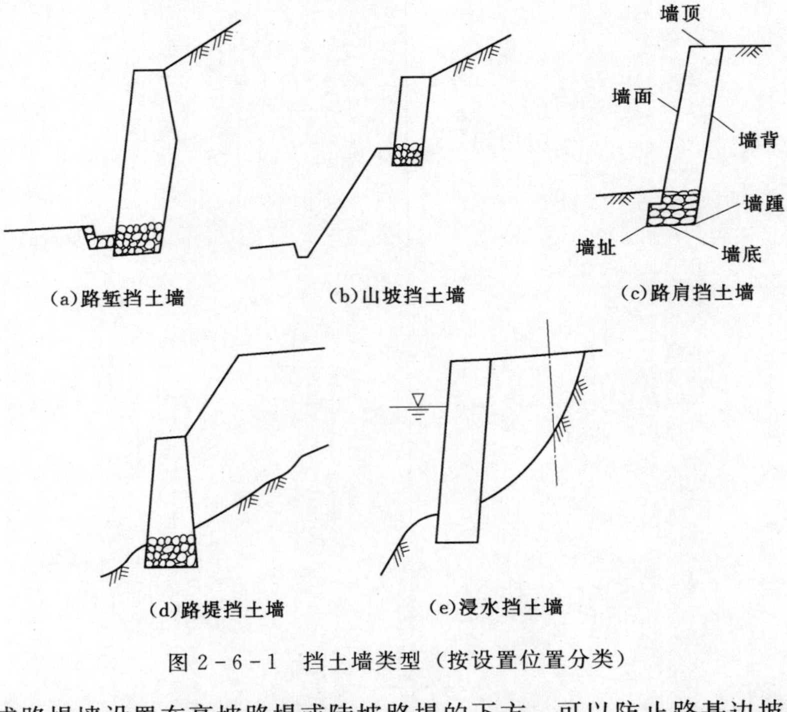

图 2-6-1 挡土墙类型（按设置位置分类）

路肩墙或路堤墙设置在高坡路堤或陡坡路堤的下方，可以防止路基边坡或基底滑动，确保路基稳定；同时，可收缩填土坡脚，减少填方数量，减少拆迁和占地面积，以及保护临近线路的既有重要建筑物。

路堑挡土墙设置在挖方边坡底部，主要用于支撑开挖后不能自行稳定的边坡，同时可减少挖方数量，降低边坡高度。

山坡挡土墙设在挖方边坡上部，用于支挡山坡上可能滑坍的覆盖层，有的也兼有拦石的作用。

浸水挡土墙主要设置在滨河及水库路堤或傍水一侧，可防止水流对路基的冲刷和浸蚀，也是减少压缩河床或少占库容的有效措施。

此外，设置在隧道口或明洞口的挡土墙，可缩短隧道或明洞长度，降低工程造价。设置在桥梁两端的挡土墙，作为翼墙或桥台，起着护台及连接路堤的作用。而抗滑挡土墙则用于防治滑坡。

挡土墙各部分名称如图 2－6－1（c）所示。靠填土（或山体）的一侧为墙背，外露一侧为墙面（也称墙胸），路面与墙底的交线为墙趾，墙背与墙底的交线为墙踵，墙背与铅垂线的夹角为墙背倾角 α。

墙背的倾角方向，按照面向外侧站立的人的俯仰情况，分俯斜、仰斜和垂直三种。墙背向外侧倾斜时，为俯斜墙背图，如图 2－6－1（a）所示；墙背向填土一侧倾斜时，为仰斜墙背，如图 2－6－1（c）所示；墙背铅垂时，为垂直墙背，如图 2－6－1（d）所示。如果墙背具有单一坡度，称为直线形墙背；若多于一个坡度，则称为折线形墙背。

选择挡土墙设计方案时，应与其他方案进行技术经济比较。例如，采用路堑或山坡挡土墙，常需与隧道、明洞或削缓边坡的方案作比较；采用路堤或路肩挡土墙，有时需与栈桥或陡坡填方等相比较，以求工程经济合理。

二、挡土墙的类型

1. 重力式挡土墙

重力式挡土墙依靠墙身自重支撑土压力来维持其稳定。一般多用片（块）石砌筑，在缺乏石料的地区有时也用混凝土修建。重力式挡土墙圬工量较大，但其形式简单，施工方便，可就地取材，适应性较强，故被广泛采用。

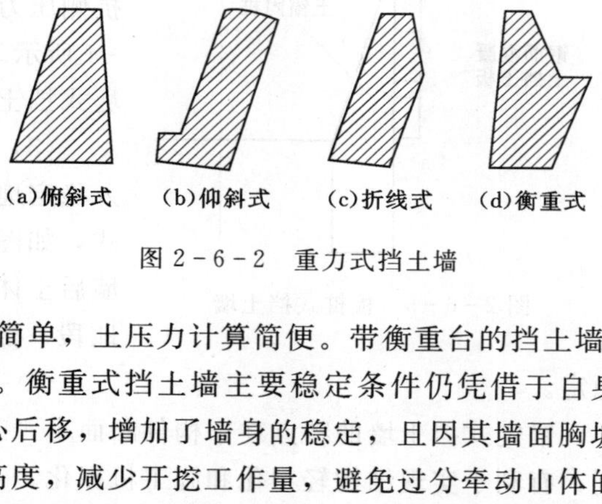

图 2－6－2　重力式挡土墙

为适应不同地形、地质条件及经济要求，重力式挡土墙具有多种墙背形式。其中墙背为直线形的是普通重力式挡土墙，如图 2－6－2（a）、（b）所示，其断面形式最简单，土压力计算简便。带衡重台的挡土墙，称为衡重式挡土墙，如图 2－6－2（d）所示。衡重式挡土墙主要稳定条件仍凭借于自身自重，但由于衡重台上填土的重量使全墙重心后移，增加了墙身的稳定，且因其墙面胸坡很陡，下墙墙背仰斜，所以，可以减小墙的高度，减少开挖工作量，避免过分牵动山体的稳定，有时还可以利用台后净空拦截落石。衡重式挡土墙适于在山区公路建设，但由于其基底面积较小，对地基承载力要求较高，因此应设置在坚实的地基上。不带衡重台的折线形墙背挡土墙，则介乎上述两者之间，如图 2－6－2（c）所示。

2. 锚定式挡土墙

锚定式挡土墙由钢筋混凝土墙面（或立柱和挡土板）和锚固构件两部分组成，属于轻型挡土墙。按锚固方式的不同，又可分为锚杆式挡土墙、锚定板式挡土墙和桩板式挡土墙等。

(1) 锚杆式挡土墙。如图 2-6-3 所示，锚杆式挡土墙主要由预制的钢筋混凝土立柱和挡土板构成墙面，并与水平或倾斜的钢锚杆联合组成。锚杆的一端与立柱连接，另一端被锚固在山坡深处的稳定岩层或土层中。墙后侧压力由挡土板传给立柱，由锚杆与岩体之间的锚固力，即锚杆的抗拔力，使墙获得稳定。它适用于墙高较大、石料缺乏或挖基因难地区，具有锚固条件的路基挡土墙，一般多用于路堑挡土墙。

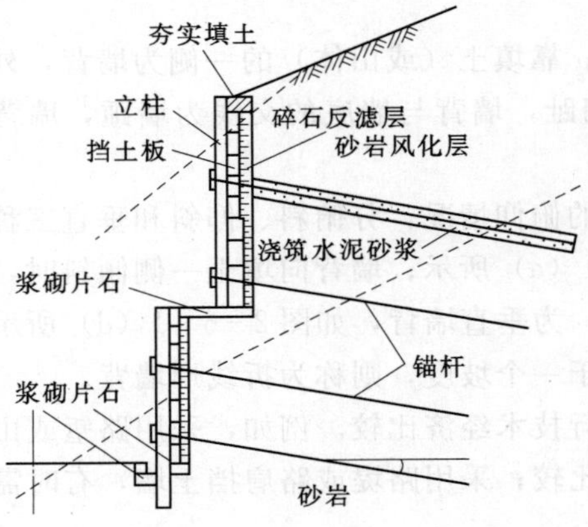

图 2-6-3 锚杆式挡土墙

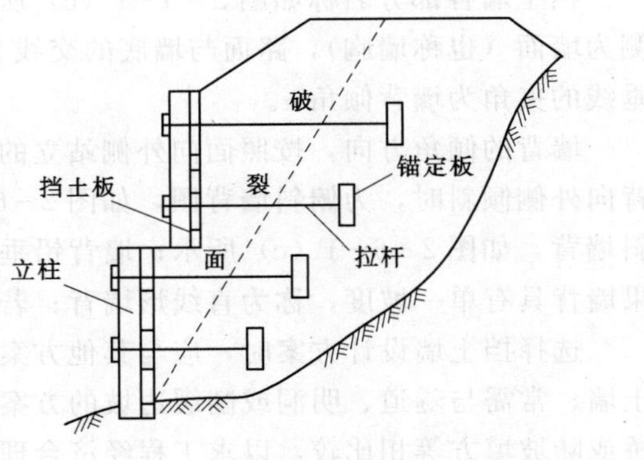

图 2-6-4 锚定板式挡土墙

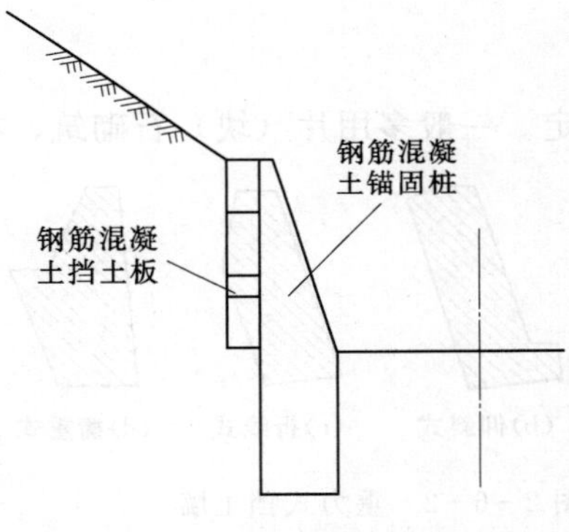

图 2-6-5 板桩式挡土墙

(2) 锚定板式挡土墙。其结构形式与锚杆式挡土墙基本相同，只是锚杆的锚固端改用锚定板，埋入墙后填料内部的稳定层中，依靠锚定板产生的抗拔力抵抗侧压力，保持墙的稳定。锚定板式挡土墙如图 2-6-4 所示。它主要适用于缺乏石料地区的路肩式或路堤式挡土墙，不适用于路堑挡土墙。

(3) 桩板式挡土墙。它是将钢筋混凝土锚固桩埋入稳定地层中，中间用挡土板抵挡墙后土体的结构形式，如图 2-6-5 所示。这种形式适用于地基较差、墙后土体下滑力较大而要求基础埋置较深的滑坡整治地段。施工时可避免大面积开挖，以利于山体的稳定。

锚定式挡土墙的特点在于构件断面小，工程量省，不受地基承载力的限制，构件可预制，有利于实现结构轻型化和施工机械化。

3. 薄壁式挡土墙

薄壁式挡土墙采用钢筋混凝土结构，可分为悬臂式和扶壁式两种。

悬臂式挡土墙是由立壁和底板组成，如图 2-6-6 所示。它的结构断面较薄，需要利用踵部底板（简称踵板）上的土重来保持稳定，趾部底板（简称趾板）还可提高倾覆能力和减小基底应力，立壁作为单悬臂构件抵抗土压力作用。悬臂式挡土墙适用于缺乏石料地区的路肩墙和路堤墙（因墙后回填土数量多），也适用于地基情况较差的情况。当墙高较大时，立壁下部的弯矩较大，钢筋与混凝土用量急剧增加，就会影响这种结构形式的经济性。因而，墙高超过 6m 时，为提高结构的强度和刚度，改善受力状况，常沿墙长方向每隔一定距离加设肋板（即扶壁），把立壁同底板连接起来，成为扶壁式挡土墙，如图 2-6-7 所示。

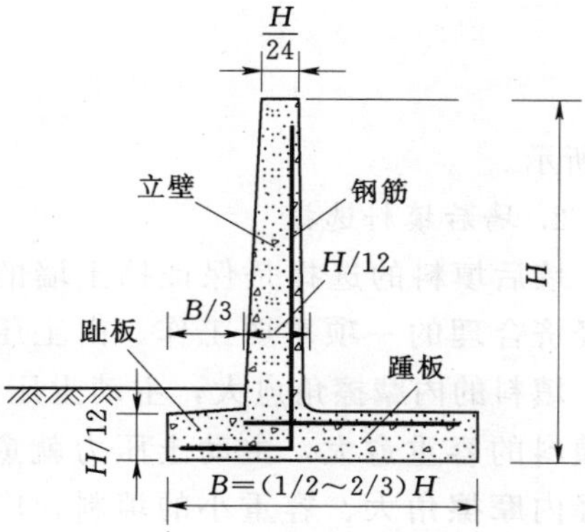

图 2-6-6　悬臂式挡土墙

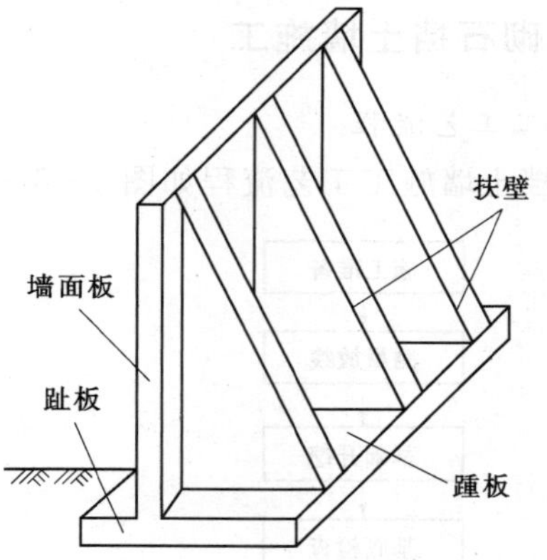

图 2-6-7　扶壁式挡土墙

4. 加筋土挡土墙

加筋土挡土墙是由填土、在填土中布置的加筋条，以及墙面板三部分组成，如图 2-6-8 所示。在垂直于墙面的方向，按一定间隔和高度水平地放置拉筋材料，然后填土压实，通过填土与拉筋条间的摩擦作用，把土的侧压力传给拉筋，从而稳定土体。拉筋材料通常为镀锌薄钢带、铝合金、高强塑料及合成纤维等。墙面板一般用混凝土预制。加筋土挡土墙属柔性结构，对地基变形适应性大，建筑高度大，适用于填土路基。它结构简单，圬工量少，与其他类型的挡土墙相比，可节省投资 30%～70%，经济效益大。

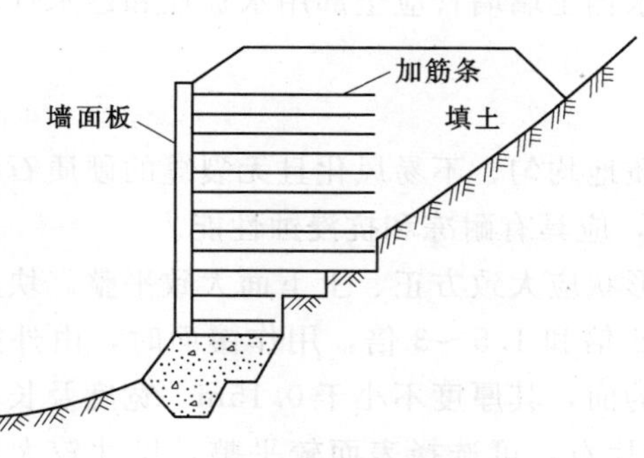

图 2-6-8　加筋土挡土墙

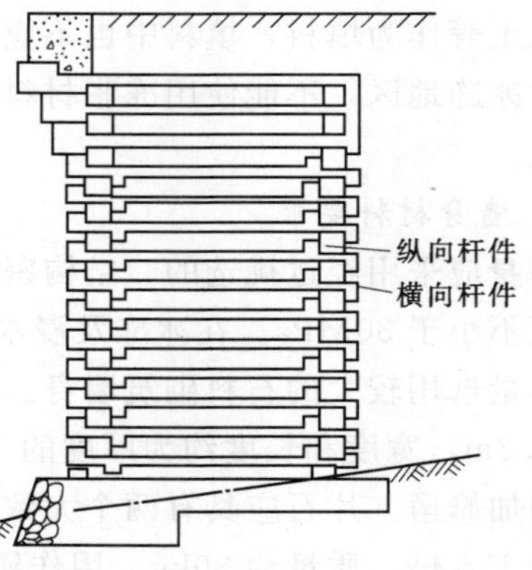

图 2-6-9　垛式（框架式）挡土墙

5. 垛式挡土墙

垛式挡土墙通常是用钢筋混凝土预制杆件纵横交错拼装成框架，框架内填土石，借其自重抵抗墙后土体的推力，如图 2-6-9 所示。垛式挡土墙，属于柔性结构，允许产生一定的变形，可建造在承载力较低的地基上。但若基底产生较大的不均匀下沉，将使杆件内应力集中，引起杆件开裂。垛式挡土墙，施工进度快，可用作高的路肩墙和路堤墙。

第二节　挡　土　墙　施　工

一、砌石挡土墙施工

1. 施工工艺流程

砌石挡土墙施工工艺流程如图 2-6-10 所示。

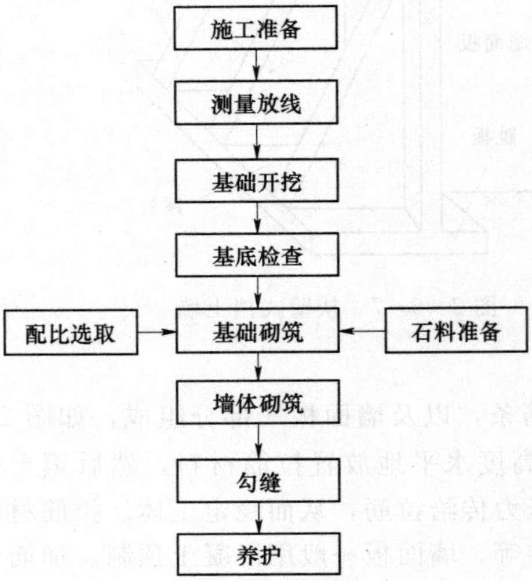

图 2-6-10　砌石挡土墙施工工艺流程

2. 墙后填料选择

墙后填料的选择是保证挡土墙的正常使用和经济合理的一项重要工作。由土压力理论可知，填料的内摩擦角愈大，主动土压力就愈小；而填料的容重愈大，主动土压力就愈大。因此选择内摩擦角大、容重小的填料，应优先采用砂类土、碎（砾）石填筑。这些填料透水性好、抗剪强度大且稳定、易排水，能显著减少主动土压力。

因黏性土的压实性和透水性较差，又具有吸水膨胀性和冻胀性而产生侧向膨胀压力，从而影响挡土墙的稳定，所以一般不宜采用黏性土。当不得已采用时，应适当掺入碎石、砾石和粗砂等。

严禁使用腐殖土、盐渍土、淤泥、白垩土及硅藻土等作为填料，填料中也不应含有机物、冰块、草皮、树根等杂物及生活垃圾。在季节性冰冻地区，不能使用冻胀材料。浸水挡土墙墙背应全部用水稳性和透水性较好的材料填筑。

3. 墙身材料要求

墙身应采用经过挑选的、结构密实、质地均匀、不易风化且无裂缝的硬质石料，其抗压强度不小于 30MPa。在冰冻及浸水地区，应具有耐冻和抗浸蚀性能。

尽量选用较大的石料砌筑墙身。块石形状应大致方正、上下面大致平整。块石厚度不小于 0.2m，宽度和长度约为厚度的 1～1.5 倍和 1.5～3 倍，用作镶面时，由外露面四周向内稍加修凿。片石应具有两个大致平行的面，其厚度不小于 0.15m，宽度及长度不小于厚度的 1.5 倍，质量约 30kg。用作镶面的片石，可选择表面较平整，尺寸较大者，并应稍加修整。粗料石外形应方正成六面体，厚度为 0.2～0.3m，宽度为厚度的 1～1.5 倍，长度为厚度的 2.5～4 倍，表面凹陷深度不大于 20mm。用作镶面时，应适当修凿，外露面应有细凿边缘。

混凝土预制块的规格与料石相同，抗压强度不小于 C15，并根据砌体形式的需要和起吊能力决定预制块的形状大小。

砌筑挡土墙用的砂浆标号应按挡土墙类别、部位及用途选用，见表 2-6-1。砂宜采用中砂或粗砂，当用于砌筑片石时最大粒径不宜超过 5mm。采用砌筑块石、粗料石、混凝土块时不宜超过 2.5mm。

表 2-6-1　　砌筑挡土墙常用的砂浆标号

挡土墙类别、部位及用途	砂浆标号
一般挡土墙	M5（四级公路可用 M2.5）
浸水挡土墙常水位以下部分	M7.5
严寒地区及抗震挡土墙	较非地震地区提高一级
勾缝	比砌筑用标号提高一级

干砌挡土墙的墙高时最好用块石砌筑。在墙高超过 5m 或石料强度较低时，可在挡土墙的中部设置厚度不小于 0.5m 的浆砌水平层，以增加墙身的稳定性。

混凝土挡土墙所用混凝土标号不低于 C15，其基础部分可采用相同标号的片石混凝土（其中掺入片石量不超过总体积的 25%）。

4. 施工注意事项

挡土墙施工应与设计要求相配合，施工中应注意以下几点：

（1）施工前应做好地面排水工作，浸水挡土墙宜在枯水季节施工。

（2）在松软地层、坍方或坡积层地段，基坑不宜全段开挖，以免在挡土墙砌筑过程中发生坍塌；而应采用跳槽间隔分段开挖的方法，以保证施工安全。

（3）基坑开挖后，若发现地基与设计情况有出入，应按实际情况调整设计；若发现岩基有裂缝，应以水泥砂浆或小石子混凝土灌注饱满；若基底岩层有外露的软弱夹层，宜在墙趾前对该层做封面防护，以防风化剥落后，基础折裂而致使墙身外倾。

（4）墙趾部分的基坑，在基础施工完成后应及时回填夯实，并做成 5%外倾斜坡，以免积水下渗，影响墙身的稳定。

（5）浆砌挡土墙应错缝砌筑，填缝必须紧密，灰浆应填塞饱满。

（6）墙体强度应达设计强度的 75%以上，方可回填墙后填料。

（7）回填前，应确定填料的最佳含水量和最大干密度。根据碾压机具和填料性质，分层填筑压实，压实度应满足设计要求。

（8）墙后回填土必须均匀摊铺平整，并设不小于 3%的横坡，以利排水。墙背 1.0m 范围内，不得有大型机械行驶或作业，防止碰坏墙体，并用小型压实机械碾压，分层厚度不得超过 0.2m。

（9）墙后地面横坡陡于 1∶5 时，应先处理填方基底（如铲除草皮、开挖台阶等）再填土，以免填方顺原地面滑动。

（10）地震地区的挡土墙，为减少地震力的作用，施工前必须疏干墙后填料。浆砌挡土墙高度大于 8m 时，宜沿墙高每隔 4m 设置一层混凝土垫层，并应与上、下层片石充分交错咬紧。

二、加筋土挡土墙施工

（一）施工工艺流程

加筋土挡土墙施工工艺流程如图 2-6-11 所示。

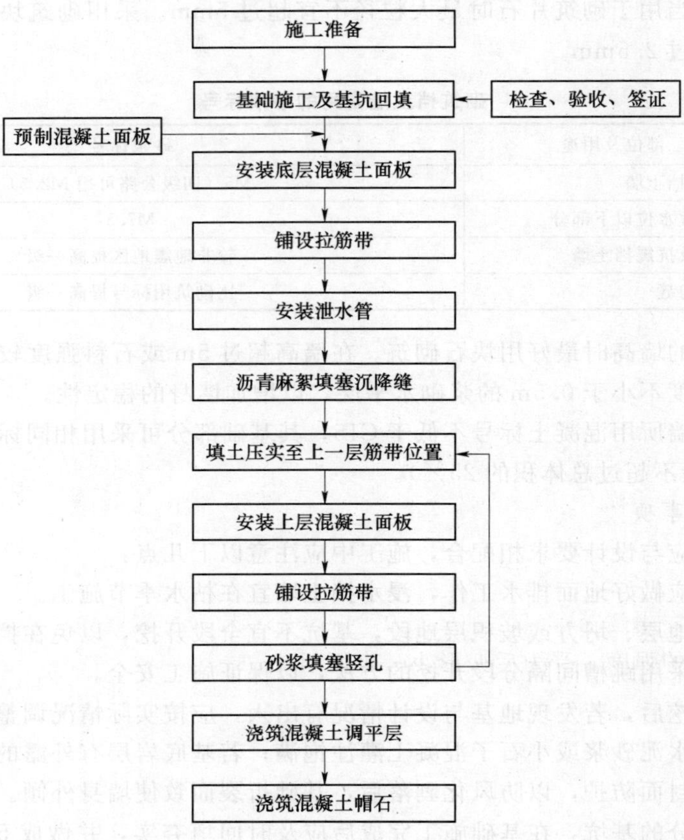

图 2-6-11　加筋土挡土墙施工工艺流程

（二）加筋土技术

加筋土是在土中加入加筋材料（或称筋带）的一种复合土。在土中加入加筋材料可以提高土体的抗剪强度，增加土体工程的稳定性。

加筋土技术广泛应用于土木工程，其特点大致可归纳为：

(1) 施工简便。加筋土的组成构件（面板、拉筋、路缘石、栏杆、条形基础等）均可以预先制作，除需压实机械外，施工时一般不需配备其他机械，且易于掌握，同时可缩短工期和节省劳力。

(2) 加筋土最大的特点是可以做成很高的垂直填土墙。这样可以减少占地面积，对填土放坡困难的地区、城市的郊区道路，以及土地珍贵的地区，有着巨大的经济意义。

(3) 投资省。加筋土挡墙面板薄，基础尺寸小，与重力式挡土墙相比，可节省圬工数量 95%～97%，造价可比石砌重力式挡土墙和钢筋混凝土挡土墙减少 20%～60%。挡土墙高度越大，节省资金越多。

(4) 抗地震。加筋土结构所独有的柔性能吸收地震能量的优势，使之具有刚性结构物无法与之比拟的耐震性能。

(5) 造型美观。墙面板形式可以根据需要、受力特点选用各种设计造型，并使之拼装成造型美观的建筑物，改善道路景观。

（三）加筋土结构组成

1．加筋土填料

填料是加筋土工程的主体材料，对填料的一般要求如下：

（1）易压实。

（2）能与拉筋产生足够的摩擦力。

（3）满足化学和电化学标准。

（4）水稳定性好（浸泡工程）。

选用加筋土填料时，有一定级配的砾类土、砂类土，与拉筋之间的摩擦力大，且透水性能好，应优先选用；碎石土、黄土、中低液限黏性土和稳定土也可采用；腐殖土、冻结土等影响拉筋和面板的使用寿命，应禁止应用。

填料的设计参数包括湿密度 ρ、计算内摩擦角 φ 和视摩擦系数 f 等，应根据试验或当地经验数据确定。当无上述条件时，可参照《公路加筋土工程设计规范》（JTJ 015—1991）中的相关数表选用。

2．筋带

筋带的主要作用是与填料产生摩擦力，并承受结构内部的拉力。因此，筋带必须具有的特性为：较高的强度，受力后变形小；表面粗糙，能与填料产生足够的摩擦力；抗腐蚀性好；加工、接长和与面板的连接简单。

筋带可以分为扁钢带、钢筋混凝土带和聚丙烯土工带三种。高速公路和一级公路上的加筋土工程应采用扁钢带或钢筋混凝土带。

（1）扁钢带。扁钢带一般用软钢（3 号钢）轧制而成，按其外形又分为光面带和有筋带两种。

扁钢带断面为扁矩形，宽度不应小于 30mm，厚度不应小于 3mm。钢带埋在土中容易锈蚀，因此，钢带表面一般应镀锌或采取其他措施进行防锈处理。

（2）钢筋混凝土带。钢筋混凝土带的平面为长方形或楔形，断面为扁矩形，宽 10～25cm，厚 6～10cm。为了施工方便，钢筋混凝土带应分节预制，分节长度一般宜小于 300cm。为防止混凝土断裂可在混凝土内布设钢丝网。预制件所用混凝土的强度等级不宜低于 C18，钢筋直径不得小于 8mm。可采用焊接或螺栓进行预制件接长或与面板的连接，结点处应做好防锈处理。

筋带设计拉力由钢筋承担，钢筋截面应考虑锈蚀影响。

（3）聚丙烯土工带。聚丙烯土工带的宽度应大于 18mm，厚度应大于 0.8mm。为提高土工带与填土之间的摩擦力，其表面应压有粗糙花纹。

填料中有尖锐棱角的粗粒料会刺穿或割断土工带，因此，在含有尖锐棱角的粗粒料中不得使用聚丙烯土工带作为拉筋。

3．面板

面板的主要作用是防止端部土体从拉筋间挤出。

（1）一般规定。面板设计的一般规定如下：

1）面板设计应满足坚固、美观、运输方便和易于安装等要求。

2）面板一般采用混凝土预制件，其强度等级不应低于C18，厚度不应小于8cm。

3）面板上的筋带结点可采用预埋钢拉环、钢板锚头或预留穿孔等形式。钢拉环应采用直径不小于10mm的Ⅰ级钢筋，钢板锚头应采用厚度不小于3mm的钢板。露于混凝土外部的钢拉环、钢板锚头应做防锈处理，聚丙烯土工带与钢拉环的接触面应做隔离处理。

4）面板四周应设企口和相互连接的装置。当采用插销连接装置时，插销直径不应小于10mm。

（2）混凝土面板的外形。混凝土面板的外形可选用十字形、槽形、六角形、L形和矩形等，一般尺寸见表2-6-2。墙顶和角隅处可采用异形面板和角隅面板。

表2-6-2　　混凝土面板尺寸表　　单位：cm

类型	简图	高度	长度	厚度
十字形	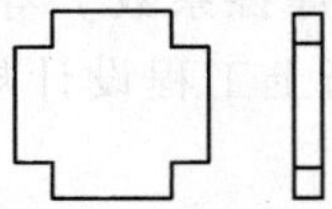	50～150	50～150	8～12
槽形	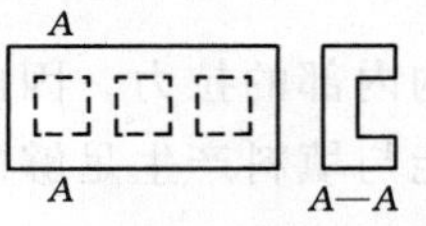	30～75	100～200	14～20
六角形	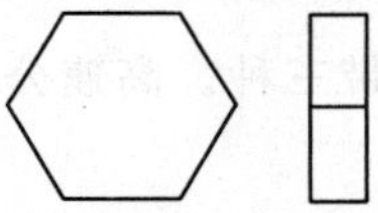	60～120	70～80	8～20
L形	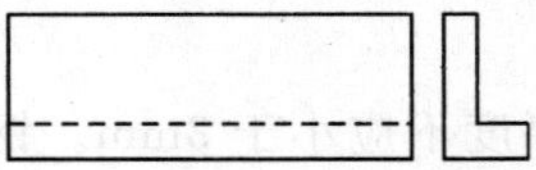	30～50	100～200	8～12
矩形	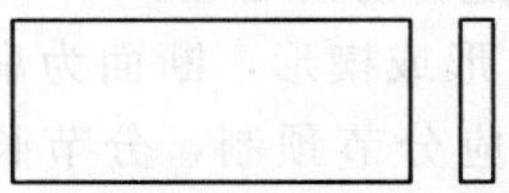	50～100	100～200	8～12

（四）加筋土挡土墙施工

加筋土挡土墙一般由加筋体、基础、排水设施和沉降伸缩缝等几部分构成，如图2-6-12所示。

1. 加筋体

加筋体墙面的平面线形可采用直线、折线和曲线。相邻墙面的内夹角不宜小于70°。加筋体筋带一般应水平布设并垂直于面板，当一个结点有两条以上筋带时，应扇状分开。当相邻墙面的内夹角小于90°时，宜将不能垂直布设的筋带逐渐斜放，必要时在角隅处增设加强筋带。当双面加筋土挡土墙的筋带相互插入时，应错开铺设避免重叠。

加筋体的横断面形式一般应采用矩形。当受地形、地质条件限制时，也可采用上宽下窄或下窄上宽的阶梯形。断面尺寸由计算确定，底部筋带长度不应小于3m，同时不小于0.4H（H指加筋挡土墙的高度）。

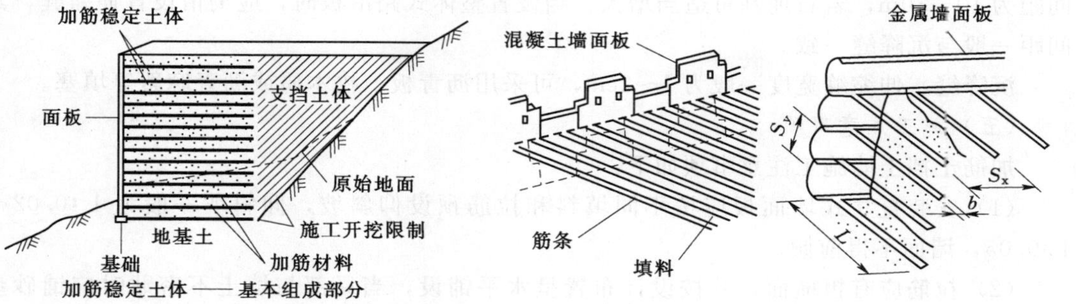

图 2-6-12　加筋土挡土墙结构示意图

加筋土挡土墙顶部一般应按路线要求设置纵坡；对路堤式挡土墙，也可调整两端与路线的水平距离，变更墙高，将墙顶设计成平坡。设置纵坡的加筋土挡土墙顶部可按纵坡要求设置异形板，也可将需设异形面板的缺口用浆砌片石或现浇混凝土补齐。

加筋体填料的压实度是保证加筋体稳定的重要因素之一，应按相关规范的要求采用。浸水地区的加筋体应采用渗水性良好的土作为填料。在面板内侧应设置反滤层或铺设透水土工织物。季节性冰冻地区的加筋体宜采用非冻胀性土填料，否则应在墙面板内侧设置不小于 0.5m 的砂砾防冻层。

2. 基础

加筋体墙面下部应设置宽度不小于 0.3m，厚度不小于 0.2m 的混凝土基础。但属下列情况之一者可不设混凝土基础：

（1）面板筑于石砌圬工或混凝土之上。

（2）地基为基岩。

加筋体面板基础底面的埋置深度，对于一般土质地基不应小于 0.6m，当设置在岩石上时应清除表面风化层。当风化层很厚难以全部清除时，可采用土质地基的埋置深度。浸水地区和冰冻地区的基础埋置深度要求与重力式挡土墙相同。

软弱地基上加筋土挡土墙，当地基承载力不能满足要求时，应进行地基处理。加筋土挡土墙的基底可做成水平的或结合地形做成台阶形。

3. 排水设施

对可能危害加筋体的地面水和地下水，应采取适当的排水或防水措施。当加筋体背后有地下水渗入时，应设置通向加筋体的排水层，如图 2-6-13 所示。排水层采用砂砾，其厚度不小于 0.5m。

当加筋体顶面有渗水可能时，应采用防渗封闭措施。

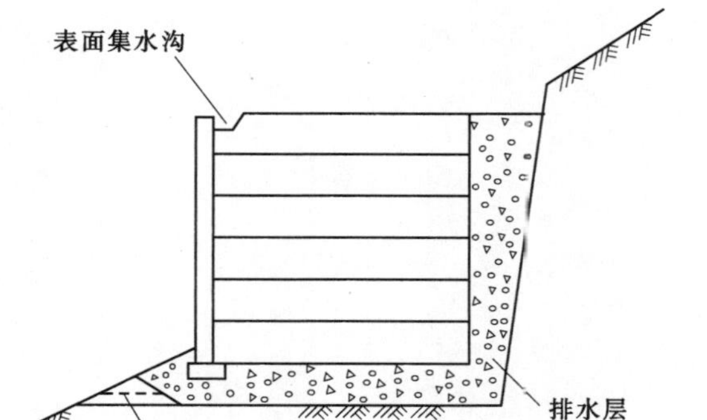

图 2-6-13　排水层示意图

4. 沉降伸缩缝

加筋土挡土墙应根据地形、地质、墙高等条件设置沉降缝。土质地基的沉降缝间距为10～30m，岩石地基可适当增大。当设置整体式路沿板时，应酌情设置伸缩缝，其间距一般与沉降缝一致。

沉降缝、伸缩缝宽度一般为1～2cm，可采用沥青板、枚木质或沥青麻絮等填塞。

（五）施工注意事项

加筋土挡土墙施工注意事项如下：

（1）安装直立式墙面板应按不同填料和拉筋预设仰斜坡，仰斜坡一般为1∶0.02～1∶0.05，墙面不得前倾。

（2）拉筋应有粗糙面，并按设计布置呈水平铺设，当局部与填土不密贴时应铺砂垫平。钢拉筋与钢材外露部分应作防锈处理。连续敷设的拉筋接头应置于其尾部；拉筋尾端宜用拉紧器拉紧，各拉筋的拉力应大体均匀，但应避免拉动墙面板。

（3）墙背拉筋锚固段填料宜采用粗粒土或改性土等填料。墙背填土必须满足设计压实度要求。

（4）填料摊铺、碾压应从拉筋中部开始平行于墙面碾压，先向拉筋尾部逐步进行，然后再向墙面方向进行。严禁平行于拉筋方向碾压。

（5）填土分层厚度及碾压遍数应根据拉筋间距、碾压机具和密实度要求，通过试验确定，严禁使用羊足碾碾压。靠近墙面板1m范围内，应使用小型机具夯实或人工夯实，不得使用重型压实机械压实。

（6）当采用聚丙烯土工带时，拉筋应平顺，不得出现打折、扭曲等现象，不得与硬质、棱角填料直接接触。

（7）施工过程中随时观测加筋土挡土墙有无异常变化。

复习思考题

1. 按照设置位置的不同挡土墙分为哪几种？
2. 各种挡土墙的稳定机理是什么？
3. 重力式挡土墙施工要点有哪些？
4. 加筋土挡土墙施工要点有哪些？

第七章 路基排水设施施工

水是路基产生各种病害和变形的主要原因之一，在路基施工中应充分予以重视。路基排水设施分地表排水设施和地下排水设施。路基地表排水设施有：边沟、截水沟、排水沟、跌水、急流槽、倒虹吸、渡水槽和蒸发池等。路基地下排水设施有：暗沟、渗沟和渗井等。下面仅就路基地表排水设施中的边沟、截水沟、排水沟、跌水、急流槽及路基地下排水设施中的暗沟、渗沟、渗井施工流程、施工方法和注意事项予以介绍。

第一节 地表排水设施施工

一、边沟、截水沟与排水沟的施工与加固

(一) 水沟的施工

边沟、截水沟与排水沟的施工有许多相似之处，为了讲述方便，在介绍它们的共同之处时，统称水沟。

水沟的施工流程为：施工准备（清理现场、核查设计布置是否合理、组织施工人员及施工机械、材料准备）→测量放样→撒石灰线（机械开挖）或挂线（人工开挖）→沟槽开挖→人工整修→验槽→水沟加固。

由于公路的用地一般比较紧张，其边沟、排水沟和截水沟大多采用矩形断面形式，并且通常需要结合其他防护工程进行加固处理。对于高等级公路或某些山区公路中路堑边坡较高、较长的路段，其从路面或边坡汇入边沟的水流流量较大，从而边沟的设计断面尺寸也较大，常用的标准断面尺寸为60cm×60cm、80cm×80cm和100cm×100cm。为了行车安全并增加路面视觉宽度，通常需要在边沟顶面加设带槽孔的混凝土盖板。因此，高等级公路的边沟施工流程为：全站仪定位放样→撒石灰线→机械（或人工）开挖沟槽→人工整修→验槽→砌筑沟底→砌筑沟壁→检查沟底、沟壁→沟底、沟壁抹面或勾缝→运输盖板→清除边沟淤积及沉降缝封缝→安装盖板→找平外露边沟顶面。

1. 土质边沟的施工方法

沟槽放样之前，应核查水沟的设计位置、沟底坡度、转弯半径等设计是否合理，若设计存在不合理或需要完善的地方，须及时向有关单位进行汇报，并对设计进行修改和完善。测量放样时，利用经纬仪及钢尺或皮尺从中桩引测，或利用全站仪从测量控制点引测，放样点间距直线段一般为10m，曲线段根据转弯半径大小为2～5m。

沟槽开挖时，对于低等级公路或降水较少的地区，水沟设计尺寸一般较小，通常采用人工开挖；对于高等级公路或降水量较大的地区，由于水沟设计尺寸较大，为保证施工工

期和施工质量，常采用人工配合挖掘机开挖。在纵向，一般应由下游向上游开挖，以保证施工时的临时排水。采用人工开挖时，测量放样后应挂线施工，施工中常采用分段开挖的方法。采用机械开挖时，应先放样，然后撒石灰线，而后用挖掘机开挖。开挖时，可适当欠挖，尽量不要扰动原状土，要求边挖边测量控制，沟底高程用水准仪实测控制，最后人工整修到设计尺寸断面。修整时以一定长度（一般直线段为10m，曲线段按半径大小为2～5m）按设计尺寸确定一个标准断面，在两个标准断面间拉线，按线修整，也可用断面样板或皮尺、钢尺逐段检查，反复修整，直到符合设计要求为止，边沟样板的形式如图2-7-1所示。若开挖中出现超挖，超挖部分需用浆砌片石或其他加固材料找补。

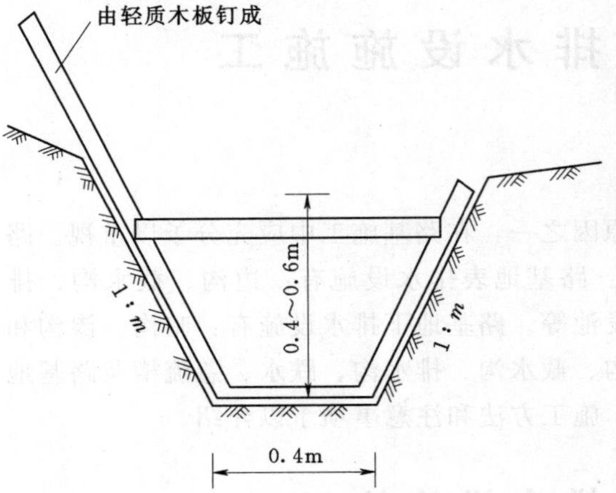

图2-7-1　边沟样板的形式

2. *石质水沟的施工方法*

石质水沟开挖，无论采用人工还是机械施工，均需爆破，使石方松动后才能开挖成型。因此，开挖时易出现超挖，为避免超挖，应控制炮孔位置和爆破药量。若出现超挖，超挖部分需用浆砌片石或混凝土、砂浆找补。

石质水沟其他工序的施工方法与土质水沟相同。

（二）水沟的加固

当水沟沟底纵坡大于3%，或土质水沟采用矩形断面时，为防止水流对地表排水设施冲刷及渗漏，对边沟、截水沟和排水沟等地面排水设施的沟底和沟壁应进行加固。

水沟的加固措施应遵循就地取材、简单易行、经济适用的原则，常用的地表排水沟渠加固类型见表2-7-1。

表2-7-1　　常用地表排水沟渠加固类型

序号	形式	名　称	铺砌厚度（cm）
1	草皮式	竖铺草皮	叠铺
2		平铺草皮	单层平铺
3	筑式	沟底沟壁夯实	
4		水泥砂浆抹平层	2～3
5		高液限黏性土	20～40
6		中液限黏性土	30～40
7		灰土	10～20
8		石灰三合土（石灰、炉渣与黏土）加固层	10～25
9		黏土、碎（砾）石加固层	10～15
10		石灰四合土（石灰、炉渣、黏土与河沙）加固层	10～15
11		水泥土	5～10

续表

序号	形式	名　称	铺砌厚度（cm）
12	干砌式	干砌片石加固层	15～25
13		干砌片石水泥砂浆勾缝	15～25
14		干砌片石水泥砂浆抹平	20～25
15	浆砌式	浆砌片石加固层	20～30
16		混凝土预制块加固层	6～10
17		砌砖水槽	沟底两层砖
18	现浇式	沥青混凝土	5～6
19		水泥混凝土	4～15

水沟加固类型的选用应根据当地的土质情况、流速大小、沟底纵坡大小、使用性质和年限等具体情况而定。根据使用经验，一般加固类型与沟底纵坡存在着一定的关系，见表2-7-2，设计时可参照使用。

表2-7-2　　加固类型与沟底纵坡一般关系表

纵坡（%）	<1	1～3	3～5	5～7	>7
加固类型	不加固	(1) 土质好，不加固； (2) 土质不好，简易加固	简易加固或干砌式加固	干砌式加固或浆砌式加固	浆砌式加固或改用跌水

1. 水沟表面夯实加固

(1) 水沟表面夯实加固的适用条件如下：

1) 一般适用土质边沟和排水沟，不适用于路堑坡顶截水沟或排水沟，其构造如图2-7-2所示。

2) 沟内平均流速不大于0.8m/s。

3) 沟底纵坡不大于表2-7-3中数值。

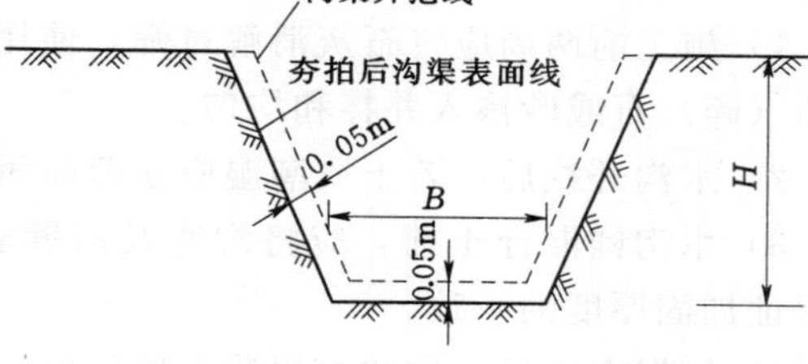

图2-7-2　水沟表面夯实加固的断面

表2-7-3　　沟　底　纵　坡

坡率	1∶1		
断面 $B\times H$（m×m）	0.4×0.4	0.4×0.6	0.6×0.6
纵坡（%）	1.5	0.7	0.6

(2) 水沟表面夯实加固的施工注意事项如下：

1) 开挖水沟时沟底及沟壁均少挖0.05m（图2-7-2）。

2) 将沟底沟壁夯拍密实后，土的干密度不小于1.66×10^3kg/m^3，土层厚度不小于0.05m。水沟开挖时边开挖边夯实，以免土中水分消失，不宜夯拍坚实，施工中如发现沟底沟壁有鼠洞，应用原土补填夯实。

2. 三合土或四合土加固

(1) 三合土或四合土加固的适用条件如下：

1) 一般适用于无冻害及无地下水地段的水沟，其构造如图 2-7-3 所示。

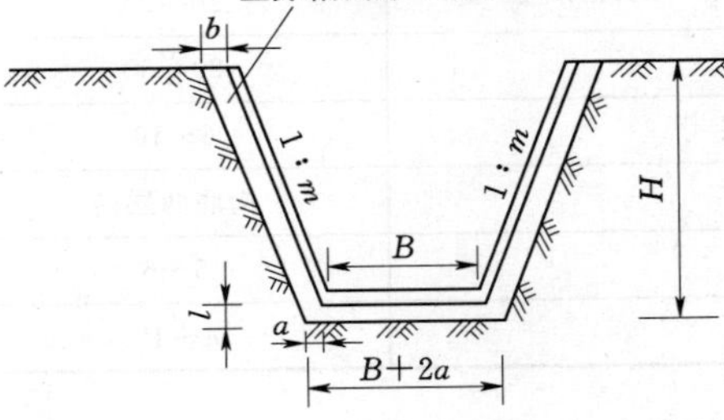

图 2-7-3　三合土或四合土加固的断面

2) 沟内平均流速为 1.0～2.5m/s。

3) 在常流水的水沟加固表面，可加抹 1cm 厚的 M7.5 水泥砂浆。

4) 混合土厚度范围为 0.1～0.25m，具体取值视沟内水的平均流速或沟底纵坡大小而定。

(2) 三合土或四合土的材料及配合比如下：

1) 三合土使用的材料为：水泥、砂、炉渣或黄土、卵（碎）石，其配合比通常采用：水泥：砂：炉渣＝1：5：1.5（质量比），或在无炉渣地区可选用：石灰：黄土：卵（碎）石＝1：3.3：2.3（体积比）。

2) 四合土使用的材料为：水泥、石灰、砂、炉渣，其配合比通常采用：水泥：石灰：砂：炉渣＝1：3：6：24（质量比）。

3) 水泥宜采用低强度等级；炉渣要求经过高温烧化且含灰量不超过 5%，粒径不超过 5mm。

(3) 三合土或四合土的施工注意事项如下：

1) 施工前两周应将石灰消解过筛，使用前 1～3d，将黄土或炉渣掺入拌匀，使用时将卵（碎）石或砂掺入并拌和均匀。

2) 水沟开挖后，若土质潮湿应立即加固；若土质干燥，则宜洒水润湿后再进行加固。

3) 水沟铺混合土前，应将沟底及沟壁表面夯拍平整，然后每隔约 2m 安装一模板，以保证加固厚度的一致。

4) 铺混合土后，应拍打堤浆，然后再抹水泥砂浆护层。待稍干后，用大卵石将表面压紧磨光。

5) 施工结束后，用麻袋或草席覆盖，并洒水养生 3～5d。

6) 施工季节以春秋季为宜，不宜在冬季，以免混合土尚未干燥就发生冻胀。

7) 养护时若发现裂缝或表面剥落，应抓紧有利季节修补。

3. 单层干砌片石加固

(1) 单层干砌片石加固的适用条件如下：

1) 一般适用于无防渗要求的水沟加固地段，其构造如图 2-7-4 所示。

2) 一般土夹砂卵石、软石、风化严重的岩石水沟沟底纵坡在 5%以上，流速在 2m/s 以上时，必须考虑加固。对于砂土地段，纵坡在 1%以上时，应考虑加固。

3) 沟内平均流速在 2.0～3.5m/s 时，干砌片石尺寸可采用的厚度范围为 0.15～0.25m；流速在 4m/s 以上时，应采用急流槽或加设跌水。

4) 当沟底沟壁为细粒土时，应加设片（碎）石垫层，其厚度按平均流速大小及土质情况在 0.10～0.15m 范围内选用。

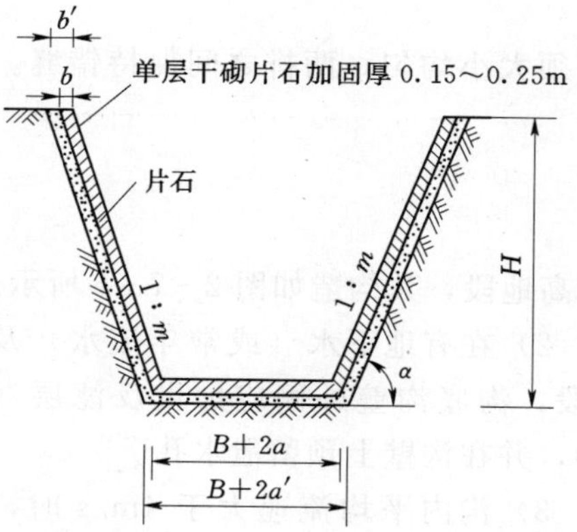

图 2－7－4　单层干砌片石加固示意图

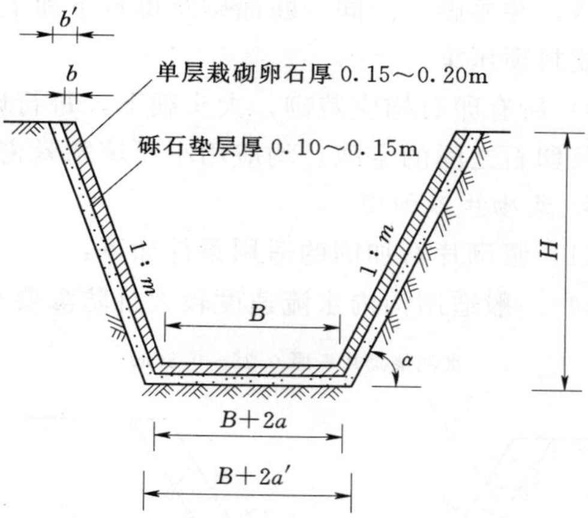

图 2－7－5　单层栽砌卵石加固示意图

(2) 单层干砌片石加固的施工注意事项如下：

1) 垫层石料以粒径 5～50mm 占 90%（质量比）以上为宜。

2) 片石间空隙应用小石填塞紧密，片石大面应砌向表面，以减少面部粗糙程度。

3) 同一断面砌筑可自下而上，逐步选用较小的片石，最上一层选用较大的片石平放封顶压牢。

4) 片石厚度指单层干砌片石的最小厚度。

4. 单层栽砌卵石加固

(1) 单层栽砌卵石加固适用于无严格防渗要求，且容许流速在 2.0～2.5m/s 以内的防冲刷水沟加固地段，其构造如图 2－7－5 所示。

一般所用卵石尺寸与容许流速的关系见表 2－7－4。

表 2－7－4　卵石尺寸与容许流速的关系

卵石直径（m）	0.15	0.20
$V_{容}$（m/s）	2.0	2.5

表 2－7－5　砾石垫层厚度

土质 / $V_{容}$（m/s）	一般细粒土	黏土
小于 2.5	0.10	0.10
2.5～3.0	0.15	0.10

当沟底沟壁为细粒土时，需要设砾石垫层，其厚度视容许流速及土质情况而定，砾石垫层厚度见表 2－7－5。

(2) 单层栽砌卵石加固的施工注意事项如下：

1) 垫层可采用粒径 2～4mm 的干净砂砾，其含土量应在 5%以下。

2）一般应先砌沟底，再砌沟壁。沟底应选用较好的大卵石，坡脚两行尤其应特别注意选料，并要砌牢。同一断面砌筑可自下而上逐步选用较小的卵石，最上一层则用较长卵石平放封顶压牢。

3）所有卵石均应栽砌，大头朝下，每行卵石须大小均匀，两排之间保持错缝。卵石下部及卵石之间的空隙，均应用小石填塞紧密。

5. *浆砌片石加固*

(1）浆砌片石加固的适用条件如下：

1）一般适用沟内水流速度较大且防渗要求较高地段，其构造如图 2-7-6 所示。

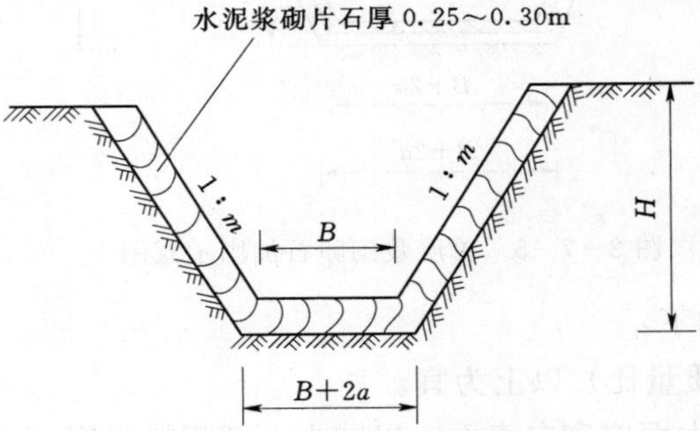

图 2-7-6 浆砌片石加固示意图

2）在有地下水（或常年流水）及冻害地段，沟底沟壁外侧应加设反滤层（或垫层），并在沟壁上预留泄水孔。

3）沟内平均流速大于 4m/s 时，水沟纵坡不限，可考虑采用急流槽形式。

4）当沟底沟壁为细粒土时，应加设卵石、碎（砾）石垫层，其厚度按平均流速大小及土质情况在 0.10～0.15m 范围内选用。

(2）浆砌片石加固的施工注意事项如下：

1）浆砌料石宜采用的边长为 15～25cm；浆砌块石宜采用的边长为 20～30cm；浆砌石板的厚度不宜小于 3cm。

2）水沟开挖后应平整夯拍密实，遇有鼠洞，应用原状土堵塞夯实。

3）选用 M5 水泥砂浆，随拌随用。施工时，如土质干燥应先洒水润湿沟基，然后在沟基或垫层上铺筑一层厚度 2～5cm 的低强度混合砂浆，再铺石料。

4）梯形水沟，宜先砌沟底后砌沟壁，砌沟壁时，应从坡脚开始，由下而上分层砌筑；矩形水沟，宜先砌沟壁后砌沟底，砌筑完后，应及时砌好封顶石。

5）砌筑砂浆初凝前应勾缝。勾缝应自上而下用砂浆充填、压实和抹光。勾缝是砌石水沟防渗效果好坏的关键工序之一，必须做到勾缝严密、光滑、无毛边、无裂纹等。

6）砌筑完应注意养护。

6. *浆砌片石矩形排水槽*

(1）浆砌片石矩形排水槽的适用条件基本与浆砌片石加固相同，其构造如图 2-7-7 所示。

(2）浆砌片石矩形排水槽的施工注意事项为：开挖基坑时，应根据土质条件确定边坡坡率，沟槽筑成后用原土回填。其余注意事项与浆砌片石加固相同。

7. *混凝土预制板加固*

(1）混凝土预制板加固的断面形式与结构尺寸的确定方法如下：

1）混凝土预制板加固水沟，一般可采用梯形结构，板厚为 5～10cm，无冻胀破坏地区可采用 4～8mm。

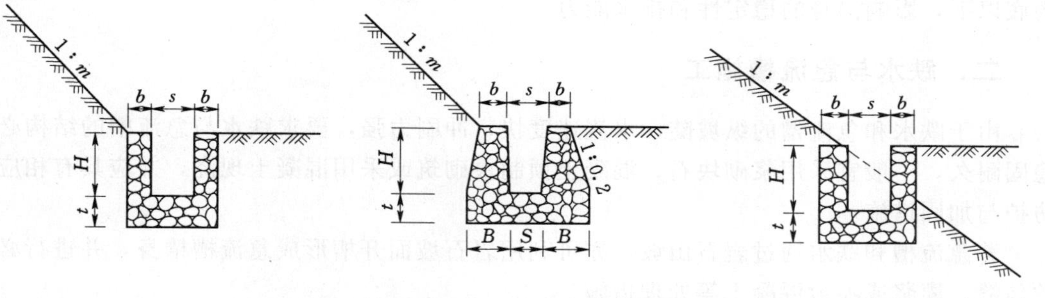

图 2-7-7 浆砌片石矩形排水槽

2）混凝土预制板的尺寸，根据水沟长度和断面尺寸确定，同时要保证砌筑时易搬移，施工方便。其断面尺寸范围为 50cm×50cm～100cm×100cm。

3）小型水沟采用槽形（└┘）断面，水力性能与结构性能好，占地少，安装方便，并且造价低，但运输时在车中占用体积较大。

4）混凝土预制板一般用 C10 或 C15 混凝土制成。

（2）混凝土预制板加固的适用条件如下：

1）一般缺乏砂、石地段，采用混凝土预制板较经济，且施工方便。

2）填方地段采用混凝土预制板，比安装模板现浇混凝土更为合适，且预制板可比现浇混凝土稍薄。

3）挖方地段安装混凝土预制板应按预制板规格挖成相应槽形，并将土夯拍坚实后进行。

4）垫层可采用 8%石灰剂量的石灰土，拍打坚实，并整平，也可用碎砾石材料。

（3）水泥混凝土预制板加固的伸缩缝的设置方法如下：

1）为避免因温度变化而引起混凝土板的伸缩及基础的不均匀沉陷等，需设置伸缩缝。纵向缝一般设在边坡与渠底连接处，当渠底宽度超过 6～8m 时，可在渠底中部设置纵向缝。渠道边坡上一般不设置纵向缝。

2）混凝土预制板采用 M5 水泥砂浆砌缝时，横向伸缩缝间距与现浇混凝土板相同，其参考值见表 2-7-6。

表 2-7-6 混凝土加固板横向伸缩缝间距表

加固板厚度（cm）	5～7	8～9	≤10
伸缩缝（m）	2.5～3.5	3.5～4.0	4.0～5.0

3）采用预制板加固时，应注意保持沟底与边坡的伸缩缝间距一致。

4）伸缩缝取决于伸缩缝间距、干缩系数、线膨胀系数、填料伸缩性能、黏结力、施工要求等，一般采用 1～4cm。

5）伸缩缝填料的性能是决定衬砌效果和寿命的主要因素，要求高温不流淌，低温不冻裂、剥落，膨胀时不挤出，收缩时不裂缝，黏结力强，耐久性好。

（4）水泥混凝土预制板加固的施工注意事项为：加固板的接缝除按照操作规程选料与施工外，在沟渠的使用中应密切注意接缝料，如有脱落或裂缝，应及时修补，以免水渗入沟底以下，影响沟身的稳定性和排水能力。

二、跌水与急流槽施工

由于跌水和急流槽的纵坡陡，水流速度快，冲刷力强，要求跌水与急流槽的结构必须稳固耐久，一般宜采用浆砌块石、混凝土预制块砌筑或采用混凝土现浇，并应具有相应的防护与加固措施。

若急流槽和跌水通过岩石山坡，亦可利用岩石坡面开槽形成急流槽槽身，并进行必要的勾缝、灌浆或喷射混凝土等处理措施。

跌水与急流槽的施工流程为：施工准备（清理现场施工准备、核查设计布置是否合理）→测量放样→沟槽开挖→沟槽清理→验槽→槽身加固（跌水与急流槽砌筑）→进、出水口铺砌→消力池砌筑→检查验收。

沟槽的开挖，在土质或风化比较深的边坡，可以采用人工开挖或机械直接开挖；在岩石边坡，可以采用爆破方法开挖。跌水与急流槽基础应开挖到设计要求的高程或设计要求的承载力基础上为止，经验收合格后可进行加固施工。沟槽开挖后，立即平整夯拍密实，如土质干燥须洒水润湿，遇有鼠洞、陷穴，应堵塞夯实。纵向砌筑，从下游向上游砌筑；横向砌筑时宜先砌沟槽沟底后砌墙，砌墙时，应从墙脚开始，由下向上分层砌筑。砌筑砂浆初凝前应勾缝，勾缝应自上而下用砂浆充填、压实和抹光。

第二节 地下排水设施施工

一、暗沟施工

暗沟的施工流程为：施工准备→定线→确定泉眼范围→挖泉井→挖土沟→砌筑井壁→砌筑沟壁→安装盖板→铺筑碎（卵）石层→填砂砾层。

施工前，应根据现场检查暗沟设计布置、出水口是否合理。放样定线时须注意：出水口的高程、沟底纵坡，盖板顶至路面的覆土高度不小于0.5m，圆管管顶以上覆土不小于0.7m。开挖位置确定后，用石灰撒出开挖线。开挖时应从下游往上游进行，在土质地基上采用机械开挖时，基底应预留20cm左右的厚度采用人工挖土清底、清壁，确保基底不被扰动。基底开挖完成后，应尽快进行基槽整修、清理等工作，并检查基底高程、断面尺寸。排水构筑物砌筑时，钢筋混凝土圆管管道安装工序为：平基→管子就位→稳管→管座→抹带。盖板沟施工时，应先沿槽底浇筑混凝土或砌筑浆砌片石（或预制块）基础，再砌沟壁，完成后沟壁内侧、砌筑式沟底用砂浆抹面。泉眼处应根据泉眼分布范围大小确定汇水井的形状和尺寸，可采用圆形或方形汇水井，砌筑井基础、井壁、井口，井内壁抹面，并清理井底的泥土等杂物后盖上盖板，盖板必须严密稳定。暗沟安装完成后，应进行沟、管内污物的清理，有闭水试验要求的管段应在回填前进行闭水试验，试验测定的渗漏量应符合相关标准，试验合格后及时回填。回填材料以砂砾类或碎石类较好，回填时应注意控制回填土的密实度。

为防止泥土或砂粒从盖板之间缝隙落入泉眼或沟道堵塞，可在盖板表面铺筑碎（卵）

石一层，上填砂砾，或用土工布直接覆盖盖板，进行保护。

二、渗沟施工

渗沟的施工流程为：施工准备→测量放样→沟槽开挖→沟槽清理与验槽→渗沟材料安装回填及夯实。

施工前，根据现场核查原设计是否合理，并进行现场清理。放样时，采用经纬仪或全站仪在现场实地定出渗沟中线桩位，撒石灰边线或挂线，标出开挖位置。

根据渗沟宽度大小及现场条件，选择采用人工开挖或机械开挖，开挖方向宜应从下游往上游进行，沟槽开挖宽度及放坡可根据设计、土质、挖深、水位确定，优先采用直立沟或直立沟加支撑方式。开挖过程中注意检查控制基底高程、断面尺寸，做到不超挖、不扰动槽底基土。机械开挖时在设计槽底高程以上保留 20cm 左右不挖，用人工清理基底、基壁；开挖时要做好排水引流，避免基槽受水浸泡。

沟槽按设计开挖至预定深度后，应检验基槽土质类型、地质水文状况，以决定是否需要加深沟槽或变更设计布置。基槽验收合格后，渗沟材料安装可采用下面两种方法。

1. 反滤土工布渗沟施工

将事先裁剪好的反滤土工布铺放于沟槽。土工布铺好后，沿槽底土工布分层倒入经筛分洁净的碎石或卵石填料，并进行夯实。渗沟内排水层碎石填至预定高度后，应及时将沟顶碎石封闭，以防碎石受到污染，可用缝接或搭接方式处理沟顶土工布接头。渗沟位于路基范围以外时，为防止地面水进入渗沟，应在渗沟顶面砌筑厚度为 20cm 的浆砌片石或夯填厚度不小于 30cm 的黏土作为顶部封闭层。

2. 集料反滤渗沟施工

准备好符合质量要求的各种填料与反滤料；加工四块以上铁皮或薄木板（胶合板）作为隔板使用，隔板高度应高于渗沟 20cm 以上，如图 2-7-8 所示。其填筑顺序与方法为：

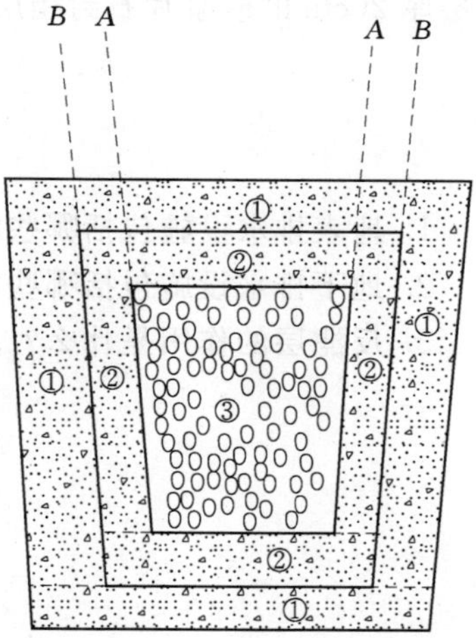

图 2-7-8 集料反虑渗沟施工

(1) 沟底填入第一层细粒料①（外反滤层）。

(2) 插入隔板 B 并正确定位。

(3) 在两块隔板 B 之间的底部填入第二层中粒料②（内反滤层）。

(4) 在隔板 B 与槽侧壁之间填入细粒料①。

(5) 插入隔板 A 并正确定位。

(6) 在两块隔板 A 之间填入大孔隙排水层粗粒填料③。

(7) 在隔板 A、B 之间的侧隙中填入中粒料②。

(8) 在两块隔板 A 之间的第③层填料上填入第二层中粒料②。

(9) 在两块隔板 A 之间和隔板 A、B 之间的第②层填料上填入第一层细粒料①。

填入过程中边填边用木夯夯实，并控制各层厚度；在隔板之间的填入过程中，为了防止隔板倾倒或变形，可以各层同时填筑、同时上升、同时夯实。如果渗沟深度较大，为防止抽拔隔板困难，可边回填材料边向上逐步抽提隔板。若渗沟顶部采用浆砌片石或双层反铺草皮加夯实黏土封顶时，渗沟顶部则不再做反滤层。

三、渗井施工

渗井的施工流程为：确定渗井位置和深度→开挖基坑→验基坑→渗井填充→井顶封闭→平整场地。

施工前，根据现场核查原设计是否合理，并进行现场清理。放样时，采用经纬仪或全站仪引测控制桩，打上中心桩，测出地面高程，用石灰线撒出开挖线。

开挖时应根据土质、水文条件、开挖深度等因素确定井壁支护措施和临时排水措施，一般采用人工开挖。开挖至预定深度后，检查井底是否位于透水层内及透水层内的渗井高度是否符合设计要求。开挖应以连续方式进行，防止井壁坍塌。基坑挖好后，应尽快验收井底高程、井身宽度、井底和井壁地质状况和清污程度等。渗井验收合格后，应尽早填筑筛分冲洗过的填充料，填充时反滤层既可采用土工布，也可采用集料。

采用土工布作反滤层时，顶部用土工布完全封盖碎石层表面并缝合接头。当排除地表水时，在渗井顶部四周用混凝土或黏土筑成围堰围护，井顶用混凝土盖板盖严，以防渗井淤塞。进口部分安装镀锌铁丝网或铁条格栅，防止杂物进入。井盖下的井圈亦可改为浆砌片石或预制砖砌筑，也可采用混凝土现浇。当排除地下水时，在渗井顶部反滤层上面砌筑一层厚 20cm 的砂浆片石封闭层，或夯填不小于 30cm 厚的黏土层，下设双层反铺草皮。

复习思考题

1. 地表排水设施包括哪些？
2. 地下排水设施包括哪些？
3. 反滤层的作用是什么？

第八章 公路软土地基处理

路基敷设于天然地基上，自身荷载较大，要求地基应具有足够的承载能力，以保持地基稳定，另外应使某些自然因素（如地下水、坑穴、胀缩等）不致产生对路基的有害变形。当黏土或粉土微小颗粒含量极高，或由孔隙率大的有机质土、泥炭、松砂组成的土层，这一类影响填土和构造物稳定或使结构物产生沉降的地基被称为软土地基。

第一节 软土地基的特征

1. 天然含水量高、孔隙比大

软土多呈软塑或半流塑状态，其天然含水量很大，一般超过30%。山区软土含水量可高达70%，甚至达200%。软土的饱和度一般大于90%，液性指数多大于1.0。因此，软土地基具有变形大、强度低的特点。

2. 渗透性低

软土的透水性很低，其渗透系数一般为$10^{-9}\sim10^{-7}$cm/s，有的甚至低至10^{-10}cm/s，因此软土固结需要相当长的时间。当地基中有机质含量较大时，土中可能产生气泡，堵塞渗流通道而降低其渗透性。

3. 压缩性高

软土的孔隙比大，具有高压缩性的特点。软土的压缩系数α_{1-2}一般为0.5～2.0MPa^{-1}，最大可达4.5MPa^{-1}。如其他条件相同，则软土的液限愈大，压缩性也愈大。

4. 抗剪强度低

软土的抗剪强度很低，并与排水固结程度密切相关，在不排水剪切时，软土的内摩擦角接近为零，抗剪强度主要由黏聚力决定，而黏聚力值一般小于20kPa。经排水固结后，软土的抗剪强度便能提高，但由于其透水性差，当应力改变时，孔隙水渗出过程相当缓慢，因此抗剪强度的增长也很缓慢。

5. 具触变性

软土为絮凝结构，是结构性沉积物，具有触变性。当其结构未被破坏时，具有一定的结构强度，但一经扰动，土的结构强度便被破坏。软土中含亲水性矿物（如蒙脱石）多时，结构性强，其触变性较显著。

6. 具流变性

软土具有流变性，其中包括蠕变特性、流变特性、应力松弛特性和长期强度特性。蠕变特性是指在荷载不变的情况下变形随时间发展的特性；流动特性是土的变形速率随应力变化的特性；应力松弛特性是在恒定的变形条件下应力随时间减少的特性；长期强度特性是指土体在长期荷载作用下土的强度随时间变化的特性。

第二节　公路软土地基的处理方法

一、开挖换填法

开挖换填法适用于软土或泥岩层厚小于 3m 的情况；若厚度大于 3m，通常只挖除一部分再行换填。全挖换填是治本之法，无后患，如图 2－8－1 所示。施工中在清挖后，填以砂、砾、卵石、片石等渗水性材料或强度较高的黏性土。

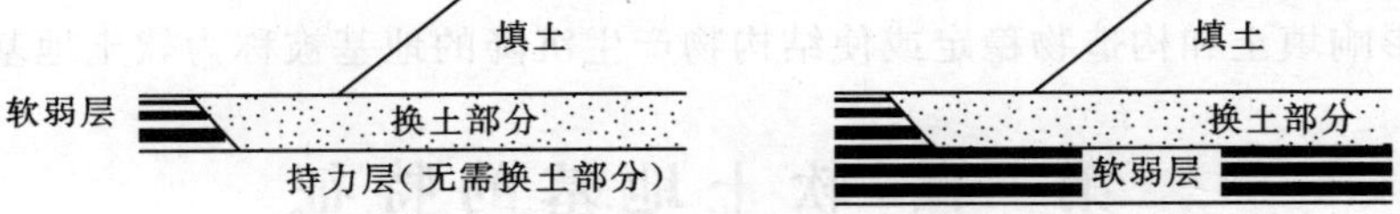

图 2－8－1　开挖换填法

二、抛石挤淤法

抛石挤淤法适用于常年积水的洼地。因排水困难，泥炭呈流动状态，厚度较薄，表层无硬壳。适用条件是片石能沉达底部的泥沼或厚度为 3～4m 的软土地基。

施工要点如下：

（1）掌握抛投顺序。先从路堤中部开始，中部向前突进后，再渐次向两侧扩展，以使淤泥向两旁挤出。当软土或泥炭底面有较大横坡时，则从高的一侧向低的一侧抛石扩展，并在低的一侧多抛填一些。

（2）片石堆出水面后，宜用重型路碾或载重汽车反复碾压密实，再在其上铺设反滤层，然后填土。抛石挤淤的典型断面图式如图 2－8－2 所示。

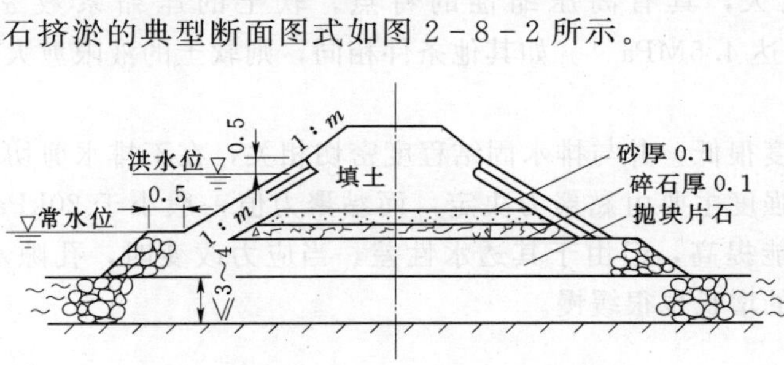

图 2－8－2　抛石挤淤典型断面图（单位：m）

三、爆破排淤法

适用于淤泥（或泥炭）层较厚，稠度大，路堤较高和工期紧迫的情况（它亦是换土的一种方法，比一般方法换填深度大，工效较高，泥沼也可采用）。

其基本原理是利用炸药爆炸时的张力作用，把淤泥或泥炭抛出，然后回填以强度较高的渗水性土，如图 2－8－3 所示。

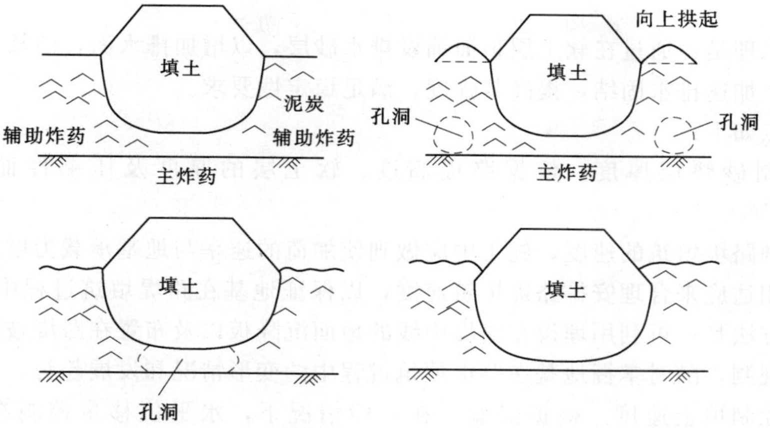

图 2－8－3 爆破排淤法

施工要点如下：

(1) 对稠度较大的软土或泥沼，先在原地面上填筑低于极限高度的路堤，再在基底下爆破，但这种先填后爆要严格控制炸药，做到既能炸开淤泥或泥炭，又不致破坏已填路堤。

(2) 对稠度较小，回淤较慢的软土，可用先爆后填法，但要先准备足够的回填材料，于爆破后立即回填，保证随爆随填，填满再爆，爆后即填，以免回淤，造成浪费。

四、反压护道法

反压护道法适用于非耕作区和取土不困难的地区。因本法占地多，用土量大，路堤高度不大于 5/3～2 倍极限高度，主要用于处理软土（对泥沼有时也可采用）。

其原理是：通过在路堤两侧填筑一定宽度和高度的护道，使路堤下的淤泥或泥炭向两侧隆起的趋势得到平衡，从而保证路堤稳定。

施工要点如下：

(1) 采用单级形式。

(2) 护道高度应控制为路堤高度的 1/2～1/3；宽度采用圆弧法进行稳定性验算决定。

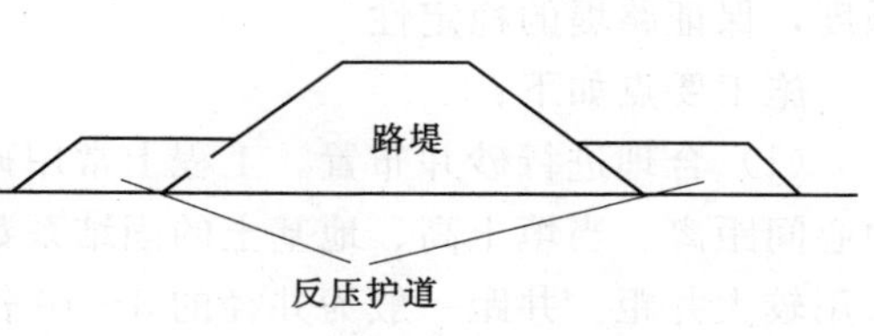

图 2－8－4 反压护道典型横断面图式

(3) 两侧反压护道应与路堤同时填筑。

(4) 当软土层或泥沼层较薄，且其下卧硬层具右明显的横向坡度时，应采用两侧不同宽的反压护道，横坡下方的护道应较上方护道宽一些。

反压护道典型断面图式如图 2－8－4 所示。

五、砂垫层法

砂垫层法适用于路堤高度小于两倍极限高度，软土表面无透水性的硬壳；软土层不很厚，或虽稍厚，但具备双面排水条件；当地有砂，运距不太远；施工期限不甚紧迫等情况。

其基本原理是：通过在软土层顶面铺设排水砂层，以增加排水面，使软土地基在填土荷载的作用下加速排水固结，提高其强度，满足稳定性要求。

施工要点如下：

(1) 控制砂垫层厚度，依据路堤高度、软土层的厚度及压缩性而定，一般为0.6～1.0m。

(2) 控制路堤填筑的速度。施工中应做到使加荷的速率与地基承载力增加（即排水固结）的速率相适应来合理安排路堤填筑速度，以保证地基在路堤填筑过程中不发生破坏。其具体控制方法是：可利用埋设在路堤中线的地面沉降板以及布置在路堤坡脚外的位移边桩进行施工观测，随时掌握地基在路堤填筑过程中的变形情况和发展趋势，借以判断地基是否稳定，控制填土速度。根据经验，在一般情况下，水平位移量控制在每天不超过1.0cm，垂直位移量每天不超过1.5cm时，地基便可保持稳定。

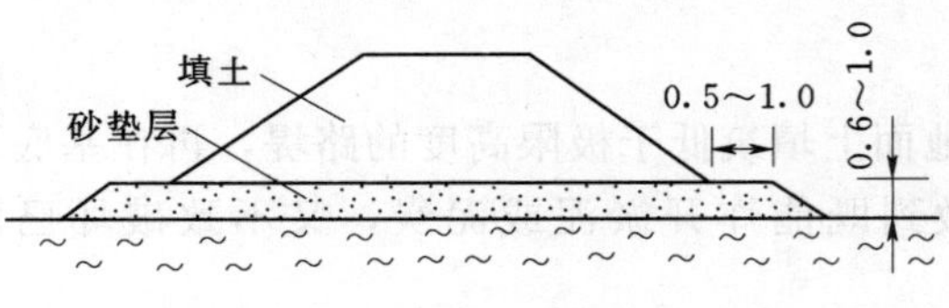

图2-8-5 砂垫层断面图式（单位：m）

(3) 控制材料，砂垫层材料宜采用中砂及粗砂，严格控制不许掺有细砂及粉砂，含泥量不得过多。

砂垫层断面图式如图2-8-5所示。

六、砂井排水法

砂井排水法适用于软土层较厚、路堤较高的情况，特别是当天然土层的水平排水性能较垂直向为大，或软层中有薄层粉细砂夹层时，采用砂井的效果更好。一般软土均可采用此法，但泥炭类土、有机质黏土和高塑性黏土等，则不宜采用。

其基本原理是：通过在软土地基中钻成一定孔径的孔眼，灌以粗砂或中砂，并在砂井顶部与砂沟或砂垫层连通，构成排水系统，利用上部荷载的作用，加速排水固结，以提高强度，保证路堤的稳定性。

施工要点如下：

(1) 合理进行砂井布置。工程上常用砂井直径为20～30cm，砂井间距为两相邻砂井中心间距离。当填土高、地基土的固结系数小和施工期短时，应采用较小井距，反之，可采用较大井距。井距一般为井径的8～10倍，常用2～4m。砂井在平面上可布置成三角形（梅花形）或正方形，以三角形排列较紧凑、有效。其布置图式如图2-8-6所示。

(2) 采用最佳的砂井深度。砂井深度视软土层的情况和路堤高度而定。当软土层较薄，或者底层为透水层时，砂井应贯穿整个软层。当软土层厚度很大时，不一定要打穿整个受压层。一般可先选定某一砂井深度、砂井的直径和间距，通过沉降和固结计算，得到最佳组合。当用以控制路堤的稳定性时，砂井的深度以超过最危险滑动面的深度为好。

(3) 砂垫层和砂沟的布置。为了把砂井中的水分排到路堤坡脚之外，在路堤底部应铺设砂垫层。若缺乏砂砾时，亦可采用砂沟式垫层。即横向每排砂井顶部设置砂沟一条，再在纵向以数条砂沟连贯，纵向砂沟采用中间密、两旁疏的布置方法。砂沟的宽度可为砂井

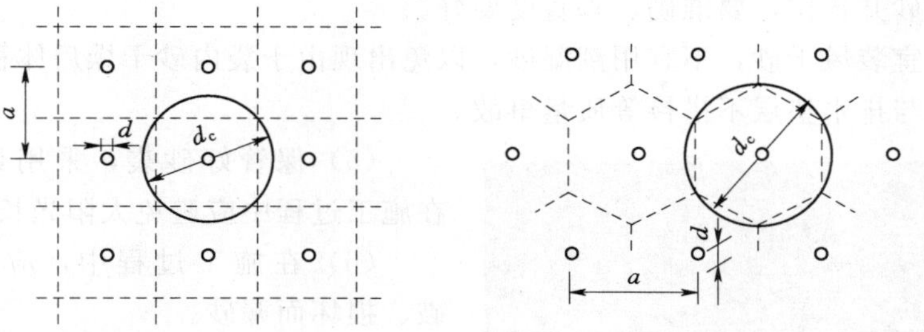

图 2-8-6　砂井平面布置图

直径的两倍，高度为 0.4～0.5m。

其相关布置图式如图 2-8-7。

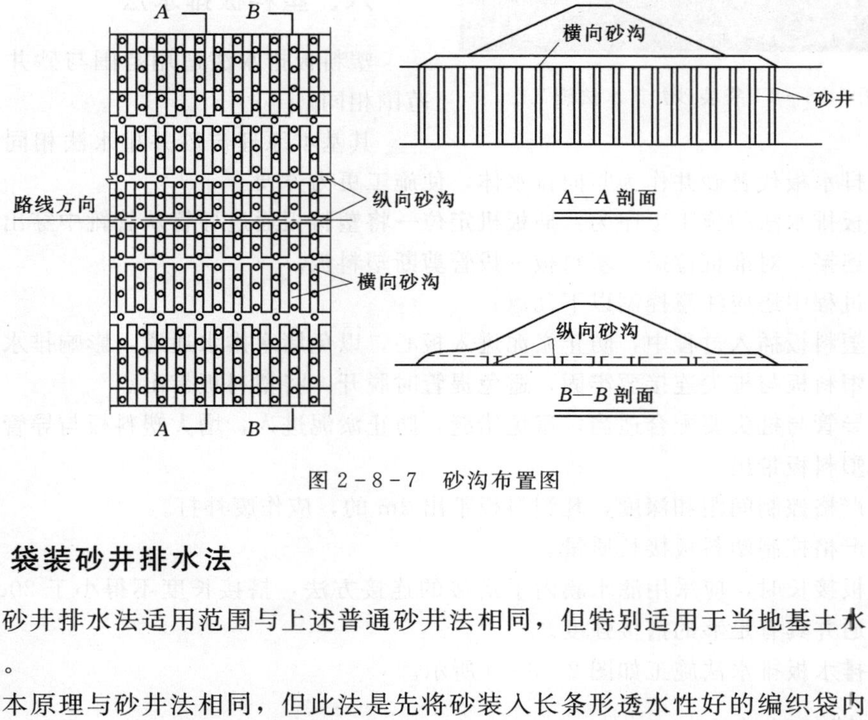

图 2-8-7　砂沟布置图

七、袋装砂井排水法

袋装砂井排水法适用范围与上述普通砂井法相同，但特别适用于当地基土水平位移较大的情况。

其基本原理与砂井法相同，但此法是先将砂装入长条形透水性好的编织袋内，再用专门的机具设备打入软土地基内，因而它既具有大直径砂井的作用，又可保证砂井的连续性，避免缩颈的现象。其直径小、料少造价低、施工速度快、设备轻，更适用在软弱土地基上施工。

施工要点如下：

(1) 袋装砂井直径一般采用 7～12cm，井距 1～2m，相当于井径比 15～30。

(2) 认真选择材料。编织袋应具有良好的透水性和足够的抗拉强度，能承受袋内砂的自重以及弯曲时所产生的拉力；要有一定的抗老化性能和耐腐蚀性，要便于加工，价格便宜，一般采用合成纤维、黄麻、塑料等材料编织物。目前多用聚丙烯编织物；砂料含泥量要求小于 3%。

（3）控制砂井定位，要准确、垂直度要好。

（4）袋中宜装风干砂，不宜用潮湿砂，以免出现由于袋内砂干燥后体积减小，造成袋内砂柱缩短而与排水垫层不搭接等质量事故。

图 2-8-8 袋装砂井排水法施工

（5）保管好砂袋，采用聚丙烯编织袋，在施工过程中应避免太阳光长时间暴晒。

（6）在施工过程中，应避免砂袋被挂破、损坏而漏砂。

（7）确保袋装砂井与排水垫层之间的连接。

袋装砂井排水法施工如图 2-8-8 所示。

八、塑料板排水法

塑料板排水法适用范围与砂井法的适用范围相同。

其基本原理与砂井排水法相同，只不过用塑料板排水板代替砂井作为竖向排水体，使施工更为方便。

塑料板排水法的施工工序为：插板机定位→将塑料板通过导管从管靴中穿出→将塑料板与桩尖连接，对准桩位插入塑料板→拔管剪断塑料板。

施工过程中还应注意控制以下几点：

（1）塑料板插入过程中，防止淤泥进入板心，以免堵塞排水通道，影响排水效果。

（2）塑料板与桩尖连接要牢固，避免提管时脱开，将塑料板带出。

（3）导管与桩尖要配合适当，避免错缝，防止淤泥进入，增大塑料板与导管壁的摩擦力，造成塑料板带出。

（4）严格控制间距和深度，凡塑料板带出 2m 的，应作废补打。

（5）严格控制塑料板接长质量。

塑料板接长时，应采用滤水膜内平搭接的连接方法，搭接长度不得小于 20cm，以保证输水畅通并具有足够的搭接强度。

塑料排水板排水法施工如图 2-8-9 所示。

九、搅拌桩法

搅拌桩法适宜于含砂量较大的软土或含砂量较低的软土。

搅拌桩又称粉喷桩、粉体深层搅拌桩。搅拌桩法是在钻进时利用压缩空气喷射生石灰或水泥干粉，与软土强制搅拌，使粉料与软土产生物理、化学作用，以达到提高地基承载力、减小沉降的目的。

水泥适于含砂量较大的软土，石灰适于含砂量较低的软土。采用石灰时，掺入比例以 12%～15%为佳。

为保证粉喷桩的施工质量，需严格控制水泥用量、施工桩长、施工工艺和施工速度，通常应采用“一喷三搅”施工工艺，即对准桩位、钻头下沉预搅拌→达到设计桩底标高后

图 2-8-9 塑料排水板排水法施工

慢挡喷粉边提升边喷粉边搅拌至设计桩顶停止喷粉→重复搅拌钻进至设计深度→重复搅拌提升至桩顶→移位至下根桩位。其施工程序如图 2-8-10 所示，施工实例如图 2-8-11 所示。

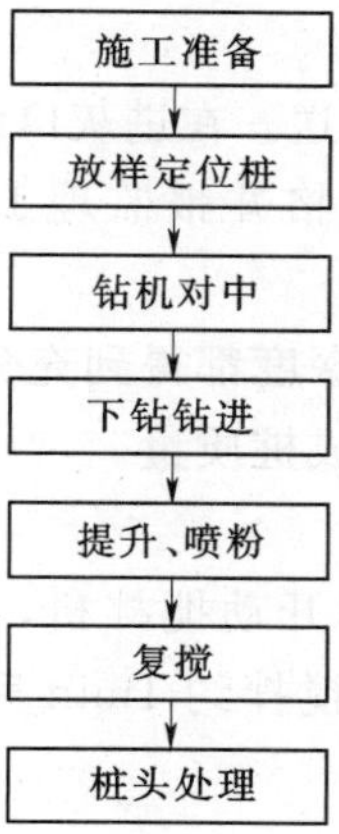

图 2-8-10 粉喷桩施工工艺流程

图 2-8-11 粉喷桩施工

1. 钻机对中

对每排桩横向按顺序编号，钻机施钻，不得遗漏，配套检查进场钻机、空压机和喷灰系统，对水泥电子秤和深度标尺及空压机压力表进行标定，合格后方能使用。移动钻机，使钻头正对准桩中心，偏差不得大于 5mm。为便于施工，桩中心由孔边所设的控制桩交叉拉线确定，用水平尺检查钻机底座水平；用垂线校正钻架的垂直度，使其偏差在 1.5%以内。施工中操作人员必须根据底座上的水平尺来调节底座水平。现场技术员对钻头直径进行检查，并认真填写检查记录。现场施工人员须明确桩位编号及所对应的桩长，并做好记录。

2. 下钻钻进

启动搅拌钻机，钻头正向旋转，实施钻进作业。为了不致堵塞钻头上的喷射口，粉喷桩在钻进过程中可不喷水泥，只喷射压缩空气，即保证顺利钻进又减小负载扭矩。下沉钻头钻进时，控制钻进速度，须根据土质软硬，选择挡位。钻至接近设计深度时，应低速旋转，且钻机应原位转动1～2min。为保持钻杆中间送风通道的干燥，从预搅下沉开始直至喷粉为止，应在钻杆内连续送压缩空气，钻至设计标高后停钻。

3. 提升、喷粉

各钻机依据下沉工作时单位时间喷粉量，按照每延米喷入水泥的要求确定搅拌机的提升速度，并须经现场技术负责人及监理工程师签字认可，将电子秤显示屏置零，钻机原位反向旋转，启动水泥发送装置等水泥料送出到达喷口时开始提升（等待时间一般为30s左右）。钻头提升至设计标高加20cm后，关闭水泥发送装置，用压缩空气吹尽输送管道内的余灰。钻机原位旋转，以待搅拌。

在提升、粉喷过程中，必须严格按照以下要求作业，以确保粉喷桩桩体强度和均匀性。

（1）施工时应有专人负责成桩记录，详细记录每根桩位置、编号、喷粉深度、停灰面标高、钻进速度和提升速度及喷粉量。原始记录应详细、完善，发现问题及时纠正或采取补救措施。

（2）发送水泥时不允许发生断灰现象，并派专人组织运送。在进灰口设置网筛，以防水泥硬块堵塞输灰管道。水泥使用前，须抽样检查，试验合格并报监理工程师批准后方能使用。

（3）严格控制喷灰量和提升速度，以保证桩体内每一深度都得到充分拌和。

（4）施工中检查钻架的垂直度和平台的平整度，确保成桩质量。

4. 复搅

根据设计要求，所有的粉喷桩均进行全程复搅。正向开动搅拌机，钻头下沉到桩底后，搅拌机反向旋转，按喷粉要求的速度提升钻头。桩顶搅拌约1min后停止搅拌，缓慢地将钻头提出地面。

5. 桩头处理

钻机移走后，为促进桩体凝固，提高强度，在桩位处洒水养生，不能扰动桩周围土。当桩位施工完成至少14d后，方可进行路基的原地面清理和填前的压实工作。

十、塑料板排水预压固结法

排水预压加固地基方法的原理是在软基表面施加等于或大于设计使用荷载，经施工期的预压后，软基完成大部分（如80%）或绝大部分（如90%～95%）的沉降，预压完成后卸去预压荷载，地基有些回弹，交付使用后，地基承受使用荷载再次沉降，但沉降的量很小（仅为卸载时的回弹量加剩余沉降量，使用上已无影响），达到减少地基完工后的沉降和提高地基承载力的目的。

塑料板排水固结法的施工要点如下：

（1）掌握施工工艺流程，即清理整平场地→铺筑排水砂垫层→插设塑料排水板→加载预压→卸载。

（2）施工用插板机应性能良好，保持正常运行。

（3）严格控制插板施工质量。

（4）控制加载预压施工的要点。

加载预压的过程是地基排水固结、地基强度增长的过程。预压的方法有堆载预压及真空预压两种。

1）堆载预压。

a. 堆载应分级施加，每级荷载量应与地基强度相应。

b. 荷载施加要按设计曲线进行，加载时要视加固面积大小分区有序地进行。

c. 要控制加载速度。

d. 整个预压处理地基期间，要加强监测，防止施工过程中发生地基失稳。对于一般工程，施工中需要观测地表沉降、地表水平位移；对于重点工程，还要观测地基分层沉降和水平位移沿地层深度的变化，观测地基加固前后十字板强度和静力触探的变化。

e. 对于大中型或地基条件复杂的工程，要设典型实验区先期施工，为大面积施工提供必要的参数。

f. 一般当每天地基的沉降量小于 0.02mm 时，即可卸载停止预压。

2）真空预压。

a. 可一次加到设计荷载，不用分级加载。

b. 要保持真空系统压力长期稳定在 80～85kPa 以上，必须保持抽真空系统的密封性，射流泵泵体真空度应能维持在 90～95kPa 以上，密封膜、管路出膜器、膜外管路及四周密封沟的密封性要好，如地基土层中有与外界相连通的砂层或砂透镜体时，要采取阻隔措施（图 2-8-12）。

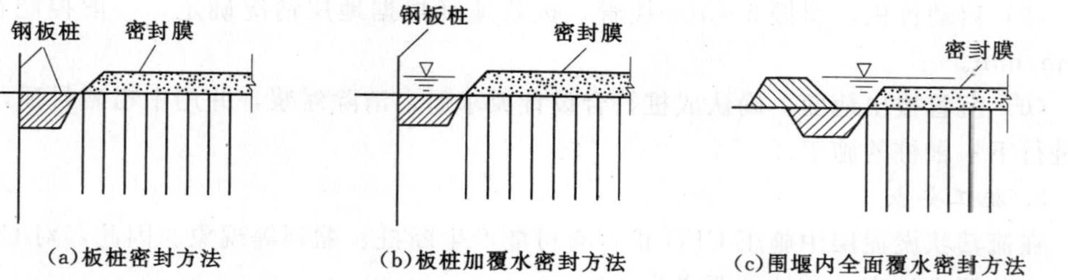

图 2-8-12　膜周边密封辅助措施

c. 当采用真空预压与堆载联合预压法时，应先进行真空预压，待地基土体达一定强度后，再在膜上堆载进行联合预压。

d. 施工时应加强监控，除进行与截载预压相同的监测工作外，还要检测膜内外、管路泵体等相应部位的真空度。

十一、水泥粉煤灰碎石桩（CFG 桩）

水泥粉煤灰碎石桩是由水泥、粉煤灰、碎石、石屑或砂加水拌和，用各种成桩机械在地基中制成的强度等级为 C8～C25 的高黏结强度的桩，简称为 CFG 桩（Cement Fly-ash

Gravel）。该种处理方法是通过在碎石桩体中添加以水泥为主的胶结材料，添加粉煤灰增加混合料的和易性，同时还添加适量的石屑以改善级配，使桩体获得胶结强度，从散体材料桩转化为具有高黏结强度桩，和桩间土、褥垫层一起形成复合地基。

CFG 桩一般根据工程地质条件、地下水位等，采用锤击、振动冲击沉管灌注桩及干（湿）作业成孔灌注桩，就地灌注桩施工工艺、施工设备进行施工，CFG 桩拌和料具有良好和易性、流动性及容易灌注等特点，因而施工速度快、工期短、质量容易控制、工程造价低廉。

1. CFG 桩的作用机理

CFG 桩加固软弱地基，桩和桩间土一起通过褥垫层形成复合地基，如图 2－8－13 所示。其加固软弱地基主要有四种作用：桩体作用、褥垫层作用、排水加速固结作用和挤密作用。

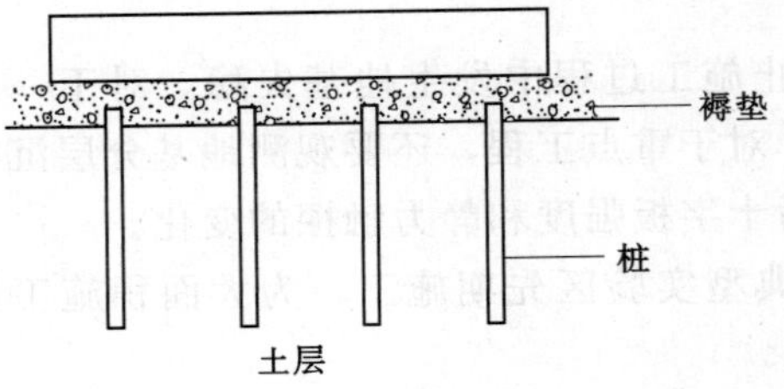

图 2－8－13　CFG 桩复合地基示意图

2. CFG 桩的施工

由于振动沉管机施工效率高，造价较低。目前，国内较多采用振动沉管灌注成桩。其施工工艺为：

（1）桩机就位，调整沉管与地面垂直，确保垂直度偏差不大于 1%。

（2）启动桩机，沉管到预定标高，停机。

（3）在沉管的同时进行混凝土的生产，沉管后进入流塑层前向管内投料。

（4）沉管进入持力层 2～3m 后停机，收锤标准是最后 2min 贯入量不大于 2cm，并继续向管内投料，直到混合料与进料口齐平。

（5）启动桩机，留振 5～10s 拔管，拔管速度根据地层情况确定，一般控制在 1.2～1.5m/min。

（6）沉管拔出地面，确认成桩符合设计要求后，清除浮浆，并用中粗砂封顶，然后移机进行下一根桩的施工。

3. 施工要点

在流塑状淤泥层中施工 CFG 桩，有可能产生断桩、缩颈等现象。因此，对 CFG 桩的施工工艺要求较高。其施工要点为：

（1）搅拌时间不少于 90s，混凝土的坍落度控制在 3～8cm。

（2）沉管与地面的垂直度偏差不大于 1%。

（3）进入流塑状淤泥层前，及时向管内投料，使管内有一定压力，防止流塑状淤泥由管底活瓣口的缝隙进入管内而影响成桩的长度和质量。

（4）沉管时，随时留意电流表的变化，判断地层变化情况和淤泥层厚度，用以控制拔管速度。

（5）拔管前，混凝土填料应与进料口齐平，施工中应常检查管内混凝土的高度，并及时向管内补料，确保管内混凝土高出地面一定高度。

（6）应留振 5～10s 后开始拔管，拔管速度严格控制在设计范围内，连续不间断拔管，当沉管拔至离地表 2m 时留振时间增加至 10s，以确保桩头质量。

（7）成桩符合设计要求后，在终凝前及时清除孔内的淤泥和浮浆，并用中粗砂封顶。

（8）采用隔桩跳打方式施工，两次打设的间隔时间不少于 7d，减小第二次打设对已成桩的扰动。

十二、强夯法

强夯法于 1969 年起源于法国，在国际上称动力固结法或动力压实法。这种方法是反复将很重的锤提高到一定高度使其自由落下给地基土以冲击和振动进行强力夯实，从而提高地基土的强度并降低其压缩性，改善地基土性能。由于强夯法处理地基土设备简单、方法直观、适用范围广泛，而且加固速度快、效果好、投资省，是当前较经济简便的地基土加固方法之一。

强夯置换法是针对强夯法的局限性，采用往夯坑内回填块石、碎石等粗骨料，用置换锤夯击形成强夯碎石置换墩，在淤泥或淤泥质土、软塑至流塑的黏性土地基土中形成排水通道，解决饱和地基土中超孔隙水的消散问题。经过大量的工程实践，强夯置换法与强夯法相结合的方法得到越来越多的应用。

强夯施工如图 2-8-14 所示。

图 2-8-14 强夯法施工

强夯锤质量可取 10～40t，其底面形式宜采用圆形或多边形，锤底面积宜按土的性质确定，锤底静接地压力值可取 25～40kPa，对于细颗粒土锤底静接地压力宜取较小值。锤的底面宜对称设置若干个与其顶面贯通的排气孔，孔径可取 250～300mm。强夯置换锤底静接地压力值可取 100～200kPa。

施工机械宜采用带有自动脱钩装置的履带式起重机或其他专用设备。采用履带式起重机时，可在臂杆端部设置辅助门架，或采取其他安全措施，防止落锤时机架倾覆。

当场地表土软弱或地下水位较高，夯坑底积水影响施工时，宜采用人工降低地下水位或铺填一定厚度的松散性材料，使地下水位低于坑底面以下 2m。坑内或场地积水应及时排除。当强夯施工所产生的振动对邻近建筑物或设备会产生有害的影响时，应设置监测点，并采取隔振或防振措施。

1. 强夯施工的步骤

强夯施工可按下列步骤进行：

（1）平整场地。用推土机将草皮推除约30cm，将场地平整。

（2）回填垫层。在平整后的地基上回填片石，用推土机将回填土推平，来回碾压，以利于夯击作业。

（3）确定夯击点位置。根据设计制定的夯点布置图由测量人员在施工现场测量放样，每个夯点用石灰做好标记，布点必须准确，其偏差不得大于5cm，并测量场地高程。

（4）起重机就位，夯锤置于夯点位置，然后测量夯前锤顶高程。

（5）将夯锤起吊到预定高度，开启脱钩装置，待夯锤脱钩自由下落后，放下吊钩，测量锤顶高程，若发现因坑底倾斜而造成夯锤歪斜时，应及时将坑底整平。

（6）重复步骤（5），按设计规定的夯击次数及控制标准，完成一个夯点的夯击。

（7）换夯点，重复步骤（3）～（6），完成第一遍全部夯点的夯击。

（8）用推土机将夯坑填平，并测量场地高程。

（9）在规定的间隔时间后，按上述步骤逐次完成全部夯击遍数，最后用低能量满夯，将场地表层松土夯实，并测量夯后场地高程。

2. 强夯置换法的施工步骤

强夯置换法的施工与强夯法基本类似，可按下列步骤进行：

（1）清理并平整施工场地，当表土松软时可铺设一层厚度为1.0～2.0m的砂石施工垫层。

（2）标出夯点位置，并测量场地高程。

（3）起重机就位，夯锤置于夯点位置，并测量夯前锤顶高程。

（4）夯击并逐击记录夯坑深度。当夯坑过深而发生起锤困难时停夯，向坑内填料直至与坑顶平，记录填料数量，如此重复直至满足规定的夯击次数及控制标准完成一个墩体的夯击。当夯点周围软土挤出影响施工时，可随时清理并在夯点周围铺垫碎石，继续施工。

（5）按由内而外，隔行跳打原则完成全部夯点的施工。

（6）推平场地，用低能量满夯，将场地表层松土夯实，并测量夯后场地高程。

（7）铺设垫层，并分层碾压密实。

十三、加筋法

土的加筋是指在人工填土的路堤中铺设加筋材料，形成可以承受抗压、抗拉、抗剪、抗弯的复合土体，以提高地基的承载力、减小沉降，增加稳定性。这种复合地基是由筋体和土共同组成的，在荷载的作用下，通过土体与筋体间的摩擦作用，使土体中的拉应力传递到筋体上，筋体承受拉力，从而增加对土的横向变形的约束；筋间土承受压应力及剪应力，使土体与筋体都能较好地发挥各自的作用。

加筋土体中，起加筋作用的材料类型比较多。从材料的性质来分，有金属材料和合成材料；从材料的形状来分，有棒状、条状、网状、格栅状等；从材料允许的变形来分，有刚性材料和柔性材料，刚性材料如金属和一些弹性模量较大的合成材料，柔性材料如土工织物、土工格栅等。

路堤基底铺设土工织物（图 2-8-15）锚固端构造如图 2-8-16 所示。土工布端部要折铺一段锚固。铺设两层以上土工织物时，中间要夹 0.1～0.2m 砂垫层。

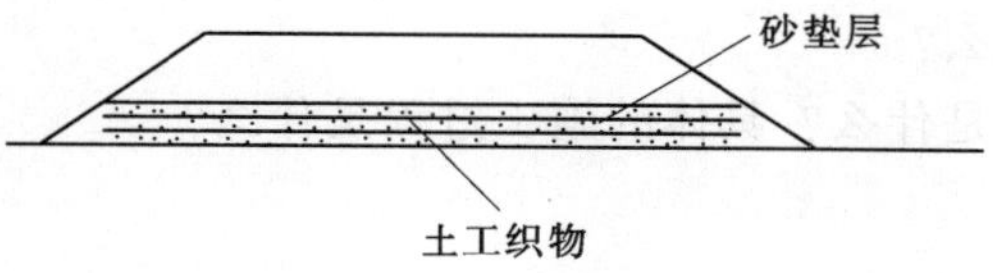

图 2-8-15　土工织物加固

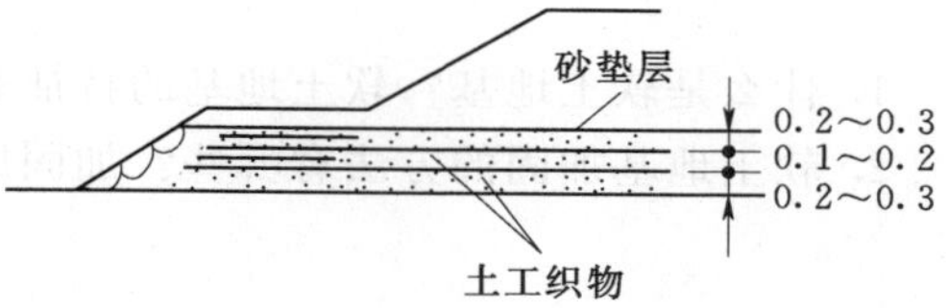

图 2-8-16　土工织物锚固端构造（尺寸单位：m）

用土工格栅加筋的路堤，其路堤填料应满足《公路路基设计规范》（JTJ 013）的要求，注意选择易于压实、能与土工格栅产生良好摩擦的土质。

土工合成材料的连接有绑扎、缝合、黏合等方法，一般对土工格栅及土工网采用绑扎方法，而对土工织物多采用缝合法和黏合法。根据一些工程经验，当采用绑扎法时，一般每隔 10～15cm 应有一绑扎节点，且为使搭接处的强度满足要求，搭接长度一般不小于 10cm，在受力方向搭接至少应有两个绑扎节点。当采用缝合法进行连接时，一般采用工业用缝纫机，缝接长度在 20cm 左右。黏合法很难保证连接质量，因此在工程中最好少采用。

目前国产土工合成材料纵、横两个方向的强度并不一致，一般纵向强度较高。作为路堤，其边坡坍滑多表现为侧向移动，此时将强度高的方向置于垂直于路堤轴线方向更有利于发挥其强度高的优势。

土工合成材料不宜直接设置于原地基表面上，宜在原地表设置 30～50cm 砂垫层或其他透水性较好的均质土后，再铺设土工格栅，如图 2-8-17 所示；需设置多层土工格栅加筋的路堤，各层之间的间距不宜小于一层填土最小压实厚度，且不宜大于 60cm，土工格栅的最小铺设长度不宜小于 2m。铺设不允许有褶皱，应用人工拉紧，必要时可采用插钉等措施固定，铺设表面应平整，表面严禁有碎块石等坚硬突出物。土工合成材料摊铺好后应立即用土料填盖。目前大部分土工合成材料由合成化工原料制成，这种材料受阳光等紫外线照射易于老化，为此规定铺好后的土工合成材料两天内应覆盖；当然如无紫外线照射，则可适当延迟覆盖时间。

图 2-8-17　土工格栅施工

复习思考题

1. 什么是软土地基？软土地基的特征是什么？
2. 软土地基加固的方法有哪些？加固原理是什么？具体的施工过程是什么？

第三篇　路　面　施　工

第一章　概　述

一、路面的特点及要求

公路路面是直接承受汽车碾压的行车地带，是用各种坚硬材料铺筑于路基顶面的单层或多层结构层。它不仅对路基起着加强和保护的作用，还要直接承受汽车车轮的垂直压力、水平力和振动力，承受水、阳光、气温等自然因素的影响，同时车辆荷载的多次重复作用，还会使路面材料出现疲劳现象。

为了保证公路畅通，提高行车速度，增强安全性和舒适性，降低运输成本，延长公路使用年限，路面必须满足下列基本要求。

1. *具有足够强度和刚度*

汽车在路面上行驶时，路面受到各种外力的综合作用，路面结构内就产生不同的压应力、拉应力和剪应力，如果路面结构整体或某一部分的强度不足，不能抵抗这些应力的作用，路面就会出现断裂、沉陷（伴随两侧隆起）、碎裂、波浪和磨损等破坏现象，从而影响正常行车，给汽车运输造成严重影响，因而，要求路面结构及其各组成部分必须具备足够的强度，以抵抗行车作用下所产生的各种应力，避免路面破坏。

刚度就是指路面抵抗变形的能力。强度和刚度是两个不同的力学特性，二者既有联系，又有不同，强度大的路面，其刚度也较大，但同样强度的路面，其刚度也可能不同。路面结构整体或其一组成部分有时虽然强度足够，但其刚度不足时，在行车荷载作用下，也会使路面产生变形，如波浪、车辙及沉陷等破坏现象。

2. *具有足够的稳定性*

路面结构袒露在大气之中，不仅承受行车荷载作用，还经常受到水分和温度的影响，有的路面材料又较敏感，其性能也随之发生不同的变化。路面的强度和刚度就不稳定，路况也就时好时坏。

3. *具有足够的平整度*

路面平整度对行车影响很大。路面平整度差时，行车颠簸，行车阻力和振动冲击力从而导致行车的速度、安全性和舒适性迅速降低，机件损坏和轮胎磨损严重，油耗增加，同时不平整的路面也会积水，加速路面的损坏，所有这些都使路面使用的经济效益降低。因此越是高等级的路面，对平整度的要求也越高。

4. 具有足够的抗滑性

光滑的路面使车轮与路面之间缺乏足够的附着力和摩阻力。在雨天高速行车、转弯和紧急制动时容易打滑，爬坡和突然启动时容易空转，致使行车速度降低，也容易发生交通事故特别是在雨雪天。因此，路面表面应具有足够的抗滑性能，以保证行车安全和运输的经济效益。

5. 具有足够的耐久性

路面结构要长期承受行车荷载和冷热、干湿等气候因素的多次重复作用，因而会逐渐出现疲劳破坏和塑性变形累积，路面材料也可能会由于老化衰变而导致破坏。因而，到一定使用年限后，路面就会出现各种病害，进而影响路面的使用性能。如果路面的耐久性不足，就会缩短使用时间，增加养护工作量和费用，而且会干扰正常的交通运输。

6. 具有环保性

汽车在砂石路面行驶引起的灰尘以及在各类路面上行驶时产生的噪声，对旅客、沿线居民、农作物以及汽车本身带来不利的影响。因此，要求路面在行车过程中尽量减少扬尘和噪声。

二、行车及自然因素对路面的影响

（一）行车荷载对路面的影响

汽车是路面的服务对象，也是使路面遭受破坏的最直接的因素。车辆对路面的破坏作用，与车辆荷载的大小和它的作用次数有关。

汽车的运动状态可分为停驻状态和行驶状态。当汽车处于停驻状态时，对路面的作用力为垂直压力（重力）P。当汽车处于行驶状态（包括起动、匀速行驶、加速、减速、制动和转弯等）时，除了对路面有垂直压力外，还有水平力Q作用，并伴有振动力和冲击力作用。垂直压力数值相对比较大，影响范围深（一般可达到路基内50～80cm），是路面厚度计算的基本依据；而水平力数值相对比较小，只有在紧急制动时才有较大数值，据测定，汽车在正常行驶时，Q约为（0.2～0.3）P。当制动和启动时，Q约为（0.75～0.8）P，只作用在面层较小深度范围内（约为10～20cm），对面层以下各层几乎没有影响。

因此，为防止水平力作用在面层产生推挤、壅包、波浪等破坏现象，面层材料必须有足够的抗剪强度。

（二）自然因素对路面的影响

1. 湿度变化对路面的影响

湿度状况的变化是影响路面结构强度、刚度和稳定性的重要因素之一。路面结构中的水主要有三个来源：一是土基中的毛细水；二是边沟渗水；三是路面渗水。土基中的毛细水源于地下水，边沟和路面渗水来自于降雨和地面径流。

路面材料可根据对水的敏感性，分为水稳性材料和非水稳性材料。所谓水稳性材料，就是在水的影响下，力学强度不显著降低的材料；非水稳性材料，则是在水的影响下，力学强度显著降低的材料。

2. 气温变化对路面的影响

温度同样是影响路面结构强度的重要因素。同一路面，在炎热的夏季和严寒的冬天可能有不同的使用品质。就是在一天之内，路面的工作状态也会有差异，因此应考虑气温对路面的影响。例如，沥青路面在夏季高温季节可能会软化，因而在车轮荷载作用下会出现车辙和推挤，而在冬季低温时又可能出现收缩、变脆而开裂。水泥混凝土路面在高温时，可能发生拱胀，低温时可能出现收缩裂缝，温度急骤变化时也可能出现翘曲而破坏。气温对用无机结合料加固的路面结构的初期成型也有很大的影响，在成型期间如气温高，可以获得较高的强度，如果在成型期间气温过低，致使成型期延长。

3. 其他因素对路面的影响

阳光、温度、大气中的氧共同作用，可以改变沥青的组成成分，使之老化，相应会缩短沥青的寿命。

温度与水共同作用，会导致路面的冻胀与翻浆。

在干燥地区或季节，因空气干燥而促使路面结构层中的水分蒸发，对一些用黏土作结合料的中、低级路面有很大影响，会使之因失水而丧失稳定性，导致结构层发生松散。

三、路面的分级与分类

（一）路面等级

路面的技术等级主要是按面层的使用品质和材料组成等划分的。目前，我国的路面分为四个等级。

1. 高级路面

高级路面包括由沥青混凝土、水泥混凝土、热拌沥青碎石和整齐块石或条石等面层所组成的路面，一般适用于交通量大、行车速度高的公路。这类路面的特点是：结构强度高，稳定性好，路面使用寿命长，平整无尘，能保证高速行车，养护费用少，运输成本低，但基建投资大，工艺要求高，需要质量高的材料来修筑。

2. 次高级路面

次高级路面包括由沥青贯入式、冷拌沥青碎（砾）石、沥青表面处治和半整齐块石或条石等面层组的路面，一般适用于交通量较大、行车速度较高的公路。与高级路面相比，使用品质稍差，使年限稍短，造价也较低，但养护费用较高。

3. 中级路面

中级路面包括水结碎石、泥结碎石、级配碎（砾）石、不整齐块石等作面层的路面，一般适用于中交通的公路。主要特点是强度低，使用期限短，平整度差，易扬尘，只能适应较小的交通量，行车速也低，且维修工作量大，运输成本也较高。

4. 低级路面

低级路面包括由各种粒料或当地材料如炉渣土、砂砾土等改善土所筑成的路面。主要特点是强度低，水定性和平整度均差，在大雨天不能通车，能适用的交通量最小，养护工作量大，运输成本高，价也很低。

各等级路面面层类型及适用的公路等级见表 3－1－1。

表 3-1-1　　各等级路面面层类型及适用的公路等级

路面等级	面层类型	所适用的公路等级
高级	水泥混凝土、沥青混凝土、热拌沥青碎石和整齐块石或条石	高速、一级、二级
次高级	沥青贯入式、冷拌沥青碎（砾）石、沥青表面处治和半整齐块石或条石	二级、三级
中级	水结碎石、泥结碎石、级配碎（砾）石、不整齐块石、其他粒料	三级、四级
低级	各种粒料或当地材料改善土，如炉渣土、砾石土、砂砾土等	四级

（二）路面分类

1. 按路面的力学性质分类

（1）柔性路面。柔性路面是指刚度较小，抗弯拉强度较低，主要靠抗压、抗剪强度来承受车辆荷载作用的路面，它主要包括用各种基层（水泥混凝土除外）和各类沥青面层、碎（砾）石面层、块石面层所组成的路面结构。柔性路面的特点是刚度小，在荷载作用下产生的弯沉变形较大，车轮荷载通过各结构层向下传递到土基的压应力较大，因而对土基的强度和稳定性要求较高。目前我国公路路面中绝大多数均属柔性路面。

（2）刚性路面。主要是指水泥混凝土作面层或基层的路面结构。刚性路面与柔性路面的主要区别在于路面的破坏状态和分布到路基上的荷载状态有所不同。刚性路面的特点是刚度与强度很高，弹性模量也大，结构呈板体性，分布到土基的荷载面较宽，传递到土基的应力较小。

此外，近年来修筑的高等级公路，大多采用二灰（石灰和粉煤灰）或水泥稳定土或水泥处治砂砾基层，这些基层的特性是前期强度较低，但随着时间的推移其强度和刚度不断增大。这类基层称为半刚性基层，而含有这类基层的路面结构称为半刚性路面。

2. 按面层材料和施工方法分类

按面层材料和施工方法不同，路面可分为碎（砾）石类、结合料稳定类、沥青类、块料类和水泥混凝土类。

每一类路面中，因材料配制和施工工艺不同，又有多种多样的类型，常见的类型和适用的层位见表 3-1-2。

表 3-1-2　　常 见 路 面 类 型

路面类型	结构特点	常见形式	适 用 范 围
碎（砾）石类	用碎（砾）石按嵌挤原理或最佳级配原理铺压而成的路面结构	水结碎石	基层
		泥结碎石	基层、中级路面面层
		泥灰结碎石	基层、中级路面面层
		级配碎（砾）石	基层、中级路面面层
结合料稳定类	掺加各种结合料，使各种土、混合料或工业废渣的工程性质改善，成为具有较高强度和稳定性的材料，经铺压而成的路面结构	石灰稳定土	基层、垫层
		水泥稳定土	基层、垫层
		沥青稳定土	基层、垫层
		工业废渣粒料稳定土	基层、垫层

续表

路面类型	结构特点	常见形式	适　用　范　围
沥青类	在矿质材料中以各种方式掺入沥青材料修筑而成的路面结构	沥青表面处治	次高级路面面层等
		沥青贯入碎石	次高级路面面层、高级路面基层、连接层
		沥青碎石	高级、次高级路面面层、基层
		沥青混凝土	高级路面面层
块料类	用各种不同材料和尺寸的块状材料（天然的或人工的）铺筑而成的路面结构	条石和整齐块石	高级、次高级路面面层、基层
		半整齐块石	次高级、中高级路面面层、基层
水泥混凝土类	以水泥与水合成的水泥浆为结合料，碎（砾）石为集料，砂为填充料，经拌和、摊铺、振捣和养生而成的路面结构	水泥混凝土	高级路面面层

四、路拱

为了排除路面上的雨水，路面表面应做成中间高、两边低的拱形，称为路拱。路拱可做成直线形或抛物线形。

1. 抛物线形

抛物线形路面如图 3－1－1（a）所示。中间部分较平缓，两侧横坡较大，适于低级或中级路面宽度较窄时使用。车辆多集中在中间部分行走，为了改善行车条件，可采用改进二次抛物线或一次半抛物线。

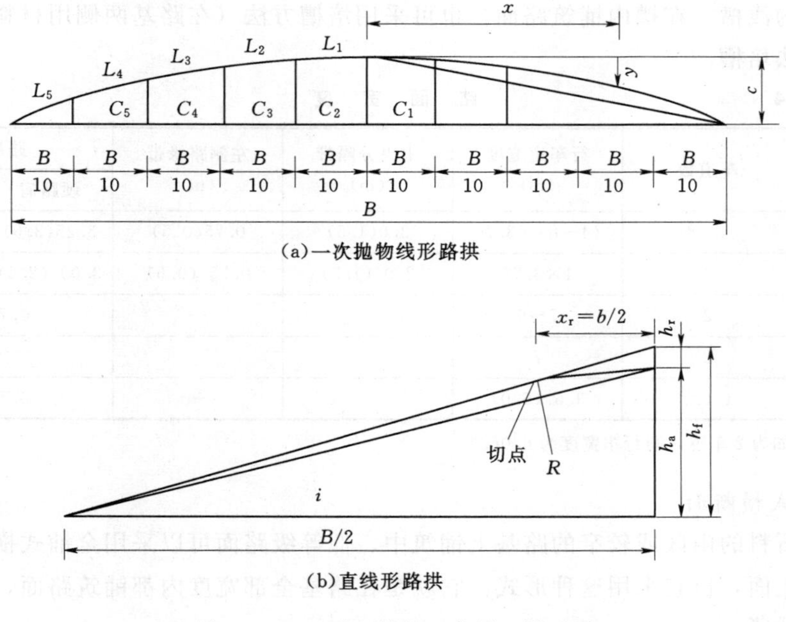

图 3－1－1　路面结构（分层）模型图

2. 直线形

直线形路面如图 3－1－1（b）所示。用两根倾斜直线连成，路面两侧边缘附近较平缓，故行车平稳，但不利于排水。高等级公路路面的宽度较大，通常在路拱两侧设倾斜直线，中间插入圆曲线，圆曲线长约为路面的1/3。

在路面上设置路拱，是为了保证路面排水，故路拱必须有一定的坡度，但又要保证行车平稳，所以路拱坡度不能太大。等级较高的路面，其平整度和水稳定性较好，透水性较好，因而可采用较小的路拱横坡度。反之，则应采用较大的路拱横坡度。路面路拱常用坡度见表 3－1－3。路肩两侧坡度一般比路拱坡度大 1%，以利排水。

表 3－1－3　　路　拱　坡　度

路面类型	沥青混凝土、水泥混凝土	其他路面	碎（砾）石路面	低级路面
路拱坡度（%）	1.0～2.0	1.5～2.5	2.5～3.5	3.0～4.0

五、路面横断面形式及特点

（一）路面的标准横断面与宽度

路面的标准结构造横断面如图 3－1－2 所示。

路面的宽度视公路等级而定，见表 3－1－4。

（二）路面横断面

路面横断面形式分为槽式和全铺式两类。

1. 槽式横断面

一般公路路面都采用槽形断面，也就是在路基上按路面设计宽度范围将路基挖成与路面厚度相同的浅槽，在槽内铺筑路面。也可采用培槽方法（在路基两侧用材料培槽）或半挖半填的方法培槽。

表 3－1－4　　路　面　宽　度

公路等级	车道数	行车道宽度（m）	中央分隔带（m）	左侧路缘带（m）	路肩（m）	
					硬路肩	土路肩
高速公路	4～8	(4～8)×3.75	3.0(1.5)	0.75(0.5)	3.25(3.0)	0.75
一级公路	4	4×3.75	2.0（1.5）	0.75（0.5）	3.00（2.5）	0.75
二级公路	2	7～9	—	—	0.75～1.5	
三级公路	2	7	—	—	0.75	
四级公路	1（2）	3.5（6.0）	—	—	0.5 或 1.5	

注　四级公路如为 2 车道，则行车宽度为 6.0m。

2. 全铺式横断面

在盛产石料的山区或较窄的路基上铺筑中、低等级路面可以采用全铺式横断面，在沙漠地区路肩上面，也宜采用这种形式。它就是在路基全部宽度内都铺筑路面，这种路面中部两边逐渐减薄。

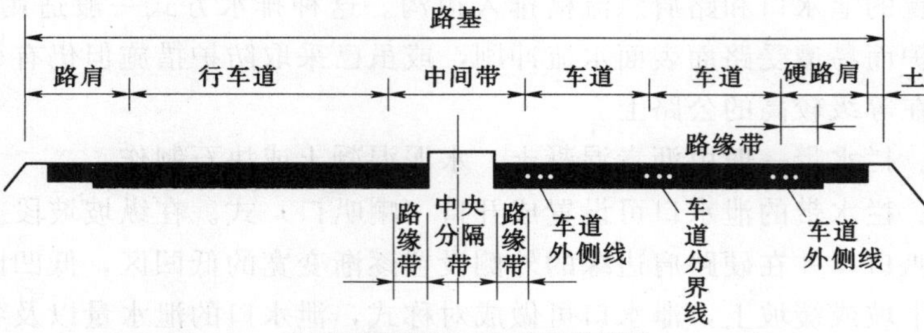

(a)高速公路和一级公路横断面

(b)二、三级公路横断面

图 3-1-2　路面的标准构造横断面

六、路面排水

二级及二级以下公路路面，一般只有路表排水，排水设施由路拱坡度、路肩横坡、拦水带淘组成。高速公路和一级公路路面排水，一般由路表排水和中央分隔带排水两部分组成。排水设施由路肩横坡、拦水带、三角形集水槽、泄水口和急流槽等组成；中央分隔带排水设施由纵向排水沟、明沟、暗沟、渗沟、雨水井、集水井和横向排水管等组成。

（一）路表排水

1. 分散漫流式路表排水

分散漫流式路表排水主要是依靠路面及路肩的横坡及时将降水排出路面。这种排水方法一般适用于路线纵坡平缓，汇水量不大，路堤较低，且边坡坡面不会受到冲刷的路段，主要用等级较低的公路上。当采用分散漫流式路表排水方式时，路面的横坡可按表 3-1-5 选用。

表 3-1-5　　不同铺面类型的路拱及路肩横坡

路面类型	路拱坡度（%）	路面类型	路拱坡度（%）
沥青混凝土水泥混凝土	1.0～2.0	碎石、砾石等粒料路面	2.5～3.5
其他沥青路面	1.5～2.5	低级路面	3.0～4.0
半整齐石块	2.0～3.0		

注　1. 路肩坡一般较路面横坡大 1%～2%，干旱地区相同。
2. 多雨或降雨强度较大的地区取高值，干旱地区或纵坡较大路段取低值。
3. 6 车道、8 车道的高速公路采用较大的路面横坡。

2. 集中截流式路表排水

集中截流式路表排水是在硬路肩外侧边缘设置拦水带，将路面水拦在硬路肩范围内，通过一定距离设置的泄水口和路肩急流槽排入边沟。这种排水方式一般适用于路堤较高、边坡坡面未做防护而易遭受路面表面水流冲刷，或虽已采取防护措施但仍有可能受冲刷的地段，主要应用在等级较高的公路上。

（1）拦水带。拦水带一般由沥青混凝土、水泥混凝土或块石制作。

（2）泄水口。拦水带的泄水口可设置成开口（喇叭口）式。在纵坡坡段上，泄水口宜做成不对称的喇叭口，并在硬路肩边缘的外侧设置逐渐变宽的低凹区，低凹区的铺面类型与路肩相同；在平坡或缓坡上，泄水口可做成对称式，泄水口的泄水量以及各项尺寸（开口长度、低凹区宽度、下陷深度）可按《公路排水设计规范》（JTJ 018—1997）中所述方法计算得到。

泄水口的间距以保证降雨时路面积水迅速排走，汇水不能进入行车道为原则，一般为20～50m，干旱少雨地区可达100m。泄水口长度一般为2～4m，泄水口宜设在凹曲线的底部、道路交叉口、匝道口、与桥梁等构造物连接处、超高路段与一般路段的横坡转换处。在凹形竖曲线底部，除在最低点设置泄水口外，还应在其前后相距3～5m处各增设一个泄水口，以防雨水集聚在凹形竖曲线底部，影响路基稳定。

（3）路肩急流槽。排除路肩积水用的急流槽，其纵坡应与所在的路基边坡坡度一致，槽身的横断面为槽形，多由水泥混凝土预制构件拼装砌筑而成。进水口为喇叭口式的簸箕形，出水口应设置消能设施，下端与路基下边坡的排水沟相接要顺适，防止水流冲出排水沟。

（4）路肩排水沟。在硬路肩宽度较窄或爬车道占用了路肩过水断面，而路面的汇水宽度或汇水量都较大，拦水带的流水断面不足时，可在土路肩上设置由U形水泥混凝土预制件铺筑的路肩排水沟，沟底纵坡同路肩纵坡，并不小于0.3%。

（二）中央分隔带排水

中央分隔带排水是高速公路及一级公路路面排水的重要内容，超高路段一侧的路面水以及中央分隔带内的表面水，均由中央分隔带排水设施排除。当中央分隔带无封面，经常有雨水侵入时，应视当地降雨量大小考虑设计中央分隔带地下排水系统；若中央分隔带有薄层现浇水泥混凝土或铺设预制水泥方砖封层，雨水难以下渗时，可不设地下排水系统。

1．直线段中央分隔带排水

（1）凸形中央分隔带。对于直线段路基，当中央分隔带用现浇薄层水泥混凝土或预制混凝土小块封面或用其他材料封面时，可不设中央分隔带地下排水系统，只需在分隔带铺面上采用向两面外倾的横坡，坡度与路面横坡相同，将降落在分隔带的表面水排向两侧行车道，流入路面表面排水设施。

若中央分隔带采用植草或灌木时，视降雨量大小应设置地下排水系统。常用的凸形中央分隔带地下排水设施有填石渗沟和管式渗沟两种。

（2）凹形中央分隔带。当凹形中央分隔带当采用铺面封闭时，可采用浅蝶式排水设施排除带内积水。

当凹形分隔带未采用铺面封闭时，可以采取以下两种方式排除分隔带内的积水：

1）通过分隔带内倾的横向坡度使表面水流向中央带低凹处，再利用路线纵坡排流到横排水管的泄水口或横穿路界的桥涵水道中。

2）采用分隔带地下排水设施排除分隔带内积水，方式同凸形中央分隔带排水。

(3) 封闭式中央分隔带。目前有不少高速公路的中央分隔带设计成与路面平行、表面封闭的形式。这种形式的中央分隔带排水设计与施工都比较简单，但中央分隔带绿化存在困难。国内某些高速公路，在封闭式的中央分隔带上再浇筑一个独立绿化平台的做法，值得借鉴。

2. 超高段中央分隔带排水

不论是凸形、凹形还是封闭形中央分隔带，在设超高路段，下半幅路的路面表面水自分隔带起流向路肩排出，而上半幅路面的表面水均需流向分隔带旁集中。沿分隔带旁集中的水流，视路面径流情况可采用以下三种方式予以排除。

(1) 分隔带上的过水明槽。一般在干旱少雨地区可在分隔带上设过水明槽，明槽可用水泥混凝土筑成，底宽 20～50cm，槽形的高与分隔带的高相同，每 10～20m 设一道，明槽出入口槽底高程应与紧靠分隔带的路缘石处高程相同。

(2) 分隔带内设置纵向排水沟。在中央分隔带内设置纵向排水沟，用以拦截上半幅路面的表面水，并通过横向排水管排到桥涵或路界外。中央分隔带纵向排水沟常用的有扁平式和路拦式两种形式。扁平式排水沟横断面可采用蝶形、三角形、U 形或矩形；路拦式排水沟多用圆形或侧沟形。排水沟的长度及横向排水管的间距通过流量计算确定，排水沟底纵坡可与路面纵坡相同，最小纵坡不宜小于 0.3%，可采用水泥混凝土预制件或浆砌片石砌筑。

(3) 封闭式刚性护栏底部设置孔洞。在封闭式中央分隔带设超高路段，如分隔带采用刚性护栏，可在其底部设置半圆形的孔洞，以排除上半幅路面流入的雨水。孔洞半径应根据设计流量确定，一般为 10cm 左右，孔洞间隔为 50～100cm，大多在刚性护栏施工时同时完成孔洞的制作。

七、路面结构层次的划分

行车荷载和自然因素对路面的影响是随着深度而逐渐减弱的。因此，对路面材料的强度、刚度和稳定性的要求也随着深度而降低。所以，通常从受力情况——自然因素等对路面作用程度的不同以及经济的角度考虑，将路面分成若干层次来铺筑，如图 3-1-3 所示。

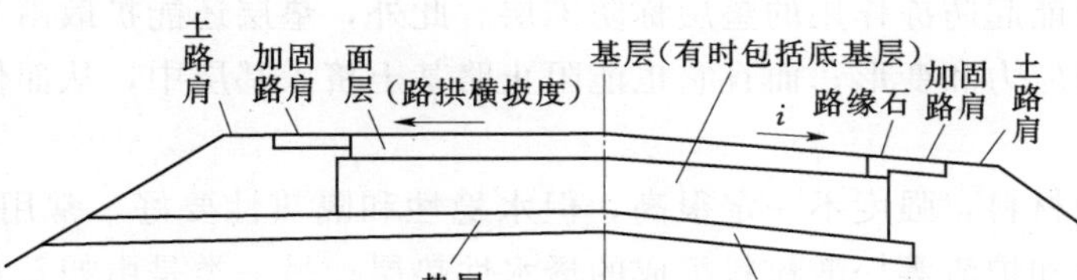

图 3-1-3　路面结构层次划分示意图

1. 面层

直接承受车轮荷载反复作用和自然因素影响的结构层称为面层，可由一～三层组成。因此，面层应具备较高的力学强度和稳定性，同时还应具备耐磨性和不透水性。表面层应具备较高的抗滑性和平整度。面层对车辆行驶的安全、迅速、舒适关系最大。对于高等级公路，常用水泥混凝土、沥青混凝土、沥青碎石混合料等较高级的材料来铺筑。高等级路面的面层常由二～三层组成，分别称为表面层、中面层和下面层。中、低级路面如砂石路面面层上所设的磨耗层和保护层亦包括在面层之内。

2. 基层、底基层

基层是设置在面层之下，主要承受由面层传递来的车辆荷载垂直力，并将其分布到底基层和土基上。因此，它也应具有足够的强度、刚度和耐久性，并具有良好的扩散应力的能力（应有较好的板体性）。由于基层不直接与车轮接触，故一般对基层材料的耐磨性不予严格要求，但因基层本身不能阻挡地下水和地表水的侵入，所以基层结构应具有足够的水稳性。

底基层是设置在基层之下，并与面层、基层一起承受车轮荷载反复作用，起次要承重作用。

基层按所用的材料可分为有结合料稳定类和无结合料的粒料类（嵌锁型、级配型）。具体分类见表 3-1-6。

当基层或底基层分两层施工时，可分别为上基层、下基层，或上底基层、下底基层。

表 3-1-6　　各种常用基层、底基层类型

材料	类　型		土　种
无机结合料稳定类	（1）水泥稳定类		水泥稳定细料土、中粒土和粗粒土
	（2）石灰稳定类		石灰稳定细料土、中粒土和粗粒土
	（3）石灰工业废渣类	石灰粉煤灰类	稳定细料土、中粒土和粗粒土
		石灰其他废渣类	稳定细料土、中粒土和粗粒土
粒料类	嵌锁型		填隙碎石
	级配型		级配碎石、级配砾石

3. 垫层

垫层是底基层和土基之间的层次，它的主要作用是加强土基、改善基层的工作条件。垫层往往是为蓄水、排水、隔热、防冻等目的而设置的，所以通常设在路基处于潮湿和过湿以及有冻胀翻浆的路段。在地下水位较高地区铺设的能起隔水作用的垫层称隔离层；在冰冻较深地区铺设的能起防冻作用的垫层称防冻层。此外，垫层还能扩散由基层传下来的应力，以减小土基的应力和变形；而且它也能阻止路基土挤入基层中，从而保证了基层的结构性能。

修筑垫层所用的材料，强度不一定很高，但水稳性和隔热性要好。常用材料有两类：一类是用如砂、砾石和炉渣等松散粒料组成的透水性垫层；另一类是由如石灰土或炉渣石灰土等整体性材料组成的稳定性垫层。应当指出，不是任何路面结构都需要上述几个层次，而应根据具体情况设定，而且，层次的划分也不是一成不变的，例如，在道路改建中，旧路的面层可作为新路面的基层。

此外，为了保护路面的边缘，一般要求基层较面层每边宽出 25cm，垫层也要较基层每边宽出 25cm。

图 3-1-4 所示为不同路面结构层的实例。

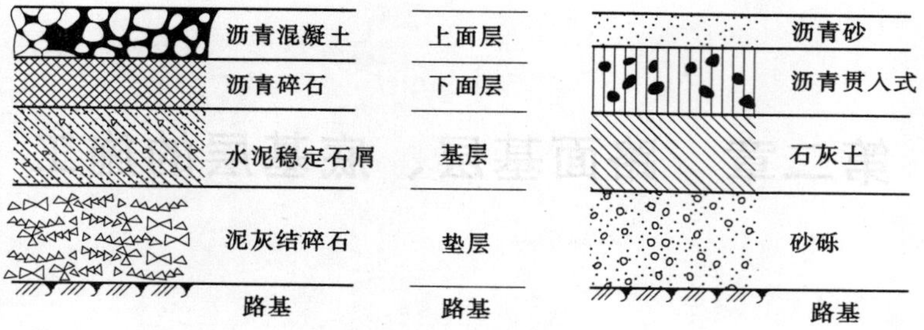

图 3-1-4　路面结构层示意图

复习思考题

1. 路面的基本要求是什么？
2. 路面分为哪四个等级？
3. 路面排水系统包括哪些？
4. 路面结构分为几层？各自的作用及要求是什么？

第二章　路面基层、底基层的施工

第一节　填隙碎石施工

用单一尺寸的粗碎石做主骨料，形成嵌锁结构，起承受和传递车轮荷载的作用，用石屑做填隙料，填满碎石间的孔隙，增加密实度和稳定性，这种材料称为填隙碎石。填隙碎石可适用于各等级公路的底基层和二级以下公路的基层。

一、材料要求

填隙碎石用做基层时，碎石的最大粒径不应超过53mm；用做底基层时，碎石的最大粒径不应超过63mm。粗碎石可以用具有一定强度的各种岩石或漂石轧制，但漂石的粒径应为粗碎石最大粒径的3倍以上；也可以用稳定的矿渣轧制，矿渣的干密度和质量应比较均匀，且其干密度不小于960kg/m^3。材料中的扁平、长条和软弱颗粒的含量不应超过15%。具体要求见表3-2-1。

表3-2-1　　填隙碎石、粗碎石的颗粒组成应符合的规定

项目／编号	筛孔尺寸（mm）								标准尺寸（mm）
	63	53	37.5	31.5	26.5	19	16	9.5	
	通过的质量百分率（%）								
1	100	25～60		0～15		0～5			30～60
2		100		25～50	0～15		0～5		25～50
3			100	35～70		0～15		0～5	20～40

轧制碎石时所得的5mm以下的细筛余料（即石屑）是最好的填隙料，填隙料宜具有表3-2-2的颗粒组成。

表3-2-2　　填隙料的颗粒组成

孔尺寸（mm）	9.5	4.75	2.36	0.6	0.075	塑性指数
通过质量百分率（%）	100	85～100	50～70	30～50	0～10	<6

用作基层的粗碎石的集料压碎值不大于26%；用作底基层的粗碎石的集料压碎值不大于30%。

二、施工工艺流程及施工技术要点

填隙碎石的施工可分为干法和湿法两种施工方法，其施工工艺流程如图3-2-1

所示。

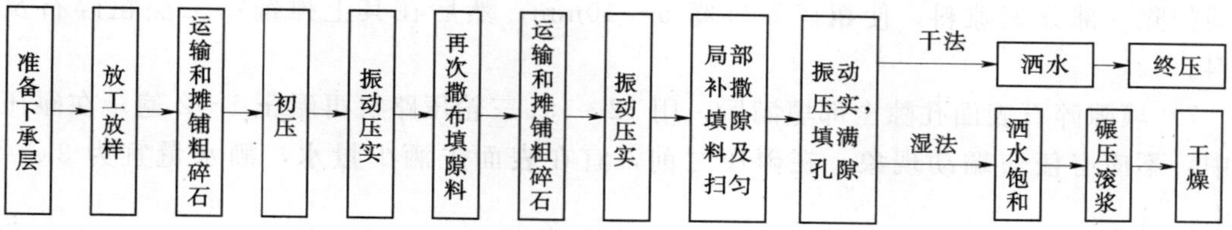

图 3-2-1 填隙碎石施工工艺流程

1. 准备下承层

不论填隙碎石结构层下面是底基层、垫层或土层，都要求严整坚实，无松散或软弱地点，平整度、压实度、路拱横坡度、控制标高都要符合规范规定要求。

2. 施工放样

在下承层上恢复中线。直线段每 15～20mm 设一桩，并在两侧路肩外设指示桩。同时要进行水平测量。在两侧指示桩上标出基层边缘的设计标高。

3. 备料

根据结构层的宽度、厚度及松铺系数（1.20～1.30）计算各段粗碎石的用量，根据运料车辆的车厢体积，计算每车料的堆放距离。填隙料的用量约为粗碎石重量的 30%～40%。

4. 运输与摊铺粗碎石

在同一料场的路段内，由远到近将粗碎石按规范计算的距离卸置于下承层上。卸料距离应严格掌握，避免有的路段料不够或料过多。然后用平地机或其他适合的机具将粗碎石均匀地摊铺在预定的宽度上，表面应力求平整，并有规定的路拱。应同时摊铺路肩用料。检查松铺材料层的厚度是否符合预计要求，必要时，应进行减料或补料工作。

5. 撒铺填隙料和碾压

撒铺填隙料和碾压分干法施工和湿法施工。

（1）干法施工。

1）初压。用 8t 两轮压路机碾压 3～4 遍，使粗碎石稳定就位。在直线和不设超高的平曲线段上，碾压从两侧路肩开始，逐渐错轮向路中心进行；在设超高的平曲线段上，碾压从内侧路肩开始，逐渐错轮向外侧路肩进行。错轮时，每次重叠 1/3 轮宽。在第一遍碾压后，应再次找平。初压终了时，表面应平整，并具有要求的路拱和纵坡。

2）撒铺填隙料。用石屑撒布机或类似的设备将干填隙料均匀地撒铺在已压稳的粗碎石层上，松铺厚度为 2.5～3.0cm。必要时，用人工或机械扫匀。

3）碾压。用振动压路机慢速碾压，将全部填隙料振入粗碎石间的孔隙中。如没有振动压路机，可用重型振动板。

4）再次撒布填隙料。用石屑撒布机或类似的设备将干填隙料再次撒铺在粗碎石层上，松铺厚度为 2.0～2.5cm。用人工或机械扫匀。

5）再次碾压。用振动压路机碾压，在碾压过程中，对局部填隙料不足之处，人工进行找补，局部多余的填隙料应扫除，使填隙料不应在粗碎石表面局部的自成一层。表层必须能见粗碎石。如填隙碎石层上为薄沥青面层，应使粗碎石的棱角外露 3～5mm。

6）设计厚度超过一层铺筑厚度，需在其上层再铺一层时，应将已压成的填隙碎石层表面扫除一部分填隙料，使粗碎石外露5～10mm，然后在其上摊铺第二层粗碎石及填隙料。

7）填隙碎石表面孔隙全部填满后，用12～15t三轮压路机再碾压1～2遍。在碾压过程中，不应有任何蠕动现象。在碾压之前，宜在表面先洒少量水，洒水量宜为3kg/m^{2}以上。

（2）湿法施工。

1）开始工序与干法施工相同。

2）粗碎石层表面孔隙全部填满后，立即用洒水车洒水，直到饱和，但应注意避免多余水浸泡下承层。

3）用12～15t三轮压路机跟在洒水车后进行碾压。在碾压过程中，将湿填隙料继续扫入所出现的孔隙中。需要时，再添加新的填隙料。洒水和碾压应一直进行到填隙料和水形成粉砂浆为止。粉砂浆应填塞全部孔隙，并在压路机轮前形成微波纹状。

4）干燥。碾压完成的路段应让水分蒸发一段时间。结构层变干后，表面多余的细料以及细料覆盖层都应扫除干净。

5）当需要分层铺筑时，应待结构层变干后，将已压成的填隙碎石层表面的填隙料扫除一些，使表面粗碎石外露5～10mm，然后在上摊铺第二层粗碎石。

填隙碎石施工完毕后，表面粗碎石间的孔隙既要填满填隙料又不能覆盖粗集料而自成一层，表面应看得见粗碎石。碾压后基层的固体体积率应不小于85%，底基层的固体体积率应不小于83%。填隙碎石基层未洒透层沥青或未铺封层时，禁止开放交通。

第二节 泥结碎石施工

泥结碎石是指以碎石为骨料，经碾压后灌泥浆，依靠碎石的嵌锁和黏土的黏结作用而形成的结构层。

一、材料要求

1. *石料*

可采用各类型的较坚硬的岩石、圆石或矿渣轧制成碎石或天然碎石，其形状应尽量采用接近立方体并有棱角的为宜，其扁平细长颗粒不宜超过20%，且不得含其他杂物。泥结碎石材料规格见表3-2-3。

表3-2-3 **泥结碎石材料规格**

项目 序号	筛孔尺寸（mm）						层位
	75	50	40	20	10	5	
	通过的质量百分率（%）						
1	100		0～15	0～5			下层或基层
2		100		0～15	0～5		

续表

项　目 序号	筛孔尺寸（mm）						层位
	75	50	40	20	10	5	
	通过的质量百分率（%）						
3			100	0～15	0～5		上层或面层
4				85～100		0～5	
5					85～100	0～5	嵌缝

2. 黏土

黏土的塑性指数在18～27之间为宜，且不得含腐殖质和其他杂质。黏土用量不宜超过石料干重的20%。

二、施工工艺流程及施工技术要点

（一）灌浆法施工

1. 准备工作

准备工作包括放样、布置料堆、整理路槽和拌制水泥。泥浆中水∶土＝0.8∶1～1∶1（体积比）。过稀或拌制不均匀，都将影响到结构层的强度和稳定性。

2. 摊铺石料

应按松铺厚度一次将石料摊足。松铺系数为1.2～1.3。

3. 初步碾压

初步碾压是将碎石颗粒初步压实，但仍需保留有一定数量的空隙，以便泥浆能灌进去。初压以选用三轮压路机或振动压路机为宜，碾压至碎石无松动情况为佳。

4. 灌浆

灌浆是在初压稳定的碎石层上，灌注泥浆。泥浆应灌注均匀且数量应以灌满碎石间的空隙为准。泥浆的表面与碎石齐平，但碎石的棱角仍应露出泥浆之上。必要时，可用竹扫帚将泥浆扫匀。灌浆时务必使泥浆灌到碎石层底部。灌浆后1～2h，当泥浆下注，空隙中空气溢出后，在未干的碎石层表面上均匀撒布嵌缝料，以填塞碎石层表面的空隙。

5. 碾压

待表面已干而内部泥浆尚处于半湿状态时，用三轮压路机或振动压路机碾压，并随时将嵌缝料扫匀，直到碾压到无明显轮迹及在碾轮下材料完全稳定为止。在碾压过程中，每碾压1～2遍后紧跟着撒布薄层石屑并扫匀随后再碾压，以便碎石缝隙内的泥浆流到表面与所撒石屑黏结成整体。

（二）拌和法施工

将土直接均匀撒铺在摊铺平整的碎石层上，用平地机、多铧犁或多齿耙均匀拌和，然后用三轮压路机或振动压路机进行碾压，碾压方法与灌浆法相同。但在碾压过程中，需要及时补充洒水，碾压4～6遍后，撒铺嵌缝料，然后继续碾压，直到无明显轮迹及碾轮下材料完全稳定为止。

第三节　级配碎石施工

级配碎石是指粗中小碎石集料和石屑各占一定比例的混合料。当其颗粒组成符合规定的密实级配要求时，称为级配碎石。

级配碎石可用于各级公路的基层和底基层及用作较薄沥青面层与半刚性基层之间的中间层。作中间层或二级以上公路的基层时，应采用集中厂拌法拌制混合料，并用摊铺机摊铺混合料。

一、材料要求

（1）各种类型的岩石（软质岩石除外）、圆石或矿渣均可作为轧制碎石的材料。圆石的粒径应是碎石最大粒径的3倍以上，矿渣应是已崩解稳定的，其干密度不小于960kg/m^3，且干密度和质量比较均匀。碎石中针片状颗粒的总含量应不超过20%。碎石中不应有黏土块、植物等有害物质。

（2）石屑或其他细集料可以使用一般碎石场的细筛余料，也可以利用轧制沥青表面处治和贯入式用石料时的细筛余料，或专门轧制的细碎石集料。也可以用天然砂砾或粗砂代替石屑。天然砂砾的颗粒尺寸应该合适，必要时应筛除其中的超尺寸颗粒。天然砂砾或粗砂应有较好的级配。

（3）级配碎石或级配碎砾石用做二级和二级以下公路的基层时，其颗粒组成和塑性指数应满足表3-2-4中1号级配的规定。级配碎石用做高速公路和一级公路的基层及中间层时，其颗粒组成和塑性指数应满足表3-2-4中2号级配的规定。同时，级配曲线宜为圆滑曲线。在塑性指数偏大的情况下，塑性指数与0.5mm以下细土含量的乘积应符合下列规定：

1）在年降雨量小于600mm的地区，地下水位对土基没有影响时，乘积不应大于120。

2）在潮湿多雨地区，乘积不应大于100。

表3-2-4　级配碎石或级配碎砾石的颗粒组成范围

项目 \ 级配	筛孔尺寸（mm）								液限（%）	塑性指数
	37.5	31.5	19.0	9.5	4.75	2.36	0.6	0.075		
	通过的质量百分率（%）									
1号	100	90～100	73～88	49～69	29～54	17～37	8～20	0～7②	<28	[<6（或9①）]
2号		100	85～100	52～74	29～54	17～37	8～20	0～7②	<28	[<6（或9①）]

① 潮湿多雨地区塑性指数宜小于6，其他地区塑性指数宜小于9。

② 对于无塑性的混合料，小于0.075的颗粒含量应接近高限。

（4）未筛分碎石用做二级和二级以下公路的底基层时，其颗粒组成和塑性指数应符合表3-2-5中1号级配的规定；用做高速公路和一级公路的底基层时，其颗粒组成和塑性指数应符合表3-2-5中2号级配的规定。

表 3-2-5　**未筛分碎石底基层颗粒组成范围**

级配＼项目	筛孔尺寸（mm）						液限（%）	塑性指数
	53.0	37.5	31.5	19.0	9.5	4.75		
	通过的质量百分率（%）							
1号	100	85～100	69～88	40～65	19～43	10～30	<28	<6（或9[①]）
2号		100	83～100	54～84	29～59	17～45	<28	<6（或9[①]）

① 在潮湿多雨地区塑性指数宜小于6，其他地区塑性指数宜小于9。

（5）压碎值要求见表3-2-6。

表 3-2-6　**级配碎石所用石料的压碎值应满足表规定**　%

公路等级层位	高速、一级公路	二级公路	二级以下公路
基层	≤26	≤30	≤35
底基层	≤30	≤35	≤40

二、施工工艺流程及施工技术要点

（一）路拌法施工

级配碎石基层路拌法施工工艺流程如图3-2-2所示。

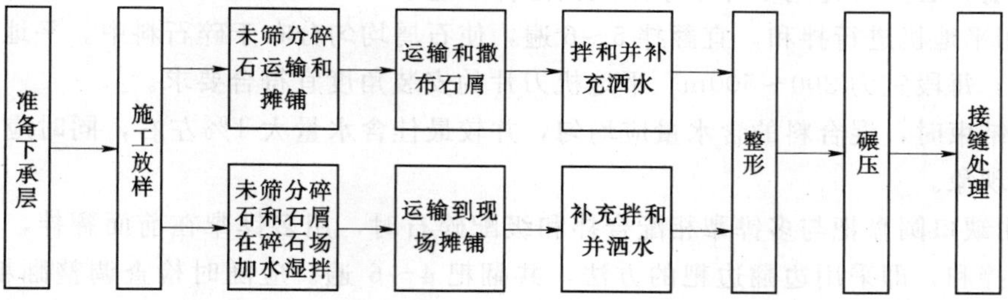

图3-2-2　级配碎石基层路拌法施工工艺流程图

1. 准备下承层

下承层表面应平整、坚实，具有规定路拱，下承层的平整度和压实度应符合规范规定。下承层不宜做成槽式断面。

2. 施工放样

按规范的规定逐个断面检查下承层标高。

3. 备料（计算材料用量）

根据各路段基层或底基层的宽度、厚度及规定的压实干密度，并按确定的配合比分别计算各段需要的未筛分碎石和石屑的数量或不同粒级碎石和石屑的数量，并计算每车料的堆放距离。

未筛分碎石的含水量较最佳含水量宜大1%左右。未筛分碎石和石屑可按预定比例在料场混合，同时洒水加湿，使混合料的含水量超过最佳含水量约1%。

4. 运输集料

集料装车时，应控制每车料的数量基本相等。在同一料场供料的路段内，宜由远到近卸置集料。卸料距离应严格掌握，避免料不够或过多。未筛分碎石和石屑分别运送时，应先运送碎石。

料堆每隔一定距离应留一缺口。集料在下承层上的堆置时间不应过长。运送集料较摊铺集料工序宜只提前数天。

5. 摊铺集料

应事先通过试验确定集料的松铺系数并确定松铺厚度。人工摊铺混合料时，其松铺系数为1.40～1.50；平地机摊铺混合料时，其松铺系数为1.25～1.35。

用平地机或其他合适的机具将料均匀地摊铺在预定的宽度上，表面应力求平整，并具有规定的路拱。应同时摊铺路肩用料。

检查松铺材料层的厚度，必要时，应进行减料或补料工作。

6. 拌和及整形

（1）对于二级及二级以上公路，应采用专用稳定土拌和机拌和级配碎石。对于二级以下的公路，在无稳定土拌和机的情况下，可采用平地机或多铧犁与缺口圆盘耙相配合进行拌和。

1）用稳定土拌和机应拌和两遍以上。拌和深度应直到级配碎石层底。在进行最后一遍拌和之前，必要时先用多铧犁紧贴底面翻拌一遍。

2）用平地机进行拌和，宜翻拌5～6遍，使石屑均匀分布于碎石料中。平地机拌和的作业长度，每段宜为300～500m。平地机刀片的安装角度宜符合要求。

拌和结束时，混合料的含水量应均匀，并较最佳含水量大1%左右，同时应没有粗细颗粒离析现象。

3）用缺口圆盘耙与多铧犁相配合拌和级配碎石时，用多铧犁在前面翻拌，圆盘耙紧跟在后面拌和，即采用边翻边耙的方法，共翻耙4～6遍。应随时检查调整翻耙的深度。用多铧犁翻拌时，第一遍由路中心开始，将混合料向中间翻，同时机械应慢速前进。第二遍从两边开始，将混合料向外翻。拌和过程中，应保持足够的水分。拌和结束时，混合料的含水量和均匀性应符合要求。

（2）使用在料场已拌和均匀的级配碎石混合料时，摊铺后混合料如有粗细颗粒离析现象，应用平地机进行补充拌和。

（3）用平地机将拌和均匀的混合料按规定的路拱进行整平和整形，在整形过程中，应注意消除粗细集料离析现象。

（4）用拖拉机、平地机或轮胎压路机在已初平的路段上快速碾压一遍，以暴露潜在的不平整。

（5）再用平地机进行整平和整形。

7. 碾压

（1）整形后，当混合料的含水量等于或略大于最佳含水量时，立即用12t以上三轮压路机、振动压路机或轮胎压路机进行碾压。直线和不设超高的平曲线段，由两侧路肩开始向路中心碾压；在设超高的平曲线段，由内侧路肩向外侧路肩进行碾压。碾压时，后轮应重叠1/2轮宽；后轮必须超过两段的接缝处。后轮压完路面全宽时，即为一遍。碾压一直进行到要求的密实度为止。一般需碾压6～8遍，应使表面无明显轮迹。压路机的碾压速度，前两遍速度以1.5～1.7km/h为宜，以后速度2.0～2.5km/h。

(2) 路面的两侧应多压2～3遍。

(3) 严禁压路机在已完成的或正在碾压的路段上调头或急刹车。

(4) 凡含土的级配碎石层，都应进行滚浆碾压，一直压到碎石层中无多余细土泛到表面为止。滚到表面的浆（或事后变干的薄土层）应清除干净。

8. 横缝的处理

两作业段的衔接处，应搭接拌和。第一段拌和后，留5～8m不进行碾压，第二段施工时，前段留下未压部分与第二段一起拌和整平后进行碾压。

9. 纵缝的处理

应避免纵向接缝。在必须分两幅铺筑时，纵缝应搭接拌和。前一幅全宽碾压密实，在后一幅拌和时，应将相邻的前幅边部约30cm搭接拌和，整平后一起碾压密实。

（二）集中厂拌法施工

级配碎石用做半刚性路面的中间层以及用做二级以上公路的基层时，应采用集中厂拌法拌制混合料，并用摊铺机摊铺混合料。

(1) 级配碎石混合料可以在中心站用多种机械进行集中拌和，如强制式拌和机、卧式双转轴桨叶式拌和机、普通水泥混凝土拌和机等。

(2) 对用于高速公路和一级公路的级配碎石基层和中间层，宜采用不同粒级的单一尺寸碎石和石屑，按预定配合比在拌和机内拌制级配碎石混合料。

(3) 不同粒级的碎石和石屑等细集料应隔离，分别堆放。细集料应有覆盖，防止雨淋。

(4) 在正式拌制级配碎石混合料之前，必须先调试所用的厂拌设备，使混合料的颗粒组成和含水量都能达到规定的要求。在采用未筛分碎石和石屑时，如未筛分碎石或石屑的颗粒组成发生明显变化，应重新调试设备。

(5) 将级配碎石用于高速公路和一级公路时，应用沥青混凝土摊铺机或其他碎石摊铺机摊铺碎石混合料。摊铺机后面应设专人消除粗细集料离析现象。

(6) 用振动压路机、三轮压路机进行碾压，碾压方法同路拌法。

(7) 级配碎石用于二级和二级以下公路时，如没有摊铺机，也可用自动平地机（或摊铺箱）摊铺混合料。

1) 根据摊铺层的厚度和要求达到的压实干密度，计算每车混合料的摊铺面积。

2) 将混合料均匀地卸在路幅中央，路幅宽时，也可将混合料卸成两行。

3) 用平地机将混合料按松铺厚度摊铺均匀。

4) 设一个三人小组跟在平地机后面，及时消除粗细集料离析现象。对于粗集料“窝”和粗集料“带”，应添加细集料，并拌和均匀；对于细集料“窝”，应添加粗集料，并拌和均匀。

(8) 用平地机摊铺混合料后的整形和碾压均与路拌法施工相同。

(9) 横向接缝处理方法。

1）用摊铺机摊铺混合料时，靠近摊铺机当天未压实的混合料，可与第二天摊铺的混合料一起碾压，但应注意此部分混合料的含水量。必要时，应人工补充洒水，使其含水量达到规定的要求。

2）用平地机摊铺混合料时，每天的工作缝可按搭接拌和法处理。

（10）纵向接缝处理方法。应避免纵向接缝。如摊铺机的摊铺宽度不够，必须分两幅摊铺时，宜采用两台摊铺机一前一后相隔5～8m同步向前摊铺混合料。在仅有一台摊铺机的情况下，可先在一条摊铺带上摊铺一定长度后，再开到另一条摊铺带上摊铺，然后一起进行碾压。

在不能避免纵向接缝的情况下，纵缝必须垂直相接，不应斜接，并按下述方法处理：

1）在前一幅摊铺时，在靠后一幅的一侧应用方木或钢模板做支撑，方木或钢模板的高度与级配碎石层的压实厚度相同。

2）在摊铺后一幅之前，将方木或钢模板除去。

3）如在摊铺前一幅时未用方木或钢模板支撑，靠边缘的30cm左右难于压实，而且形成一个斜坡，在摊铺后一幅时，应先将未完全压实部分和不符合路拱要求部分挖松并补充洒水，待后一幅混合料摊铺后一起进行整平和碾压。

第四节 水泥稳定类施工

在已粉碎或原本为松散的土（包括各种粗、中、细粒土）中，掺入适当水泥和水，按照技术要求，经拌和摊铺，在最佳含水率时压实及养护成形得到的路面基层，称为水泥稳定类基层。当用水泥稳定细粒土（砂性土、粉性土或黏性土）时，简称水泥土。

一、材料要求及混合料组成设计

1. 土和集料

凡能被粉碎的土都可用水泥稳定。级配碎石、未筛分碎石、砂砾、碎石土、砂砾土、煤矸石和各种粒状矿渣均适宜用水泥稳定。水泥稳定土中碎石或砾石的压碎值应符合表3-2-7的要求。

表3-2-7 水泥稳定土中碎石或砾石的压碎值要求 %

基层	高速公路和一级公路	≤30
	二级和二级以下公路	≤35
底基层	高速公路和一级公路	≤30
	二级和二级以下公路	≤40

对于二级和二级以下的公路，水泥稳定土所用的粗粒土、中粒土、细粒土应满足的要求为：水泥稳定土用做底基层时，单个颗粒的最大粒径不应超过53mm（指方孔筛），水泥稳定土的颗粒组成应在表3-2-8所列范围内，土的不均匀系数应大于5；细粒土的液限不应超过40，塑性指数不应超过17；对于中粒土和粗料土，如土中小于0.6mm的颗粒含量在30%以下，塑性指数可稍大。实际工作中，宜选用不均匀系数大于10、塑性指数

小于 12 的土；塑性指数大于 17 的土，宜采用石灰稳定，或用水泥和石灰综合稳定。

表 3－2－8　　用做底基层时水泥稳定土的颗粒组成范围

孔尺寸（mm）	53	4.75	0.6	0.075	0.002
通过质量百分率（%）	100	50～100	17～100	0～50	0～30

注　表中所列用筛为均匀方孔筛。在无相应尺寸方孔筛的情况下，可先将颗粒组成在半对数坐标纸上画出两根级配曲线，然后在对数坐标上查找所需筛孔的位置或点，从此点引一垂直线向上与两根曲线相交。从此两交点画水平线与垂直坐标相交，即可得到所需颗粒尺寸的通过百分率。

水泥稳定土用做基层时，单个颗粒的最大粒径不应超过 37.5mm。水泥稳定土的颗粒组成应在表 3－2－9 范围内。集料中不宜含有塑性指数的土。对于二级公路宜按接近级配范围的下限组配混合料或采用表 3－2－10 中的 2 号级配。

表 3－2－9　　用做基层时水泥稳定土的颗粒组成范围

孔尺寸（mm）	37.5	26.5	19	9.5	4.75	2.36	1.18	0.6	0.075
通过质量百分率（%）	90～100	66～100	54～100	39～100	28～84	20～70	14～57	8～47	0～30

表 3－2－10　　水泥稳定土的颗粒组成

项目 / 编号	孔尺寸（mm）									液限（%）	塑性指数
	37.5	31.5	26.5	19	9.5	4.75	2.36	0.6	0.075		
	通过质量百分率（%）										
1	100					50～100		17～100	0～30		
2	100	90～100		67～90	45～68	29～50	18～38	8～22	0～7		
3		100	90～100	72～89	47～67	29～49	17～35	8～22	0～7	<28	<9

注　集料中 0.5mm 以下细粒土有塑性指数时，小于 0.075mm 的颗粒含量不应超过 5%；细粒土无塑性指数时，小于 0.075mm 的颗粒含量不应超过 7%。

对于高速公路和一级公路，水泥稳定土所用的粗粒土和中粒土应满足的要求为：水泥稳定土用做底基层时，单个颗粒的最大粒径不应超过 37.5mm；水泥稳定土的颗粒组成应在表 3－2－10 所列 1 号级配范围内，土的不均匀系数应大于 5；细粒土的液限不应超过 40%，塑性指数不应超过 17；对于中粒土和粗粒土，如土中小于 0.6mm 的颗粒含量在 30%以下，塑性指数可稍大；实际工作中，宜选用不均匀系数大于 10、塑性指数小于 12 的土；塑性指数大于 17 的土，宜采用石灰稳定，或用水泥和石灰综合稳定；对于中粒土和粗粒土，宜采用表 3－2－10 中 2 号级配，但小于 0.075mm 的颗粒含量和塑性指数可不受限制；水泥稳定土用做基层时，单个颗粒的最大粒径不应超过 31.5mm；水泥稳定土的颗粒组成应在表 3－2－10 所列 3 号级配范围内；水泥稳定粒径较均匀的砂时，宜在砂中添加少部分塑性指数小于 10 的黏性土或石灰土，也可添加部分粉煤灰，加入比例可按使混合料的标准干密度接近最大值确定，一般约为 20%～40%；有机质含量超过 2%的土，必须先用石灰进行处理，闷料一夜后再用水泥稳定；硫酸盐含量超过 0.25%的土，不应用水泥稳定。

2. 水泥

普通硅酸盐水泥、矿渣硅酸盐水泥和火山灰硅酸盐水泥都可用于稳定土，但应选用初凝时间 3h 以上和终凝时间较长（宜在 6h 以上）的水泥。不应使用快硬水泥、早强水泥以及已受潮变质的水泥。宜采用 32.5 级或 42.5 级的水泥。

3. 水

凡是饮用水（含牲畜饮用水）均可用于水泥稳定土施工。

二、施工工艺流程及施工技术要点

(一) 路拌法施工

水泥稳定土基层路拌法施工工艺流程如图 3-2-3 所示。

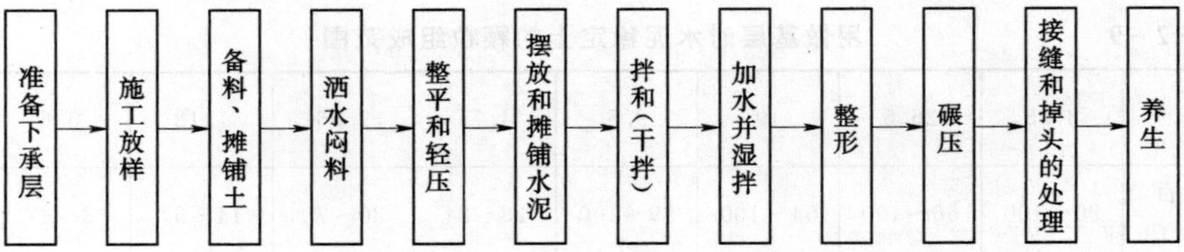

图 3-2-3 水泥稳定土基层路拌法施工工艺流程图

1. 准备下承层

检查下承层的压实度、平整度、高程、横坡度、平面尺寸等，对土基必须用 12～15t 压路机或等效的压路机碾压（3～4 遍），并进行检查，如有表面松散、弹簧等现象必须进行处理。

2. 施工放样

(1) 根据道路设计坐标或道路特征点，采用全站仪、经纬仪恢复道路中线，直线段每 15～20m 设一桩，平曲线段每 10～15m 设一桩，并且在两侧路肩边沿外设置指示桩。

(2) 在两侧指示桩上用明显标记标出待施工的无机结合料基层边沿的设计标高。

(3) 路拌法施工根据施工布料需要在下承层上划分布料网格。

3. 备料

(1) 土料。采集土前，应先将树木、草皮和杂土清除干净。应在预定深度范围内采集土，不应分层采集，当需分层采集土时，应将土先分层堆放在一场地上，然后从前到后将上下层土一起装车运送到现场。

对于塑性指数大于 12 的黏土，机械拌和时，可视土质和机械确定是否需要过筛。人工拌和时，应筛除 15mm 以上的土块。

(2) 集料。无机结合料使用的碎石、砂砾、煤矸石、各种粒状矿渣应满足规范所要求的强度，与其他材料混合后应满足相应规范的级配要求。

(3) 水泥。路拌法宜选用袋装水泥。厂拌法宜选用散装水泥。

(4) 计算材料用量。根据各路段水泥稳定土层的宽度、厚度及预定的干密度，计算各路段需要的干燥土的数量。

根据料场土的含水量和所用运料车辆的吨位，计算每车料的堆放距离。

根据水泥稳定土层的厚度和预定的干密度及水泥剂量，计算每一平方米水泥稳定土需要的水泥用量，并确定水泥摆放的纵横间距。

4. 摊铺

(1) 应事先通过试验确定土的松铺系数。

(2) 摊铺土应在摊铺水泥的前一天进行。摊铺长度按日进度的需要量控制，满足次日完成掺加水泥、拌和、碾压成型即可。雨季施工，如第二天有雨，不宜提前摊铺土。

(3) 应将土均匀地摊铺在预定的宽度上，表面应力求平整，并有规定的路拱。

(4) 摊料过程中，应将土块、超尺寸颗粒及其他杂物拣除。如土中有较多土块，应进行粉碎。检验松铺土层的厚度，应符合预计要求。除洒水车外，严禁其他车辆在土层上通行。

5. 洒水闷料

(1) 如已整平的土（含粉碎的老路面）含水量过小，应在土层上洒水闷料。洒水应均匀，防止出现局部水分过多的现象。

(2) 严禁洒水车在洒水段内停留和调头。

(3) 细粒土应经一夜闷料；中粒土和粗粒土，视其中细土含量的多少，可缩短闷料时间。

(4) 如为综合稳定土，应先将石灰和土拌和后一起进行闷料。

6. 整平和轻压

对人工摊铺的土层整平后，用 6～8t 两轮压路机碾压 1～2 遍，使其表面平整，并有一定的压实度。

7. 摆放和摊铺水泥

按规范规定计算出的每袋水泥的纵横间距，在土层上做安放标记。应将水泥当日直接送到摊铺路段，卸在做标记的地点，并检查有无遗漏和多余。运水泥的车应有防雨设备。用刮板将水泥均匀摊开，并注意使每袋水泥的摊铺面积相等。水泥摊铺完后，表面应没有空白位置，也没有水泥过分集中的地点。

8. 拌和（干拌）

(1) 对二级及二级以上公路，应采用专用稳定土拌和机进行拌和并设专人跟随拌和机，随时检查拌和深度并配合拌和机操作员调整拌和深度。拌和深度应达稳定层底并宜侵入下承层 5～10mm，以利上下层黏结。严禁在拌和层底部留有素土夹层。通常应拌和两遍以上，在最后一遍拌和之前，必要时可先用多铧犁紧贴底面翻拌一遍。直接铺在土基上的拌和层也应避免素土夹层。

(2) 对于三、四级公路，在没有专用拌和机械的情况下，可用农用旋转耕作机与多铧犁或平地机相配合进行拌和，但应注意拌和效果，拌和时间不能过长。

(3) 对于三、四级公路，在没有专用拌和机械的情况下，也可以用缺口圆盘耙与多铧犁或平地机相配合，拌和水泥稳定细粒土和中粒土，但应注意拌和效果，拌和时间不可过长。

9. 加水并湿拌

(1) 在上述拌和过程结束时，如果混合料的含水量不足，应用喷管式洒水车（普通洒水车不适宜用做路面施工）补充洒水。水车起洒处和另一端调头处都应超出拌和段 2m 以上。洒水车不应在正进行拌和以及当天计划拌和的路段上调头和停留，以防局部水量过大。

（2）洒水后，应再次进行拌和，使水分在混合料中分布均匀。拌和机械应紧跟在洒水车后面进行拌和，减少水分流失。

（3）洒水及拌和过程中，应及时检查混合料的含水量。含水量宜略大于最佳值。对于稳定粗粒土和中粒土，宜较最佳含水量大 0.5%～1.0%；对于稳定细粒土，宜较最佳含水量大 1%～2%。

（4）在洒水拌和过程中，应配合人工拣出超尺寸颗粒，消除粗细颗粒“窝”以及局部过分潮湿或过分干燥之处。

（5）混合料拌和均匀后应色泽一致，没有灰条、灰团和花面，即无明显粗细集料离析现象，且水分合适和均匀。

10. 整形

混合料拌和均匀后，应立即用平地机初步整形。在直线段，平地机由两侧向路中心进行刮平；在平曲线段，平地机由内侧向外侧进行刮平。必要时，再返回刮一遍。

11. 碾压

根据路宽、压路机的轮宽和轮距的不同，制订碾压方案，应使各部分碾压到的次数尽量相同，路面的两侧应多压 2～3 遍。

整形后，当混合料的含水量为最佳含水量（+1%～+2%）时，应立即用轻型压路机并配合 12t 以上压路机在结构层全宽内进行碾压。直线和不设超高的平曲线段，由两侧路肩向路中心碾时，应重叠 1/2 轮宽，后轮必须超过两段的接缝处，后轮压完路面全宽时，即为一遍。一般需碾压 6～8 遍。压路机的碾压速度，前两遍以 1.5～1.7km/h 为宜，以后宜为 2.0～2.5km/h。采用人工摊铺和整形的稳定土层，宜先用拖拉机或 6～8t 两轮压路机或轮胎压路机碾压 1～2 遍，然后再用重型压路机碾压。

严禁压路机在已完成的或正在碾压的路段上调头或急刹车，应保证稳定土层表面不受破坏。

碾压过程中，水泥稳定土的表面应始终保持湿润，如水分蒸发过快，应及时补撒少量的水，但严禁洒大水碾压。

碾压过程中，如有“弹簧”、松散、起皮等现象，应及时翻开重新拌和（加适量的水泥）或用其他方法处理，使其达到质量要求。

经过拌和、整形的水泥稳定土，宜在水泥初凝前并应在试验确定的延迟时间内完成碾压，并达到要求的密实度，同时没有明显的轮迹。

在碾压结束之前，用平地机再终平一次，使其纵向顺适，路拱和超高符合设计要求。终平应仔细进行，必须将局部高出部分刮除并扫出路外；对于局部低洼之处，不再进行找补，可留待铺筑沥青面层时处理。

12. 接缝和调头处的处理

（1）同日施工的两个工作段的衔接处，应采用搭接。前一段拌和整形后，留 5～8m 不进行碾压，后一段施工时，前段留下未压部分，应再加部分水泥重新拌和，并与后一段一起碾压。

（2）经过拌和、整形的水泥稳定土，应在试验确定的延迟时间内完成碾压。

（3）应注意每天最后一段末端缝（即工作缝）的处理。工作缝和调头处可按下述方法处理：

1）在已碾压完成的水泥稳定土层末端，沿稳定土挖一条横贯铺筑层全宽的宽约30cm，直挖到下承层顶面的槽。此槽应与路的中心线垂直，靠稳定土的一面应切成垂直面，并放两根与压实厚度等厚、长为全宽一半的方木紧贴其垂直面。

2）用原挖出的素土回填槽内其余部分。

3）如拌和机械或其他机械必须到已压成的水泥稳定土层上调头，应采取措施保护调头作业段。一般可在准备用于调头的8～10m长的稳定土层上，先覆盖一张厚塑料布或油毡纸，然后铺上约10cm厚的土、砂或砂砾。

4）第二天，邻接作业段拌和后，除去方木，用混合料回填。靠近方木未能拌和的一小段，应人工进行补充拌和。整平时，接缝处的水泥稳定土应较已完成断面高出约5cm，以利形成一个平顺的接缝。

5）整平后，用平地机将塑料布上大部分土除去（注意勿刮破塑料布），然后人工除在新混合料碾压过程中，应将接缝修整平顺。

（4）纵缝的处理。水泥稳定土层的施工应该避免纵向接缝，在必须分两幅施工时，纵缝必须垂直相接，不应斜接。

纵缝应按下述方法处理：

1）在前一幅施工时，在靠中央一侧用方木或钢模板做支撑方木或钢模板的高度与稳定土层的压实厚度相同。

2）混合料拌和结束后，靠近支撑木（或板）的一部分，应人工进行补充拌和，然后整形和碾压。

3）养生结束后，在铺筑另一幅之前，拆除支撑木（或板）。

4）第二幅混合料拌和结束后，靠近第一幅的部分，应人工进行补充拌和，然后进行整形和碾压。

（二）中心站集中厂拌法施工

水泥稳定土基层集中拌和法施工工艺流程如图3-2-4所示。

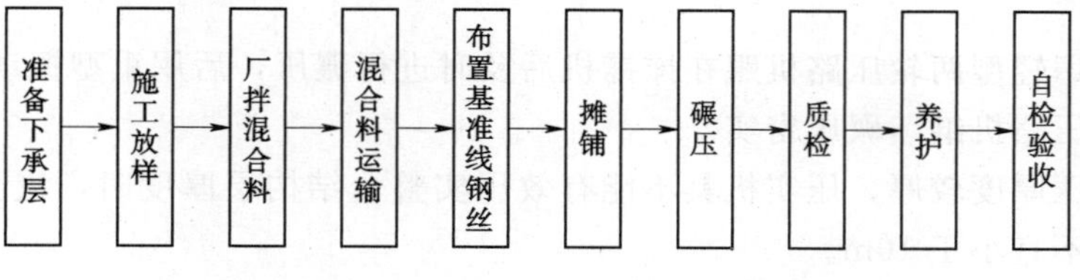

图3-2-4 集中拌和法施工工艺流程

1. 混合料拌和

（1）无机结合料稳定土可以在中心站用厂拌设备进行集中拌和，对于高速公路和一级公路，应采用专用稳定土集中厂拌机械拌制混合料。

（2）集中拌和时，应符合下列要求：土块应粉碎，最大尺寸不得大于15mm；配料应准确，拌和应均匀；含水量宜略大于最佳值，使混合料运到现场摊铺后碾压时的含水量不小于最佳值；不同粒级的碎石或砾石以及细集料（如石屑和砂）应隔离，分别堆放；集料的最大粒径和级配符合要求。

（3）在正式拌制混合料之前，必须先调试所用的设备，使混合料的颗粒组成和含水量都达到规定的要求。原集料的颗粒组成发生变化时，应重新调试设备。

（4）在潮湿多雨地区或其他地区的雨季施工时，应采取措施，保护集料，特别是细集料（如石屑和砂等）应有覆盖，防止雨淋；应根据集料和混合料含水量的大小，及时调整加水量。

2. 混合料运输

拌和好的混合料应采用大吨位的翻斗车运输，运输车应备有覆盖苫布以防止混合料因阳光照射失水或雨淋，降低混合料的质量。

3. 混合料摊铺

（1）采用沥青混凝土摊铺机或稳定土摊铺机摊铺混合料。如下承层是稳定细粒土，应先将下承层顶面拉毛，再摊铺混合料。

（2）拌和机与摊铺机的生产能力应互相匹配。对于高速公路和一级公路，摊铺机宜连续摊铺，拌和机的产量宜大于400t/h。

（3）路幅较宽一台摊铺机不够宽时，为了避免形成纵缝，宜采用两台摊铺机一前一后相隔5～10m，同步梯队向前摊铺，并同时碾压。

（4）摊铺机应根据供料情况控制行走速度，做到连续稳步前进，以保证摊铺平整度。

（5）在摊铺机后面应设专人消除粗细集料离析现象，特别应该铲除局部粗集料“窝”，并用新拌混合料填补。

（6）在二至四级公路上，没有摊铺机时，可采用摊铺箱摊铺混合料，也可以用自动平地机按以下步骤摊铺混合料：根据铺筑层的厚度和要求达到的压实干密度，计算每车混合料的摊铺面积；将混合料均匀地卸在路幅中央，路幅宽时，也可将混合料卸成两行；用平地机将混合料按松铺厚度摊铺均匀；设一个3～5人的小组，携带一辆装有新拌混合料的小车，跟在平地机后面，及时铲除粗集料“窝”和粗集料“带”，补以新拌的均匀混合料，或补撒拌均匀的细混合料，并与粗集料拌和均匀。

4. 碾压

（1）宜先用轻型两轮压路机跟在摊铺机后及时进行碾压，后用重型振动压路机、三轮压路机或轮胎压路机继续碾压密实。

（2）当碾压厚度较厚，压实机具不能有效压实整个结构层厚度时，应分层进行摊铺，但是最小厚度不宜小于10m。

（3）碾压应紧跟摊铺机，及时进行碾压，以防混合料水分挥发，保证结构层在合适的含水量下成型。

5. 横向接缝处理要求

（1）用摊铺机摊铺混合料时，不宜中断，如因故中断时间超过2h，应设置横向接缝，摊铺机应驶离混合料末端。

（2）人工将末端含水量合适的混合料弄整齐，紧靠混合料放两根方木，方木的高度应与混合料的压实厚度相同；整平紧靠方木的混合料。

（3）方木的另一侧用砂砾或碎石回填约 3m 长，其高度应高出方木几厘米。

（4）将混合料碾压密实。

（5）在重新开始摊铺混合料之前，将砂砾或碎石和方木除去，并将下承层顶面清扫干净。

（6）摊铺机返回到已压实层的末端，重新开始摊铺混合料。

（7）如摊铺中断后，未按上述方法处理横向接缝，而中断时间已超过 2h，则应将摊铺机附近及其下面未经压实的混合料铲除，并将已碾压密实且高程和平整度符合要求的末端挖成与路中心线垂直并垂直向下的断面，然后再摊铺新的混合料。

6. 纵向接缝处理要求

应避免纵向接缝。高速公路和一级公路的基层应分两幅摊铺，宜采用两台摊铺机一前一后相隔 5～10m 同步向前摊铺混合料，并一起进行碾压。在不能避免纵向接缝的情况下，纵缝必须垂直相接，严禁斜接，并符合下列规定：

（1）在前一幅摊铺时，在靠中央的一侧用方木或钢模板做支撑，方木或钢模板的高度应与稳定土层的压实厚度相同。

（2）养生结束后，在摊铺另一幅之前，拆除支撑木（或板）。

第五节　石灰稳定类施工

在已粉碎或原本松散的土（包括各种粗、中、细粒土）中，掺入足量的石灰和水，经拌和、压实及养生后得到的混合料，当其抗压强度符合规定的要求时，称为石灰稳定土。

用石灰稳定细粒土得到的强度符合要求的混合料，称为石灰土；用石灰稳定中料土和粗粒土得到的强度符合要求的混合料，视所用原材料而定，原材料为天然砂砾土或级配砂砾时，称为石灰砂砾土；原材料为碎石土或级配碎石时，称为石灰碎石土；用石灰稳定原中级路面，使其适应做沥青路面和水泥混凝土路面的基层时，属于石灰砂砾土或石灰碎石土。

一、材料要求

（一）土

塑性指数为 15～20 的黏性土以及含有一定数量黏性土的中粒土和粗粒土均适宜于用石灰稳定。用石灰稳定无塑性指数的级配砂砾、级配碎石和未筛分碎石时，应添加 15% 左右的黏性土。塑性指数在 15 以上的黏性土更适宜于用石灰和水泥综合稳定。塑性指数在 10 以下的亚砂土和砂土用石灰稳定时，应采取适当的措施或采用水泥稳定。塑性指数偏大的黏性土应加强粉碎，粉碎后土块的最大尺寸不应大于 15mm。可以采用两次拌和法，第一次加部分石灰拌和后，闷放 1～2d，再加入其余石灰，进行第二次拌和。

使用石灰稳定土时，应遵守下列规定：

（1）石灰稳定土用做高速公路和一级公路和底基层时，颗粒的最大粒径不应超过

37.5mm，用做其他等级公路的底基层时，颗粒的最大粒径不应超过 53mm。

（2）石灰稳定土用做基层时，颗粒的最大粒径不应超过 37.5mm。

级配碎石、未筛分碎石、砂砾、碎石土、砂砾土、煤矸石和各种粒状矿渣等均适宜用做石灰稳定土的材料。石灰稳定土中碎石、砂砾或其他粒状材料的含量应在 80%以上，并应具有良好的级配。

（3）石灰稳定土中碎石或砾石的压碎值应符合下列要求：

1）基层。二级公路不大于 30%；二级以下公路不大于 35%。

2）底基层。高速公路和一级公路不大于 30%；二级和二级以下公路不大于 35%。

（4）硫酸盐含量超过 0.8%的土和有机质含量超过 10%的土，不宜用石灰稳定。

（二）石灰

石灰技术指标应符合表 3-2-11 的规定。应尽量缩短石灰的存放时间。石灰在野外堆放时间较长时，应覆盖防潮。对于高速公路和一级公路，宜采用磨细生石灰粉。

表 3-2-11　　石灰的技术指标

项目 \ 类别与指标		钙质生石灰			镁质生石灰			钙质消石灰			镁质消石灰		
		等级											
		Ⅰ	Ⅱ	Ⅲ	Ⅰ	Ⅱ	Ⅲ	Ⅰ	Ⅱ	Ⅲ	Ⅰ	Ⅱ	Ⅲ
有效钙加氧化镁含量（%）		≥85	≥80	≥70	≥80	≥75	≥65	≥65	≥60	≥55	≥60	≥55	≥50
未消化残渣含量（5mm 圆孔筛的筛余，%）		≤7	≤11	≤17	≤10	≤14	≤20						
含水量（%）								≤4	≤4	≤4	≤4	≤4	≤4
细度	0.71mm 方孔筛的筛余（%）							0	≤1	≤1	0	≤1	≤1
	0.125mm 方孔筛的筛余（%）							≤13	≤20		≤13	≤20	
石灰的分类界限，氧化镁含量（%）		≤5			>5			≤4			>4		

注　硅、铝、镁氧化物含量之和大于 5%的生石灰，有效钙加氧化镁含量指标，Ⅰ等不小于 75%，Ⅱ等不小于 70%，Ⅲ等不小于 60%；未消化残渣含量指标与镁质生石灰指标相同。

二、施工工艺流程及施工技术要点

（一）路拌法施工

石灰稳定土路拌法施工工艺流程如图 3-2-5 所示。

（1）准备下承层、施工放样与水泥稳定土施工要求相同。

（2）备料。除应符合水泥稳定土中所提到的要求外，还应符合下列规定：

1）当需分层采集土时，应将土先分层堆放在一场地上，然后从前到后将上下层土一起装车运送到现场。

2）对于塑性指数小于 15 的黏性土，机械拌和时，可视土质和机械性能确定是否需要过筛。人工拌和时，应筛除 15mm 以上的土块。

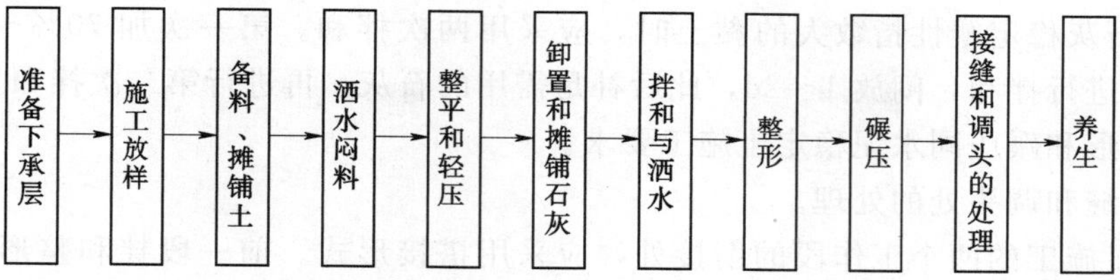

图 3－2－5　石灰稳定土路拌法施工工艺流程

3）石灰应选择公路两侧宽敞、临近水源且地势较高的场地集中堆放。当堆放时间较长时，应覆盖封存。石灰堆放在集中拌和场地时间较长时，也应覆盖封存。

4）生石灰块应在使用前 7～10d 充分消解。消解后的石灰应保持一定的湿度，不得产生扬尘，也不可过湿成团。

5）消石灰宜过孔径 10mm 的筛，并尽快使用。

（3）摊铺。应事先通过试验确定土的松铺系数。人工摊铺混合料时，其松铺系数可按表 3－2－12 选用。其他要求同水泥稳定土。

表 3－2－12　　人工摊铺混合料松铺系数表

材料名称	松铺系数	备　注
石灰土	1.53～1.58	现场人工摊铺土和石灰，机械拌和，人工整平
	1.65～1.70	路外集中拌和，运到现场人工摊铺
石灰土砂砾	1.52～1.56	路外集中拌和，运到现场人工摊铺

（4）洒水闷料、整平与轻压同水泥稳定土施工要求相同。

（5）卸置和摊铺石灰。

1）按计算所得的每车石灰的纵横间距，用石灰在土层上做标记，同时划出摊铺石灰的边线。

2）用刮板将石灰均匀摊开，石灰摊铺完后，表面应没有空白位置。量测石灰的松铺厚度，根据石灰的含水量和松密度，校核石灰用量是否合适。

（6）拌和与洒水。

1）对二级及二级以上公路，要求同水泥稳定土施工要求，只是当使用生石灰粉时，宜先用平地机或多铧犁将石灰翻到土层中间，但不能翻到底部。

2）对于三、四级公路的石灰稳定细粒土和中粒土，在没有专用拌和机械的情况下，可用农用旋转耕作机与多铧犁或平地机相配合拌和四遍。先用旋转耕作机拌和两遍，后用多铧犁或平地机将底部素土翻起，再用旋转耕作机拌和两遍，多铧犁或平地机将底部料再翻起，并随时检查调整翻犁的深度，使稳定土层全部翻透。严禁在稳定土层与下承层之间残留一层素土，但也应防止翻犁过深，过多破坏下承层的表面。也可以用缺口圆盘耙与多铧犁或平地机相配合，拌和石灰稳定细粒土、中粒土和粗粒土。要求同水泥稳定土施工要求。

3）拌和过程中混合料的含水量及检查应符合水泥稳定土施工要求。

4）如为石灰稳定级配碎石或砂砾时，应先将石灰和需添加的黏性土拌和均匀，然后均匀地摊铺在级配碎石或砂砾层上，再一起进行拌和。

5）用石灰稳定塑性指数大的黏土时，应采用两次拌和。第一次加70%～100%预定剂量的石灰进行拌和，闷放1～2d，此后补足需用的石灰，再进行第二次拌和。

（7）整形和碾压同水泥稳定土施工要求。

（8）接缝和调头处的处理。

1）同日施工的两个工作段的衔接处，应采用搭接形式。前一段拌和整形后，留5～8mm不进行碾压，后一段施工时，应与前段留下未压部分一起再进行拌和。

2）拌和机械及其他机械不宜在已压成的石灰稳定土层上调头。如必须调头，应采取措施保护调头部分，使石灰稳定土表层不受破坏。

3）纵缝的处理应符合水泥稳定土施工要求。

（9）养生及交通管制。

1）石灰稳定土在养生期间应保持一定的湿度，不应过湿或忽干忽湿。养生期不宜少于7d。每次洒水后，应用两轮压路机将表层压实。石灰稳定土基层碾压结束后1～2d，当其表层较干燥（如石灰土的含水量不大于10%，石灰粒料土的含水量为5%～6%）时，可以立即喷洒透层沥青，然后做下封层或铺筑面层，但初期应禁止重型车辆通行。

2）在养生期间未采用覆盖措施的石灰稳定土层上，除洒水车外，应封闭交通。在采用覆盖措施的石灰稳定土层上，不能封闭交通时，应限制车速不得超过30km/h，禁止重型卡车通行。

3）养生期结束后，在铺筑沥青面层前，应清扫基层并喷洒透层沥青或做下封层。如面层是沥青混凝土，在喷洒透层沥青后，应撒布5～10mm的小碎（砾）石，小碎（砾）石应均匀撒布约60%的面积。如喷洒的透层沥青能透入基层，其上作业车辆不会破坏沥青膜时，可以不撒小碎（砾）石。在喷洒沥青时，石灰稳定土层的上层应比较湿润。

4）石灰稳定土分层施工时，下层石灰稳定土碾压完成后，可以立即铺筑上一层石灰稳定土，不需专门的养生期。

（二）中心站集中厂拌法施工

中心站集中厂拌法施工同水泥稳定土施工要求。

第六节　石灰工业废渣稳定类施工

公路上常用的工业废渣主要包括粉煤灰、煤渣、高炉矿渣、钢渣（已经过崩解达到稳定），及其他冶金矿渣、煤矸石等。石灰工业废渣稳定土可分为两大类，即石灰粉煤灰类和石灰其他废渣类。

一定数量的石灰和粉煤灰或石灰和煤渣与其他集料相配合，加入适量的水（通常为最佳含水量），经拌和、压实及养生后得到的混合料，当其抗压强度符合规定的要求时，称为石灰工业废渣稳定土（简称为石灰工业废渣）。

一定数量的石灰和粉煤灰，一定数量的石灰、粉煤灰和土以及一定数量的石灰、粉煤灰和砂相配合，加入适量的水（通常为最佳含水量），经拌和、压实及养生后得到的混合料，当其抗压强度符合规定的要求时，分别简称为二灰、二灰土、二灰砂。

用石灰和粉煤灰稳定级配碎石或级配砾石得到的混合料，当其强度符合要求时，分别称为石灰、粉煤灰级配碎石和石灰、粉煤灰级配砾石。这两种混合料又统称为石灰、粉煤灰级配集料，或分别简称二灰级配碎石、二灰级配砾石、二灰级配集料。

用石灰、煤渣和土以及石灰、煤渣和集料得到的强度符合要求的混合料，分别称为石灰煤渣土和石灰煤渣集料。

一、材料要求

1. *石灰*

石灰工业废渣稳定土所用石灰质量应符合表 3-2-11 规定的Ⅲ级消石灰或Ⅲ级生石灰的技术指标，应尽量缩短石灰的存放时间，如存放时间较长，应采取覆盖封存措施，妥善保管。

有效钙含量在20%以上的等外石灰、贝壳石灰、珊瑚石灰、电石渣等，当其混合料的强度通过试验符合表 3-2-13 的标准时，可以应用。

表 3-2-13　　二灰混合料 7d 浸水抗压强度标准

层位＼公路等级	二级及二级以下公路	高速公路和一级公路
基层（MPa）	0.6～0.8	0.8～1.1①
底基层（MPa）	≥0.5	≥0.6

① 设计累计标准轴次小于 12×10^6 的高速公路用低限值；设计累计标准轴次大于 12×10^6 的高速公路用中值；主要行驶重载车辆的高速公路用高限值。对于具体一条高速公路，应根据交通状况采用某一强度标准。

2. *粉煤灰*

粉煤灰是火力发电厂燃烧煤粉产生的粉状灰渣。粉煤灰中 SiO_2、Al_2O_3 和 Fe_2O_3 的总含量应大于 70%，粉煤灰的烧失量不应超过 20%；粉煤灰的比表面积宜大于 2500 cm^2/g（或 90%通过 0.3mm 筛孔，70%通过 0.075mm 筛孔）。干粉煤灰和湿粉煤灰都可以应用。湿粉煤灰的含水量不宜超过 35%。

3. 煤渣

煤渣是煤经锅炉燃烧后的残渣，又称炉渣。主要成分是二氧化硅、氧化铝等。煤渣的最大粒径不应大于 30mm，颗粒组成宜有一定级配，且不宜含杂质。

4. 土

宜采用塑性指数 12～20 的黏性土（亚黏土），土块的最大粒径不应大于 15mm。有机质含量超过 10%的土不宜选用。二灰稳定的中粒土和粗粒土不宜含有塑性指数的土。

（1）用于二级及二级以下公路的二灰稳定土应符合下列要求：

1）二灰稳定土用做底基层时，石料颗粒的最大粒径不应超过 53mm。

2）二灰稳定土用做基层时，石料颗粒的最大粒径不应超过 37.5mm；碎石、砾石或其他粒状材料的质量宜占 80%以上，并符合表 3-2-14 的级配范围。

（2）用于高速公路和一级公路的二灰稳定土应符合下列要求：

1）二灰稳定土用做底基层时，土中碎石、砾石颗粒的最大粒径不应超过 37.5mm。各种细粒土、中粒土和粗粒土都可用二灰稳定后用做底基层。

表 3-2-14　　二灰级配砂砾（碎石）中集料的颗粒组成范围

集料类型	编号	孔尺寸（mm）								
		37.5	31.5	19.0	9.5	4.75	2.36	1.18	0.6	0.075
		通过质量百分率（%）								
二灰级配砂砾	1	100	85～100	65～85	50～70	35～55	25～45	17～35	10～27	0～15
	2		100	85～100	55～75	39～59	27～47	17～35	10～25	0～10
二灰级配碎石	1	100	90～100	72～90	48～68	30～50	18～38	10～27	6～20	0～7
	2		100	81～98	52～70	30～50	18～38	10～27	6～20	0～7

2）二灰稳定土用做基层时，二灰的质量应占15%，最多不超过20%，石料颗粒的最大粒径不应超过31.5mm，其颗粒组成宜符合表3-2-14的级配范围，粒径小于0.075mm的颗粒含量宜接近0。

（3）碎石或砾石的压碎值应符合下列要求：

1）基层：高速公路和一级公路不大于30%；二级和二级以下公路不大于35%。

2）底基层：高速公路和一级公路不大于35%；二级和二级以下公路不大于40%。

二、施工工艺流程及施工技术要点

石灰工业废渣稳定土施工可采用路拌法和中心拌和站集中拌和。

（一）路拌法

石灰工业废渣稳定土路拌法施工工艺流程如图3-2-6所示。

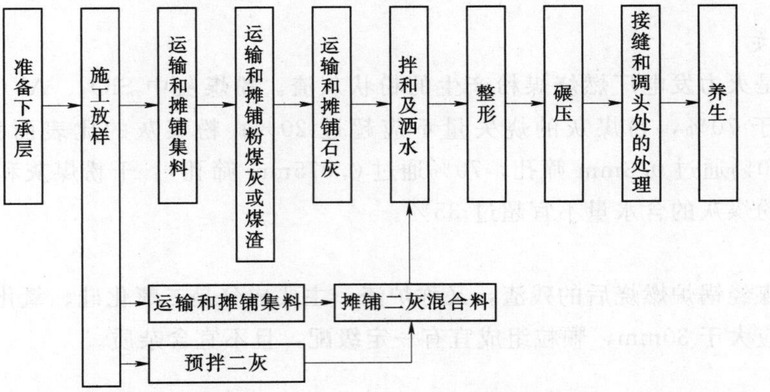

图3-2-6　石灰工业废渣稳定土路拌法施工的工艺流程图

1．准备下承层

准备下承层，施工放样与水泥稳定土施工相同。

2．备料

（1）运到现场的粉煤灰，应含有足够的水分，防止扬尘。在干燥和多风季节，应使料堆表面保持湿润，或者覆盖。如在堆放过程中，部分粉煤灰凝结成块，使用时应将灰块打碎。

场地集中堆放在粉煤灰，应予覆盖，避免雨淋过分潮湿。

（2）集料和石灰的备料要求同石灰稳定土施工。

（3）计算材料用量。根据各路段石灰工业废渣稳定土层的宽度、厚度及预定的干密度，计算各路段需要的干混合料质量；根据混合料的配合比、材料的含水量以及所用运料车辆的吨位，计算各种材料每车料的堆放距离。

(4) 在预定堆料的下承层上，在堆料前应先洒水，使其表面湿润。

3. 运输和摊铺

运输和摊铺施工参考水泥稳定土施工。

4. 拌和及洒水

(1) 对于二级和二级以上公路，应采用专用稳定土拌和机进行拌和，并应先干拌两遍。

(2) 用稳定土拌和机拌和时，拌和深度应直到稳定层底，并宜侵入下承层 5～10mm（不应过多），以加强上下层黏结。应设专人跟随拌和机，随时检查拌和深度并配合拌和机操作员调整拌和深度。直接铺在土基上的拌和层宜避免素土夹层，其余各层严禁在拌和层底部留有素土夹层。通常拌和两遍以上，在进行最后一遍拌和之前，必要时先用多铧犁紧贴底面翻拌一遍。

(3) 对于三、四级公路，在没有专用拌和机械的情况下，如为二灰稳定细粒土和中粒土，也可用旋转耕作机与多铧犁或平地机相配合先干拌四遍。先用旋转耕作机拌和两遍，后用多铧犁或平地机将底部素土翻起，再用放置耕作机拌和第二遍，用多铧犁或平地机将底部料再翻起，随时检查调整翻犁的深度，使稳定土层全部翻透。严禁在稳定土层与下承层之间残留一层素土，但也应防止翻犁过深，过多破坏下承层的表面。

(4) 对于三、四级公路，在没有专用拌和机械的情况下，如拌和二灰稳定中粒土和粗粒土，也可以用缺口圆盘耙与多铧犁或平地机相配合干拌。用平地机或多铧犁在前面翻拌，用圆盘耙跟在后面拌和，即采用边翻边耙的方法。圆盘耙的速度应尽量快，使二灰和集料拌和均匀。共翻拌四遍，开始的两遍不应翻犁到底，以防二灰落到底部，后面的两遍，应翻犁到底，随时检查调整翻犁的深度，要求同 (3)。

(5) 用喷管式洒水车将水均匀地喷洒在干拌后的混合料上，洒水距离应长些，水车起洒处和另一端调头处都应超出拌和段 2m 以上。洒水车不应在正进行拌和的以及当天计划拌和的路段上调头和停留，应防止局部水量过大。

(6) 拌和机械应紧跟在洒水车后面进行拌和，尤其在纵坡大的路段上应配合紧密，以减少水分流失。

(7) 在洒水拌和过程中，应及时检查混合料的含水量。水分宜大于最佳含水量 1%左右。

(8) 拌和过程中，要及时检查拌和深度，要使石灰工业废渣层全深都拌和均匀。拌和完成的标志是：混合料色泽一致，没有灰条、灰团和花面，没有粗细颗粒“窝”或“带”，且水分合适和均匀。

(9) 对于二灰级配集料，应先将石灰和粉煤灰拌和均匀，然后均匀地摊铺在集料层上，再一起进行拌和。

5. 整形

(1) 平地机整形。

1) 混合料拌和均匀后，先用平地机初步整平和整形。在直线段及不设超高的平曲线段，平地机由两侧向路中心进行刮平；在设超高的平曲线段，平地机由内侧向外侧进行刮平。必要时，再返回刮一遍。

2）用拖拉机、平地机或轮胎压路机快速碾压1～2遍，以暴露潜在的不平整。

3）再用平地机按1）所述进行整形，并用2）所述机械再碾压一遍。整形过程中，应及时消除粗细集料离析现象。

4）对于局部低洼处，应用齿耙将其表层5cm以上耙松，并用新拌的二灰级配集料找补平整。

5）再用平地机整形一次。

6）每次整形都要按照规定的坡度和路拱进行，并应特别注意接缝顺适平整。

（2）人工整形。人工用锹和耙先将混合料摊平，用路拱板进行初步整形。用拖拉机初压1～2遍后，根据试验确定的松铺系数，确定纵横断面的标高，并钉桩、挂线。利用锹耙按线整形，并再用路拱板校正成型。

（3）在整形过程中，必须禁止任何车辆通行。

（4）初步整形后，检查混合料的松铺厚度，必要时应进行补料或减料。二灰土的松铺系数为1.5～1.7；二灰集料的松铺系数为1.3～1.5；人工铺筑石灰煤渣土的松铺系数为1.6～1.8；石灰煤渣集料的松铺系数为1.4用机械拌和及机械整形时，集料松铺系数为1.2～1.3。

6．碾压、接缝和调头处的处理

碾压、接缝和调头处的处理同水泥稳定土施工。

（二）中心拌和站拌和法

中心拌和站施工除拌和方式与路拌法不同以外，其余施工工艺及要求均与路拌法相同。

对于高速公路和一级公路，应采用专用稳定土集中厂拌机械拌制混合料。集中拌和时，应符合下列要求：

（1）土块最大尺寸不应大于15mm；粉煤灰块不应大于12mm，且9.5mm和2.36mm筛孔的通过量应分别大于95%和75%。

（2）不同粒级的砾石或碎石以及细集料都应分开堆放。

（3）石灰、粉煤灰和细集料都应有覆盖，防止雨淋过湿。

（4）配料应准确，拌和应均匀。

（5）混合料的含水量应略大于最佳含水量，使混合料运到现场摊铺后碾压时的含水量能接近最佳值。

第七节　路面基层、底基层检查验收

一、施工质量控制

确保基层的施工质量符合设计文件和技术规范要求是基层施工的首要任务，施工过程中应采取有效措施控制施工质量，如建立、健全工地现场试验设施、质量检查与工序间的交接验收制度。各工序完成后应进行相应指标的检查验收，上一道工序完成且质量符合要求方可进入下一道工序的施工。施工质量控制的内容包括原材料与混合料技术指标的检验、试验路铺筑及施工过程中的质量控制与外形管理三大部分。

1. 原材料与混合料质量技术指标试验

基层施工前及施工工程中原材料出现变化时，应对所用的原材料进行规定项目的质量技术指标试验，以试验结果作为判定材料是否用于基层的主要依据，原材料技术指标试验项目及试验方法参见前述有关内容。

2. 试验路铺筑

为了有一个标准的施工方法作指导，在正式施工前应铺筑一定长度的试验路，以便考查混合料的配合比是否适宜，确定混合料的松铺系数、标准施工方法及作业段的长度等，并根据铺筑试验路的实际过程优化基层的施工组织设计。

3. 质量控制与外形管理

基层施工质量控制是在施工中对混合料的含水率、集料级配、结合料剂量、混合料抗压强度、拌和均匀性、压实度、表面回弹弯沉值等项目进行检查。表 3-2-15 列出了其中一些主要项目的检测频度及质量标准。外形管理包括基层的宽度、厚度、路拱横坡、平整度等。施工时应按规定的频度和质量标准进行检查。

表 3-2-15　　施工质量控制主要项目的检查频度和标准

工程类型	项目		检查频度	质量标准	不合格处理措施	备注
水泥、石灰稳定土及水泥、石灰综合稳定土	延迟时间		每个作业段 1 次	不超过规范规定	适当处理，改进施工方法	仅指水泥稳定类
	级配		每 $2000m^2$ 1 次	在规范规定范围内	调整材料，修整配合比	摊铺现场取样
	集料压碎值		根据观察，异常时随时试验	不超过规范规定值	换合格的材料	现场取样
	水泥或石灰剂量		每 $2000m^2$ 1 次，至少 6 个样品。用滴定法或测钙仪试验，并与实际用量核定	不小于设计值 -1%	检查原因，进行调整	摊铺时取样
	拌和均匀性		随时观察	无灰条、灰团、色泽均匀，无离析现象	补充拌和，处理粗集料“窝”和粗集料“带”	
	含水率	水泥稳定土	根据观察，异常时随时试验	不超过规范规定值		
		石灰稳定土				
	压实度	稳定细粒土	每一作业段或不超过 $2000m^2$ 检查 6 次以上	高速公路和一级公路 95%以上，其他等级公路 93%以上	继续碾压，局部含水量过大或材料不良地点，挖除并换填混合料	以灌砂法为准，每个点受压路机碾压次数相同
		稳定中、细粒土		高速公路和一级公路的底基层 96%，基层 98%以上，其他等级公路基底层 95%，基层 97%以上		
	抗压强度		稳定细粒土，每一作业或每 $2000m^2$ 检查 6 个试件；稳定中、粗粒土，每一作业段或每 $2000m^2$ 检查 6 个或 9 个试件	符合规范要求	调查原材料，按需要增加结合料剂量，改善集料级配	试件密度与现场密度一致

续表

工程类型	项目		检查频度	质量标准	不合格处理措施	备注
石灰、粉煤灰稳定土	配合比		每2000m²1次	石灰剂量不小于设计值－1%（当石灰剂量小于值4%时，不小于设计值0.5%）以内		按用量控制
	级配		每2000m²1次	符合规范规定要求	调整材料，修正配合比	全过程取样
	含水量		根据观察，异常时随时试验	不超过规范规定值		
	拌和均匀性		随时观察	无灰条、灰团、色泽均匀，无离析	补充拌和，处理粗集料窝和粗集料带	
	压实度	二灰土	每一作业段或不超过2000m²检查6次以上	高速公路和一级公路95%以上，其他等级公路93%以上	继续碾压，局部含水量过大或材料不良地点，挖除并换填混合料	以灌砂法为准，每个点受压路机碾压次数相同
		其他含粒料土		高速公路和一级公路的底基层97%或95%、基层98%以上，其他等级公路基底层95%或93%、基层97%以上		
	抗压强度		稳定细粒土，每一作业或每2000m²检查6个试件；稳定中、粗粒土，每一作业段或每2000m²检查6个或9个试件	符合规范规定要求	调查原材料，按需要增加石灰剂量，调整配合比，提高压实度等	试件密度与现场密度一致
无结合料基层（底基层）	含水量		根据观察，异常时随时试验	符合规范规定范围		
	级配		每2000m²1次（据观察，异常时随时试验）	符合规范规定范围	调查原材料，按需要修正现场配合比	现场取样湿筛法进行
	拌和均匀性		随时观察	无粗细集料离析现象	局部添加所缺材料，补充拌和或换料	全过程取样
	压实度		每个作业段或不超过2000m²检查6次	级配集料98%（96%），中间层100%，填隙碎石固体体积率不小于85%（83%）	继续碾压，局部含水量过大或材料不良地点，挖除并换混合料	以灌砂法为准，每个点受压路机碾压次数相同
	塑性指数		每1000m²1次，异常时随时试验	小于规范规定值		
	集料压碎值		随时观察，异常时随时试验	不超过规范规定值	换合格的材料	现场取样

续表

工程类型	项目	检查频度	质量标准	不合格处理措施	备注
无结合料基层（底基层）	CBR（承载比）	每 $3000m^2$ 1 次，据观察，异常时随时增加试验	小于规范规定值		
	弯沉值检验	每评定段（不超过 1km）每车道 40～50 个点	高速公路和一级公路 97.7%概率的上波动界限不大于计算的容许值，其他公路 95%	继续碾压，局部处理	碾压完后检测

二、检查验收

基层施工完毕应进行竣工检查验收，内容包括竣工基层的外形、施工质量和材料质量三个方面。检查验收过程中的试验、检验应做到原始记录齐全、数据真实可靠，为质量评定提供客观、准确的依据。检查验收应随机抽样进行，不能带有任何倾向性，通常以 1km 长的路段为一个评定单位。表 3－2－16 列出了竣工验收外形检查的内容和合格标准。竣工质量检查的内容和合格标准列于表 3－2－17 中。

表 3－2－16　竣工工程外形检查项目、频度和质量标准值

工程类别	项目	检测频度	质量标准	
			高速公路和一级公路	二级及二级以下公路
基层	高程（mm）	每 200m 长 4 点	+5，−10	+5，−15
	宽度（mm）	每 200m 长 4 点	+0 以上	+0 以上
	横坡度（%）	每 200 m 长 4 个断面	±0.3	±0.5
	厚度（mm）	每车道 200m 长 1 点	−8（均值）	−10（均值）
			−15（单个车道）	−20（单个车道）
	平整度（mm）	每 200m 长 2 处，每处连续量 10 尺	8	12
		连续式平整度仪的标准差	3.0	
底基层	高程（mm）	每 200m 长 4 点	+5，−15	+5，−20
	宽度（mm）	每 200m 长 4 点	+0 以上	+0 以上
	横坡度（%）	每 200m 长 4 个断面	±0.3	
	厚度（mm）	每车道 200m 长 1 点	−10（均值）	−12（均值）
			−25（单个车道）	−30（单个车道）
	平整度（mm）	每 200m 长 2 处，每处连续量 10 尺	12	15

表 3-2-17　　　　**施工质量合格标准值**

工程种类	检查项目	检查数量	标准值（%）	极限低值（%）
水泥稳定土、石灰稳定土、石灰工业废渣稳定土	压实度	6～10处②	基层 98（97）	94（93）
			底基层 96（95）	92（91）
	颗粒组成	2～3②	规定级配范围	
	水泥、石灰剂量（%）	3～6处②	设计值	设计值−1
水泥土、石灰土、二灰、二灰土	压实度	6～10处②	93（95）	89（91）
	水泥、石灰剂量（%）	3～6处②	设计值	水泥 1.0
				石灰 2.0
级配碎石（砾石）	压实度	6～10处②	基层 98	94
			底基层 96	92
	颗粒组成	2～3②	规定级配范围	
	弯沉值①	每车道 40～50 测点	符合计算值	
填隙碎石	压实度（固体体积率）	6～10处②	基层 85	82
			底基层 83	80
	弯沉值①	每车道 40～50 测点	符合计算值	
无结合料底基层	压实度	6～10处②	96	92
	弯沉值①	每车道 40～50 测点	符合计算值	

① 按双圆均布弹性双层体系、考虑季节影响系数计算的顶面沉弯值。

② 以每天完成段落为评定单位时，检查数量可取低值，以 1km 为评定单位时，检查数量取最高值。

检查验收的另一项重要工作是对有关测试数据进行处理。检查基层外形后，应分别计算宽度、厚度等项目测试数据的平均值 $\overline{X}$ 和标准差 S，再计算平均值的下置信界限 $\overline{X}_1$

$$\overline{X}_1=\overline{X}-t_a\frac{S}{1-n^{0.5}}$$

式中　t_a——t 分布表中随自由度和保证率（或置信度）而变的系数，高速公路及一级公路取 95%，其他公路取 90%；

n——检查样本数。

$\overline{X}_1$ 不应小于基层的设计厚度或宽度。

在检查施工质量时，测量弯沉值后，考虑一定保证率后的测量值上波动界限不应大于计算得到的弯沉值。弯沉测量值的上波动界限用下式计算

$$l_a=\bar{l}+Z_aS$$

式中　l_a——测量值的上波动界限（即代表弯沉值）；

$\bar{l}$——测量弯沉值的平均值；

S——测得弯沉值的标准差；

Z_a——与要求保证率有关的系数，高速公路和一级公路，取 $Z_a=2.0$；二级公路，取 $Z_a=1.645$。

在计算观测值的平均值和标准差时，可将超出 $\bar{l}\pm(2\sim3)S$ 的弯沉特异值舍弃，这样

计算得到的代表弯沉值不应大于要求的弯沉值。因弯沉值过大而舍弃的点，应找出其周围界限，并进行局部处理。

压实度检查后，其下置信限 $\bar{k}_1$，不应小于标准值 $\bar{k}_d$。水泥和石灰的测定剂量，其下置信限不应小于设计剂量。在检查施工质量过程中，个别测定指标超出极限值的点，特别是弯沉值大且压实度过小的点，应找出其范围并进行局部处理。

复习思考题

1. 简述填隙碎石的施工方法。
2. 简述泥结碎石的施工方法。
3. 简述级配碎石的施工方法。
4. 简述水泥稳定类的施工方法。
5. 简述石灰稳定类的施工方法。
6. 简述石灰工业废渣稳定类的施工方法。

第三章 沥青类路面施工

第一节 沥青表面处置路面施工

一、一般规定

（1）沥青表面处置路面适用于三级、四级公路的面层。由于沥青表面处置层很薄，一般不起提高强度作用，其主要作用是抵抗行车的磨耗，增强防水性，提高平整度，改善路面的行车条件。

（2）沥青表面处置可采用拌和法或层铺法施工。拌和法沥青表面处置厚度为20～40mm；采用层铺法施工时按照洒布沥青及撒铺矿料的层次多少可分为单层、双层、三层。单层表处厚度为10～15mm；双层表处厚度为15～25mm；三层表处厚度为25～30mm。其压实最小厚度为10mm，适宜厚度为10～30mm。

（3）沥青表面处置宜选择在干燥和较热的季节施工，并在最高温度低于15℃到来以前半个月及雨季前结束。

二、层铺法沥青表面处置施工

（一）材料规格与用量

沥青表面处置可采用道路石油沥青、乳化沥青、煤沥青铺筑，沥青标号应按现行施工技术规范相关规定选用。沥青表面处置的集料最大粒径应与处置层的厚度相等，其规格和用量宜按表3-3-1选用；沥青表面处置施工后，应在路侧另备S12（5～10mm）碎石或S14（3～5mm）石屑、粗砂或小砾石2～3$m^3/1000m^2$作为初期养护用料。

表3-3-1 沥青表面处置材料规格和用量

沥青种类	类型	厚度(mm)	集料($m^3/1000m^2$)			沥青或乳液用量(kg/m^2)			
			第一层	第二层	第三层	第一次	第二次	第三次	合计用量
			规格、用量	规格、用量	规格、用量				
石油沥青	单层	1.0	S12、7～9			1.0～1.2			1.0～1.2
		1.5	S10、12～14			1.4～1.6			1.4～1.6
	双层	1.5	S10、12～14	S12、7～8		1.4～1.6	1.0～1.2		2.4～2.8
		2.0	S9、16～18	S12、7～8		1.6～1.8	1.0～1.2		2.6～3.0
		2.5	S8、18～20	S12、7～8		1.8～2.0	1.0～1.2		2.8～3.2
	三层	2.5	S8、18～20	S12、12～14	S12、7～8	1.6～1.8	1.2～1.4	1.0～1.2	3.8～4.4
		3.0	S6、20～22	S12、12～14	S12、7～8	1.8～2.0	1.2～1.4	1.0～1.2	4.0～4.6

续表

沥青种类	类型	厚度(mm)	集料(m³/1000m²)			沥青或乳液用量(kg/m²)			
			第一层	第二层	第三层	第一次	第二次	第三次	合计用量
			规格、用量	规格、用量	规格、用量				
乳化沥青	单层	0.5	S14、7～9			0.9～1.0			0.9～1.0
	双层	1.0	S12、9～11	S14、4～6		1.8～2.0	1.0～1.2		2.8～3.2
	三层	3.0	S6、20～22	S10、9～11	S12、4～6 S14、3.5～4.5	2.0～2.2	1.8～2.0	1.0～1.2	4.8～5.4

注 1. 煤沥青表面处治的沥青用量可比石油沥青用量增加15%～20%。

2. 表中的乳液用量按乳化沥青的蒸发残留物含量60%计算，如沥青含量不同应予折算。

3. 在高寒地区及干旱风沙大的地区，可超出高限5%～10%。

（二）三层式表面处置工艺

层铺法沥青表面处置施工一般采用“先油后料”法，即先洒布一层沥青，后铺撒一层矿料。三层式表面处置为洒布三次沥青，铺撒三次矿料。

三层式沥青表面处置路面施工程序为：备料→清扫基层放样和安装路缘石→浇洒透层沥青→洒布第一次沥青→撒铺第一次矿料→碾压→洒布第二层沥青→铺撒第二层矿料→碾压→洒布第三层沥青→铺撒第三层矿料→碾压→初期养护。其主要的具体过程如下。

1. 清扫基层

在表面处置层施工前，应将路面基层清扫干净，使基层矿料大部分外露，并保持干燥。对有坑槽、不平整的路段应先修补和整平，若基层整体强度不足，则应先予补强。

2. 洒布透层沥青

透层是为使沥青面层与非沥青材料基层结合良好，在基层上洒布乳化沥青、煤沥青或液体沥青而形成的透入基层表面的薄层。沥青路面的级配砂砾、级配碎石基层及水泥、石灰、粉煤灰等无机结合料稳定土或粒料的半刚性基层上必须洒布透层沥青。在旧沥青路面、水泥混凝土路面、块石路面上铺筑沥青表面处置路面时，可在第一层沥青用量中增加10%～20%，不再另洒透层油或粘层油。

透层沥青宜采用慢裂的洒布型乳化沥青，也可采用中、慢凝液体石油沥青或煤沥青。透层沥青的稠度宜通过试洒确定，表面致密的半刚性基层宜采用渗透性好的较稀的透层沥青；级配砂砾、级配碎石等粒料基层宜采用较稠的透层沥青。各种透层沥青的品种和用量见表3-3-2。

透层应紧接在基层施工结束表面稍干后洒布。当基层完工后时间较长，表面过分干燥时，应在基层表面少量洒水并待表面稍干后洒布透层沥青。透层沥青应采用沥青洒布车喷洒，当用于表面处置或贯入式路面喷洒沥青的喷嘴不能保证喷洒均匀时，应更换喷嘴。在洒布透层沥青时还应注意以下事项：

（1）洒布透层前，路面应清扫干净，对路缘石及人工构造物应适当防护，以防污染。

（2）透层沥青洒布后应不致流淌，渗透入基层一定深度不得在表面形成油膜。

（3）如遇大风或即将降雨时，不得洒布透层沥青。

表 3-3-2 **沥青路面透层材料的规格与用量**

用途		乳化沥青		液体沥青		煤沥青	
		规格	用量（L/m²）	规格	用量（L/m²）	规格	用量（L/m²）
透层	粒料基层	PC-2	1.1～1.6	AL～（M）～1（2）	0.9～1.2	T-1	1.0～1.3
		PA-2		AL～（S）～1（2）		T-2	
	半刚性基层	PC-2	0.7～1.1	AL～（M）～1（2）	0.6～1.0	T-1	0.7～1.0

（4）气温低于10℃时，不宜浇洒透层沥青。

（5）应按设计的沥青用量一次洒布均匀，当有遗漏时，应用人工补洒。

（6）洒布透层沥青后，严禁车辆、行人通过。

（7）在铺筑沥青面层前，若局部地方尚有多余的透层沥青未渗入基层时，应予清除。

在无机结合料稳定半刚性基层上洒布透层沥青后，应立即洒布用量为 2～3m³/1000m² 的石屑或粗砂。在无结合料稳定半刚基层上洒布透层沥青后，当不能及时铺筑面层，并需开放施工车辆通行时，也应撒铺适量的石屑或粗砂，此种情况下，透层沥青用量宜增加10%。洒布石屑或粗砂后，应用6～8t 钢筒式压路机稳压一遍。当通行车辆时，应控制车速。在铺筑沥青面层前如发现局部地方透层沥青剥落，应予修补，当有多余的浮动石屑或砂时，应予扫除。透层洒布后应尽早铺筑沥青面层。当用乳化沥青作透层时，洒布后应待其充分渗透、水分蒸发后方可铺筑沥青面层，此段时间不宜少于 24h。

3. 洒布第一层沥青

在透层沥青充分渗透后，或在已做透层并已开放交通的基层清扫后，即可洒布第一层沥青。

4. 铺撒第一层矿料

洒布第一层沥青后（不必等全段洒完），应立即铺撒第一层矿料，当使用乳化沥青时，集料洒布必须在乳液破乳之前完成，其数量按规定一次撒足。矿料要铺撒均匀，局部缺料或过多处，用人工适当找补，或将多余矿料扫出。矿料不应有重叠或漏空现象，以达到全面覆盖、厚度一致、集料不重叠也不露出沥青的要求。两幅搭接处，第一幅洒布沥青后应暂留 10～15cm 宽度不撒矿料，待第二幅洒布沥青后一起铺撒矿料。无论机械或人工铺撒矿料，撒料后应及时扫匀，普遍覆盖一层，厚度一致，不应露沥青。

5. 碾压

铺撒一段矿料后（不必等全段铺完），应立即用 6～8t 钢筒双轮压路机或轮胎压路机碾压。碾压时应从路边逐渐移至路中心，然后再从另一边开始压向路中心。每次轮迹重叠宽度宜为 30cm，碾压 3～4 遍。压路机行驶速度开始不宜超过 2km/h，以后可适当增加。

6. 第二层、第三层施工

第二层、第三层的施工方法和要求与第一层相同，但可采用 8～10t 压路机。当使用乳化沥青时，第二层洒布 S12 碎石作嵌缝料后尚应增加一层封层料。其规格为 S14，用量为 3.5～5.5m^3/1000m^2。

7. 初期养护

除乳化沥青表面处置应待破乳后水分蒸发并基本成形后方可通车外，其他处置碾压结束后即可开放交通。通车初期应设专人指挥交通或设置障碍物控制行车，使路面全部宽度获得均匀压实。成型前应限制行车速度不超过 20km/h，严禁畜力车及铁轮车行驶，使路面全部宽度均匀压实。在通车初期，如有泛油现象，应在泛油地点补撒与最后一层矿料规格相同的养护料（城市道路的养护料，宜在施工时与最后一遍料一起铺撒），并仔细扫匀。过多的浮动矿料应扫出路面外，以免搓动其他已经黏着在位的矿料，当有其他破坏现象时，应及时进行修补。

第二节 沥青贯入式路面施工

沥青贯入式（碎石）路面主要指在初步碾压的集料层上洒布沥青，再分层铺撒嵌压，并借行车压实而形成的路面。沥青贯入式碎石是靠矿料颗粒间的锁结作用以及沥青的黏结作用获得较高的强度，有较大的荷载分布能力，在柔性路面的整体强度中，它可起较重要的作用。

一、材料及一般要求

（一）一般要求

（1）沥青贯入式路面适用于三级、四级公路，也可作为沥青路面的连接层或基层。

（2）沥青贯入式路面的厚度宜为 4～8cm，但乳化沥青贯入式路面的厚度不宜超过 5cm。当贯入层上部加铺拌和的沥青混合料面层成为上拌下贯式路面时，拌和层的厚度宜不小于 1.5cm。

（3）沥青贯入式路面的最上层应洒布封层料或加铺拌和层。沥青贯入层作为连接层使用时，可不撒表面封层料。

（4）沥青贯入式路面宜选择在干燥和较热的季节施工，并宜在日最高温度降低至 15℃以前半个月结束，使贯入式结构层通过开放交通碾压成型。

（二）材料要求

1. 集料

应选择有棱角、嵌挤性好的坚硬石料做集料。其规格和用量，应按表 3-3-3、表 3-3-4 选用。

沥青贯入层主层集料中大于粒径范围中值的数量不宜少于 50%。细粒料含量偏多时，嵌缝料用量宜采用低限。表面不加铺拌和层的贯入式路面在施工结束后每 1000m^2 应另备 2～3m^3 石屑或粗砂等供初期养护使用，石屑或粗砂的规格应与最后一层嵌缝料规格相同。

沥青贯入层的主层集料最大粒径宜与贯入层厚度相当。当采用乳化沥青时，主层集料最大粒径可采用厚度的 0.8～0.85 倍，数量宜按压实系数 1.25～1.30 计算。

主层石料的最大粒径应与压实层相同或接近主石料的标称最大粒径 D_{max} 与标称最小粒径 D_{min} 之比，一般都小于 2；最小的为 1.3：即通常都采用粒径均匀的石料，石料愈均匀，石料层下部和上部的孔隙愈大。

2. 结合料

沥青贯入式路面的结合料可采用道路石油沥青、煤沥青或乳化沥青。当采用石油沥青和乳化沥青时，沥青用量和乳液用量应按规范规定选定。当采用煤沥青时，沥青用量应相应增加 15%～20%。

贯入式路面各层分次沥青用量应根据施工气温及沥青标号等在规定范围内选用，在寒冷地带或当施工季节气温较低、沥青针入度较小时，沥青用量宜用高限。在低温潮湿气候下用乳化沥青贯入时，应按乳液总用量不变的原则进行调整，上层较正常情况适当增加，下层较正常情况适当减少。

二、施工工艺

沥青贯入式路面施工程序为：洒布主层料→初压→洒布第一层沥青→洒布第一层嵌缝料→碾压→洒布第二层沥青→洒布第二层嵌缝料→碾压→洒布第三层沥青→洒布封层料→终压→开放交通并初期养护。

沥青贯入式面层材料规格和用量见表 3-3-3，表面加铺拌和层时贯入层部分的材料规格和用量见表 3-3-4。

表 3-3-3　　沥青贯入式面层材料规格和用量

集料用量单位：$m^3/1000m^2$；沥青及沥青乳液用量单位：kg/m^2

沥青品种	石油沥青					
厚度（cm）	4		5		6	
规格和用量	规格	用量	规格	用量	规格	用量
封层料	S14	3～5	S14	3～5	S13（S14）	4～6
第三遍沥青		1.0～1.2		1.0～1.2		1.0～1.2
第二遍嵌缝料	S12	6～7	S11（S10）	10～12	S11（S10）	10～12
第二遍沥青		1.6～1.8		1.8～2.0		2.0～2.2
第一遍嵌缝料	S10（S9）	12～14	S8	16～18	S8（S6）	16～18
第一遍沥青		1.8～2.1		2.4～2.6		2.8～3.0
主层石料	S5	45～50	S4	55～60	S3（S2）	66～76
沥青总用量	4.4～5.1		5.2～5.8		5.8～6.4	

沥青品种	石油沥青				乳化沥青			
厚度（cm）	7		8		4		5	
规格和用量	规格	用量	规格	用量	规格	用量	规格	用量
封层料	S13（S14）	4～6	S13（S14）	4～6	S14	4～6	S14	4～6
第五遍沥青								0.8～1.0
第四遍嵌缝料							S14	5～6
第四遍沥青						0.8～1.0		1.2～1.4
第三遍嵌缝料					S14	5～6	S12	7～9
第三遍沥青		1.0～1.2		1.0～1.2		1.4～1.6		1.5～1.7
第二遍嵌缝料	S10（S11）	11～13	S10（S11）	11～13	S12	7～8	S10	9～11

续表

沥青品种	石油沥青				乳化沥青			
厚度（cm）	7		8		4		5	
规格和用量	规格	用量	规格	用量	规格	用量	规格	用量
第二遍沥青		2.4～2.6		2.6～2.8		1.6～1.8		1.6～1.8
第一遍嵌缝料	S6（S8）	18～20	S6（S8）	20～22	S9	12～14	S8	10～12
第一遍沥青		3.3～3.5		4.0～4.2		2.2～2.4		2.6～2.8
主层石料	S3	80～90	S1（S2）	95～100	S5	40～45	S4	50～55
沥青总用量		6.7～7.3		7.6～8.2		6.0～6.8		7.5～8.5

注　1. 煤沥青贯入式的沥青用量可较石油沥青用量增加15%～20%。

2. 表中乳化沥青用量是指浮液的用量，并适用于乳液浓度约为60%的情况。

3. 在高寒地区及干旱风砂大的地区，可超出高限，再增加5%～10%。

表3-3-4　表面加铺拌和层时贯入层部分的材料规格和用量

（用量单位：集料：$m^3/1000m^2$；沥青及沥青乳液：kg/m^2）

沥青品种	石油沥青					
贯入层厚度（cm）	4		5		6	
规格和用量	规格	用量	规格	用量	规格	用量
第二遍嵌缝料	S12	5～6	S12（S11）	7～9	S12（S11）	7～9
第二遍沥青		1.4～1.6		1.6～1.8		1.6～1.8
第一遍嵌缝料	S10（S9）	12～14	S8	16～18	S8（S7）	16～18
第一遍沥青		2.0～2.3		2.6～2.8		3.2～3.4
主层石料	S5	45～50	S4	55～60	S3（S2）	66～76
总沥青用量	3.4～3.9		4.2～4.6		4.8～5.2	

沥青品种	石油沥青			乳化沥青		
贯入层厚度（cm）	7		5		6	
规格和用量	规格	用量	规格	用量	规格	用量
第四遍嵌缝料					S14	4～6
第四遍沥青						1.3～1.5
第三遍嵌缝料			S14	4～6	S12	8～10
第三遍沥青				1.4～1.6		1.4～1.6
第二遍嵌缝料	S10（S11）	8～10	S12	9～10	S9	8～12
第二遍沥青		1.7～1.9		1.8～2.0		1.5～2.7
第一遍嵌缝料	S6（S8）	18～20	S8	15～17	S6	24～26
第一遍沥青		4.0～4.2		2.5～2.7		2.4～2.6
主层石料	S2（S3）	80～90	S4	50～55	S3	50～55
总沥青用量	5.7～6.1		5.9～6.2		6.7～7.2	

注　1. 煤沥青贯入式的沥青用量可较石油沥青用量增加15%～20%。

2. 表中乳化沥青用量是指乳液的用量，并适用于乳液浓度约为60%的情况。

3. 在高寒地区及干旱风砂大的地区，可超出高限，再增加5%～10%。

4. 表面加铺拌和层部分的材料规格及沥青（或乳化沥青）用量按热拌沥青混合料（或乳化沥青碎石混合料路面）的有关规定执行。

1. 摊铺主层集料及初压

用摊铺机摊铺主层集料时避免颗粒大小不均，并检查松铺厚度。摊铺后严禁车辆在铺好的集料层上通行。主层集料摊铺后采用6～8t的钢筒式压路机进行初压，碾压速度为2km/h。碾压自路边缘逐渐向路中心，每次轮迹重叠约30cm，以此为碾压一遍。然后检验路拱和纵向坡度，当不符合要求时，调整找平再压，至集料无显著推移为止。然后再用压路机进行碾压，每次轮迹重叠1/2左右，碾压4～6遍，直到主层集料嵌挤稳定，无显著轮迹为止。

2. 浇洒第一层沥青

主层集料碾压完毕后，立即浇洒第一层沥青。洒布沥青应符合下列要求：

（1）沥青的浇洒温度应根据施工气温及沥青标号来选择，石油沥青的洒布温度宜为130～170℃，煤沥青的洒布温度宜为80～120℃。乳化沥青在常温下洒布，当气温偏低需要加快破乳速度时，可将乳液加温后洒布，但乳液温度不得超过60℃。

（2）沥青要洒布均匀，不应有空白或积聚现象，以免日后产生松散、壅包或堆挤等病害。采用汽车洒布机洒布沥青时，应根据单位面积沥青用量选定洒布机排档和油泵机档。洒布汽车行驶的速度要均匀。当发现浇洒沥青后有空白、缺边时，应及时进行人工补洒，当有沥青积聚时应刮除。

（3）沥青浇洒的长度应与集料洒布机的能力相配合，应避免沥青浇洒后等待较长时间才洒布集料。

（4）前后两段喷洒的接茬应搭接良好。在每段接茬处，可用铁板或建筑纸等横铺在本段起洒点前及终点后，其长度宜为1～1.5m。当需要分幅浇洒时，纵向搭接宽度宜为10～15cm。

（5）除阳离子乳化沥青外，不得在潮湿的集料、基层或旧路面上浇洒沥青。

（6）对道路人工构造物及各种管井盖座、侧平石、路缘石等外露部分以及人行道道面等，洒油时应加遮盖，防止污染。

当采用乳化沥青贯入时，应防止乳液下漏过多。当主层集料碾压稳定后，应先洒布一部分上一层嵌缝料，再浇洒主层沥青。

3. 洒布第一层嵌缝料及碾压

主层沥青浇洒后，立即均匀洒布第一层嵌缝料，嵌缝料洒布后立即扫匀，不足处找补。嵌缝料扫匀后立即用钢筒及振动压路机进行碾压，轮迹重叠1/2左右，碾压4～6遍，直至稳定为止。碾压时随压随扫，使嵌缝料均匀嵌入。因气温过高使碾压过程中发生较大推移现象时，立即停止碾压，待气温稍低时再继续碾压。

4. 浇洒沥青和洒布嵌缝料

浇洒第二层沥青，洒布第二层嵌缝料，然后碾压，再浇洒第三层沥青。

5. 洒布封层料

施工方法与洒布嵌缝料相同。

6. 碾压

采用6～8t钢筒及振动压路机碾压2～4遍。

7. 交通控制

碾压结束后即可开放交通，但应禁止车辆快速行驶（不超过20km/h），要控制车辆行驶的路线，使路面个幅宽度获得均匀碾压，加速路面稳定成型。对局部泛油、松散、麻面等现象，应及时修整处理。通车初期应设专人指挥交通或设置障碍物控制行车，并使路面全部宽度均匀压实。在路面完全成型前应限制行车速度不超过20km/h，严禁兽力车及铁轮车行驶。

8. 初期养护

沥青贯入式路面施工后应进行初期养护。当发现有泛油时，应在泛油处补撒嵌缝料，并应扫匀。当有过多的浮动集料时，应扫出路面，并不得搓动已经黏着在位的集料。如有其他破坏现象，也应及时进行修补。

当沥青贯入式路面表面不采用洒布封层料而加铺沥青混合料拌和层时，应紧跟贯入层施工，上下应成为一个整体。贯入部分采用乳化沥青时，应待其破乳、水分蒸发且成型稳定后方可铺筑拌和层。当拌和层与贯入部分不能连续施工，且要在短期内通行施工车辆时，贯入层部分的第二遍嵌缝料用量应增加2～3m^3/1000m^2。在摊铺拌和层沥青混合料前，应清除贯入层表面的杂物、尘土以及浮动石料，再补充碾压一遍，并应洒布粘层沥青。

第三节 热拌沥青混合料路面施工

热拌沥青混合料包括沥青混凝土和热拌沥青碎石。高速公路和一级公路的上面层、中面层及下面层应采用沥青混凝土铺筑，沥青碎石混合料仅适用于过渡层及整平层。其他等级公路的沥青面层上面层宜采用沥青混凝土铺筑。

一、材料规格选择原则与配合比设计

1. 材料规格

材料规格以方孔筛为准，集料最大粒径不宜超过31.5mm。当采用圆孔筛作为过渡时，集料最大粒径不宜超过40mm。热拌沥青混合料的种类按表3-3-5选用。

表3-3-5 热拌沥青混合料种类

混合料类别	方孔筛系列			对应的圆孔筛系列		
	沥青混凝土	沥青碎石	最大集料粒径（mm）	沥青混凝土	沥青碎石	最大集料粒径（mm）
特粗式	—	AM—40	37.5	—	LS—50	50
粗粒式	AC—30	AM—30	31.5	LS—40 LH—35	LS—40 LS—35	40 35
	AC—25	AM—25	26.5	LH—30	LS—30	30
中粒式	AC—20	AM—20	19.0	LH—25	LS—25	25
	AC—16	AM—16	16.0	LH—20	LS—20	20
细粒式	AC—13	AM—13	13.2	LH—15	LS—15	15
	AC—10	AN—10	9.5	LH—10	LS—10	10
砂粒式	AC—5	AM—5	4.75	LH—5	LS—5	5
抗滑表层	AK—13	—	13.5	LK—15	—	15
	AK—16	—	16.0	LK—20	—	20

2. 选择热拌沥青混合料的原则

应该根据不同地区道路等级及所处的层位的功能要求，从表 3-3-6 中选择适当的结构组合，并注意以下原则要求：

(1) 应综合考虑满足耐久性、抗车辙、抗裂、抗水损害能力、抗滑性能等多方面要求，根据施工机械、工程造价等实际情况选择沥青混合料的种类。

(2) 面层宜采用双层或三层式结构，其中至少必须有一层是Ⅰ型密级配沥青混凝土混合料。当各层均采用沥青碎石混合料时，沥青面层下必须做下封层。

(3) 多雨潮湿地区的高速公路和一级公路的上面层宜采用抗滑表层混合料，其他等级公路及少雨干燥地区的高速公路和一级公路宜采用Ⅰ型沥青混凝土混合料做表层。

(4) 沥青面层的集料最大粒径宜从上至下逐渐增大，中粒式及细粒式用于上层，粗粒式只能用于中下层。砂粒式仅适用于通行非机动车及行人的路面工程。

(5) 上面层沥青混合料的集料最大粒径不宜超过层厚的 1/2，中、下层及连接层的集料最大粒径不宜超过层厚的 2/3。

(6) 高速公路的硬路肩沥青面层宜采用Ⅰ型沥青混凝土混合料做表层。

表 3-3-6　　沥青路面各层适用的沥青混合料类型

筛孔系列	结构层次	高速公路、一级公路		其他等级公路	
		三层式沥青混凝土路面	两层式沥青混凝土路面	沥青混凝土路面	沥青碎石路面粒径（mm）
方孔筛系列	上面层	AC—13 AC—16 AC—20			AM—13
	中面层	AC—20 AC—25			
	下面层	AC—25 AC—30	AC—20 AC—25 AC—30	AC—20 AC—25 AC—30 AM—25 AM—30	AM—25 AM—30
圆孔筛系列	上面层	LH—15 LH—20 LH—25	LH—15 LH—20	LH—15 LH—20	LS—15
	中面层	LH—25 LH—30			
	下面层	LH—30 LH—35 LH—40	LH—30 LH—35 LH—40	LH—25 LH—30 LH—35 AM—30 AM—35	LS—30 LS—35 LS—40

3. 热拌沥青混合料的配合比设计

热拌沥青混合料配合比设计应按规定进行。矿料筛分的标准筛筛孔以方孔筛为准，其级配范围见表 3-3-7。经主管部门同意，也可采用表 3-3-8 所列级配范围。

表 3-3-7 沥青混合料矿料级配及沥青用量范围（方孔筛）

级配类型			方孔筛（mm） 通过的质量百分率（%）															沥青用量（%）
			53.0	37.5	31.5	26.5	19.0	16.0	13.2	9.5	4.75	2.36	1.18	0.6	0.3	0.15	0.075	
沥青混凝土	粗粒	AC－30Ⅰ		100	90～100	79～92	66～82	59～77	52～72	43～63	32～52	25～42	18～32	13～25	8～18	5～13	3～7	4.0～6.0
		AC－30Ⅱ		100	90～100	65～85	52～70	45～65	38～58	30～50	18～38	12～28	8～20	4～14	3～11	2～7	1～5	3.0～5.0
		AC－25Ⅰ			100	95～100	75～90	62～80	53～73	43～63	32～52	25～42	18～32	13～25	8～18	5～13	3～7	4.0～6.0
		AC－25Ⅱ			100	95～100	65～85	52～70	42～62	32～52	20～40	13～30	9～23	6～16	4～12	3～8	2～5	3.0～5.0
	中粒	AC－20Ⅰ				100	95～100	75～90	60～80	52～72	38～58	28～46	20～34	15～27	10～20	6～14	4～8	4.0～6.0
		AC－20Ⅱ				100	90～100	65～85	52～70	40～60	26～45	16～33	11～25	7～18	4～13	3～9	2～5	3.5～5.5
		AC－16Ⅰ					100	95～100	75～90	58～78	42～63	32～50	22～37	16～28	11～21	7～15	4～8	4.0～6.0
		AC－16Ⅱ					100	90～100	65～85	50～70	30～50	18～35	12～26	7～19	4～14	3～9	2～5	3.5～5.5
	细粒	AC－13Ⅰ						100	95～100	70～88	48～68	36～53	24～41	18～30	12～22	8～16	4～8	4.5～6.5
		AC－13Ⅱ						100	90～100	60～80	34～52	22～38	14～28	8～20	5～14	3～10	2～6	4.0～6.0
		AC－10Ⅰ							100	95～100	55～75	38～58	26～43	17～33	10～24	6～16	4～9	5.0～7.0
		AC－10Ⅱ								90～100	40～60	24～42	15～30	9～22	6～15	4～10	2～6	4.5～6.5
	砂粒	AC－5Ⅰ								100	95～100	55～75	35～55	20～40	12～28	7～18	5～10	6.0～8.0
沥青碎石	特粗	AM－40	100	90～100	50～80	40～65	30～54	25～50	20～45	13～38	5～25	2～15	0～10	0～8	0～6	0～5	0～4	2.5～4.0
	粗粒	AM－30		100	90～100	50～80	38～65	32～57	25～50	17～42	8～30	2～20	0～15	0～10	0～8	0～5	0～4	2.5～4.0
		AM－25			100	90～100	50～80	43～73	38～65	25～55	10～32	2～20	0～14	0～10	0～8	0～6	0～5	3.0～4.5
	中粒	AM－20				100	90～100	60～85	50～75	40～65	15～40	5～22	2～16	1～12	0～10	0～8	0～5	3.0～4.5
		AM－16					100	90～100	60～85	45～68	18～42	6～25	3～18	1～14	0～10	0～8	0～5	3.0～4.5
	细粒	AM－13						100	90～100	50～80	20～45	8～28	4～20	2～16	0～10	0～8	0～6	3.0～4.5
		AM－10							100	85～100	35～65	10～35	5～22	2～16	0～12	0～9	0～6	3.0～4.5
抗滑表层		AK－13A						100	90～100	60～80	30～53	20～40	15～30	10～23	7～18	5～12	4～8	3.5～5.5
		AK－13B						100	85～100	50～70	18～40	10～30	8～22	5～15	3～12	3～9	2～6	3.5～5.5
		AK－16					100	90～100	60～82	45～70	25～45	15～35	10～25	8～18	6～13	4～10	3～7	3.5～5.5

表 3-3-8　　沥青混合料矿料级配及沥青用量范围（圆孔筛）

级配类型			圆孔筛（mm）															沥青用量（%）
			50	40	35	30	25	20	15	10	5	2.5	1.0	0.6	0.3	0.15	0.074	
			通过的质量百分率（%）															
沥青混凝土	粗粒	LH－40Ⅰ	100	90～100	84～94	77～89	68～85	58～78	48～69	41～61	30～50	25～41	18～32	13～25	8～18	5～13	3～7	3.5～5.5
		LH－40Ⅱ	100	90～100	85～100	78～93	60～78	43～64	36～56	28～48	18～38	12～28	8～20	4～14	3～11	2～7	1～5	3.0～5.0
		LH－35Ⅰ		100	90～100	82～95	70～88	59～79	50～70	41～60	30～50	25～41	18～32	13～25	8～18	5～13	3～7	4.0～6.0
		LH－35Ⅱ		100	90～100	78～93	60～78	43～64	36～56	28～48	18～38	12～28	8～20	4～14	3～11	2～7	1～5	3.0～5.0
		LH－30Ⅰ			100	95～100	75～90	60～80	52～72	41～60	30～50	25～42	18～32	13～25	8～18	5～13	3～7	4.0～6.0
		LH－30Ⅱ			100	90～100	65～85	50～70	40～60	30～50	18～40	13～30	9～23	6～16	4～12	3～8	2～5	3.0～5.0
		LH－25Ⅰ				100	95～100	75～90	60～80	50～70	36～56	28～46	20～34	15～27	10～20	6～14	4～8	4.0～6.0
		LH－25Ⅱ				100	90～100	65～85	50～70	38～58	24～45	16～33	11～25	7～18	4～13	3～9	2～5	3.5～5.5
	中粒	LH－20Ⅰ					100	95～100	75～90	56～76	40～60	30～50	22～38	16～29	11～21	7～15	4～8	4.0～6.0
		LH－20Ⅱ					100	90～100	65～85	50～70	28～50	18～35	12～26	7～19	4～14	3～9	2～5	3.5～5.5
	细粒	LH－15Ⅰ						100	95～100	70～88	48～68	36～53	24～41	18～30	12～22	8～16	4～8	4.5～6.5
		LH－15Ⅱ						100	90～100	60～80	34～54	22～38	14～28	8～20	5～14	3～10	2～6	4.0～6.0
		LH－10Ⅰ							100	95～100	55～75	38～58	26～43	17～33	10～24	6～16	4～9	5.0～7.0
		LH－10Ⅱ							100	90～100	40～60	24～42	15～30	9～22	6～15	4～10	2～6	4.5～6.5
	砂粒	LH－5Ⅰ								100	95～100	55～75	35～55	20～40	12～28	7～18	5～10	6.0～8.0
沥青碎石	特粗	LS－50	90～100	50～80	45～73	39～65	31～59	25～50	18～40	13～32	5～23	2～16	0～12	0～8	0～6	0～5	0～4	2.5～4.0
	粗粒	LS－40	100	90～100	70～88	50～78	40～70	40～70	32～60	20～48	15～40	7～30	0～14	0～10	0～8	0～5	0～4	2.5～4.0
		LS－35		100	90～100	70～90	48～75	38～65	28～51	20～42	8～31	2～20	0～14	0～10	0～8	0～6	0～4	2.5～4.5
		LS－30			100	90～100	55～80	45～69	35～55	25～45	10～32	2～20	0～14	0～10	0～8	0～6	0～5	3.0～4.5
	中粒	LS－25				100	95～100	55～85	40～70	28～55	12～36	5～22	2～16	1～12	0～10	0～8	0～5	3.0～4.5
		LS－20					100	90～100	55～80	36～62	18～42	6～26	3～18	1～14	0～10	0～8	0～5	3.0～4.5
	细粒	LS－15						100	90～100	40～65	20～45	8～28	4～20	2～15	0～10	0～8	0～6	3.0～4.5
		LS－10							100	85～100	40～65	10～35	5～22	2～16	0～12	0～9	0～6	3.0～4.5
抗滑表层		LK－15A						100	90～100	55～75	30～55	20～40	15～30	10～23	7～18	5～12	4～8	3.5～5.5
		LK－15B						100	90～100	45～65	18～40	10～30	8～22	5～15	4～12	3～9	2～6	3.5～5.5
		LK－20					100	90～100	55～80	40～68	25～45	15～34	10～26	8～18	6～13	4～10	3～7	3.5～5.5

经配合比设计确定的各类沥青混凝土混合料，应符合表3-3-9所列技术标准。

表3-3-9　　热拌沥青混合料马歇尔试验技术标准

试验项目	沥青混合料类型	高速公路、一级公路	其他等级公路	行人道路
击实次数（次）	沥青混凝土	两面各75	两面各50	两面各35
	沥青碎石、抗滑表层	两面各50	两面各50	两面各35
稳定度（kN）	Ⅰ型沥青混凝土	>7.5	>5.0	>3.0
	Ⅱ型沥青混凝土、抗滑表层	>5.0	>4.0	—
流值（0.1mm）	Ⅰ型沥青混凝土	20～40	20～45	20～50
	Ⅱ型沥青混凝土、抗滑表层	20～40	20～45	—
空隙率（%）	Ⅰ型沥青混凝土	3～6	3～6	2～5
	Ⅱ型沥青混凝土、抗滑表层	4～10	4～10	—
	沥青碎石	>10	>10	—
沥青饱和度（%）	Ⅰ型沥青混凝土	70～85	70～85	75～90
	Ⅱ型沥青混凝土、抗滑表层	60～75	60～75	—
	沥青碎石	40～60	40～60	—
残留稳定度（%）	Ⅰ型沥青混凝土	>75	>75	>75
	Ⅱ型沥青混凝土、抗滑表层	>70	>70	—

注　1. 粗粒式沥青混凝土稳定度可降低1kN。

2. Ⅰ型细粒式及砂粒式沥青混凝土的空隙率为2%～6%。

3. 沥青混凝土混合料的矿料间隙率（VMA）宜符合下表要求：

最大集料粒径（mm）									
	方孔筛	37.5	31.5	26.5	19.0	16.0	13.2	9.5	4.75
	圆孔筛	50	35或40	30	25	20	15	10	5
VMA≥（%）		12	12.5	13	14	14.5	15	16	18

4. 当沥青碎石混合料试件在60℃水浴中浸泡即发生松散时，可不进行马歇尔试验，但应测定密度、空隙率、沥青饱和度等。

5. 残留稳定度可根据需要采用浸水马歇尔试验或真空饱水后浸水马歇尔试验。

（1）高速公路、一级公路沥青路面的上、中面层的沥青混凝土混合料在配比设计时，应通过车辙试验机对抗车辙能力进行检验。在温度60℃、轮压0.7MPa条件下进行车辙试验的动稳定度，对高速公路应不小于800次/mm，对一级公路应不小于600次/mm。

（2）沥青碎石混合料的配比设计应根据经验和马歇尔试验的结果，经过试拌试铺论证确定。

（3）高速公路和一级公路的热拌沥青混合料配合比设计应遵照下列步骤进行：

1）目标配合比设计阶段。用工程实际使用的材料计算各种材料的用量比例、配合成符合表3-3-7规定的矿料级配，进行马歇尔试验，确定最佳沥青用量。以此矿料级配及沥青用量作为目标配合比，供拌和机确定各冷料仓的供料比例，进料速度及试拌使用。

2）生产配合比设计阶段。对间歇式拌和机，必须从二次筛分后进入各热料仓的材料取样进行筛分，以确定各热料仓的材料比例，供拌和机控制室使用。同时反复调整冷料仓进料比例以达到供料均衡，并取目标配合比设计的最佳沥青用量、最佳沥青用量±0.3%等三个沥青用量进行马歇尔试验，确定生产配合比的最终沥青用量。

3）生产配合比验证阶段。拌和机采用生产配合比进行试拌、铺筑试验段，并用拌和的沥青混合料及路上钻取的芯样进行马歇尔试验检验，由此确定生产用的标准配合比。标准配合比应作为生产上控制的依据和质量检验的标准。标准配合比的矿料级配至少应包括0.075mm、2.36mm、4.75mm（圆孔筛0.074mm、2.5mm、5mm）三挡的筛孔通过率接近要求级配的中值。

（4）经设计确定的标准配合比在施工过程中不得随意变更。生产过程中，如遇进场材料发生变化并经检测沥青混合料的矿料级配、马歇尔技术指标不符合要求时，应及时调整配合比，使沥青混合料质量符合要求并保持相对稳定。必要时重新进行配合比设计。

（5）二级及二级以下其他等级公路热拌沥青混合料的配合比设计可按高等级公路配比设计的步骤进行。当材料与同类道路相同时，可直接引用成功的经验。

二、主要施工程序的施工要点

1. 热拌沥青混合料的拌制

（1）沥青混合料必须在沥青拌和厂（场、站）采用拌和机械拌制。拌和厂的设置除应符合国家有关环境保护、消防、安全等规定外，还应具备下列条件：

1）拌和厂应设置在空旷、干燥、运输条件良好的地方。

2）沥青应分品种分标号密闭储存。各种矿料应分别堆放，不得混杂。矿粉等填料不得受潮，集料宜设置防雨顶棚。

3）拌和厂应有良好的排水设施。

4）拌和厂应配备试验室，并配置足够的仪器设备。

5）拌和厂应有可靠的电力供应。

（2）热拌沥青混合料可采用间歇式拌和机或连续式拌和机拌制。各类拌和机均应有防止矿粉飞扬散失的密封及除尘设备，并有检测拌和温度的装置。连续式拌和机应具备根据材料含水量变化调整矿料上料比例、上料速度、沥青用量的装置。高速公路和一级公路的沥青混凝土宜采用间歇式拌和机拌和。当工程材料从多处供料，来源或质量不稳定时，不得采用连续式拌和机。

（3）具有自记设备的间歇式拌和机拌和过程中应逐盘打印沥青及各种矿料的用量及拌和温度。

（4）沥青材料应采用导热油加热，沥青与矿料的加热温度应调节到能使拌和料出厂温度达到规定要求（表3-3-10）。如出厂温度过高，也影响沥青与集料的黏结力时，混合料不得使用，已铺筑的沥青路面应予铲除。

（5）沥青混合料拌和时间应以混合料拌和均匀、所有矿料颗粒全部裹覆沥青为宜，并经试验确定。间歇式拌和机每锅拌和时间宜为30～50s（其中干拌时间不得少于5s），连续式拌和机的拌和时间由上料速度及拌和温度调节。间隙式拌和机热矿料二次筛分用的振动筛应根据矿料级配要求选用，其安装角度应根据材料的可筛性、振动能力等由试验确定。

(6) 所拌和的混合料应均匀一致，无花白料，无结团成块或严重的粗细分离情况，不符合要求时不得使用。

(7) 混合料不立即铺筑时，可入仓库储存。仓库无保温设备时，允许的储料时间应以符合摊铺温度要求为准。有保温设备时，存储时间亦不宜超过72h。

(8) 出厂的混合料应逐车用地磅称重，并按现行试验方法测量运料车中混合料的温度，签发一式三份的运料单，一份存拌和厂，一份交摊铺现场，一份交司机。

表 3-3-10　　热拌沥青混合料的施工温度　　单位:℃

沥青种类		石油沥青			煤沥青	
沥青标号		AH-50 AH-70 AH-90 A-60	AH-100 AH-130 A-100 A-140 A-180	A-200	T-8 T-9	T-5 T-6 T-7
沥青加热温度		150～170	140～160	130～150	100～130	80～120
矿料温度	间隙式拌和机	比沥青加热温度高10～20（填料不加热）			比沥青加热温度高15（填料不加热）	
	连续式拌和机	比沥青加热温度高5～10（填料加热）			比沥青加热温度高8（填料加热）	
沥青混合料出厂正常温度		140～165	125～160	120～150	90～120	80～110
混合料储料仓储存温度		贮料过程中温度降低不超过10			储料过程中温度降低不超过10	
运输到现场温度		不低于120～150			不低于90	
摊铺温度	正常施工	不低于110～130，不超过165			不低于80，不超过120	
	低温施工	不低于120～140，不超过175			不低于100，不超过140	
碾压温度	正常施工	110～140，不低于110			80～110，不低于75	
	低温施工	120～150，不低于110			90～120，不低于85	
碾压终了温度	钢轮压路机	不低于70			不低于50	
	轮胎压路机	不低于80			不低于60	
	振动压路机	不低于65			不低于50	
开放交通温度		路面冷却后			路面冷却后	

注 1. 施工温度与沥青品种及标号有关，较稠的沥青使用靠近高限，较稀的沥青可靠近低限。
2. 本表不适用于改性沥青混合料施工。
3. 对高速公路、一级公路，沥青混合料出厂温度超过正常温度高限的30℃时，混合料应予废弃。

2. 热铺沥青混合料的运输要点

厂拌沥青混合料通常用自卸汽车运往铺筑现场。其所需运输的车辆数可按下式计算

$$n=\alpha\frac{t_1+t_2+t_3}{T}$$

式中 n——所需车辆数；

t_1——重载运程时间，min；

t_2——空载运程时间，min；

t_3——在工地卸料和等待的时间，min；

T——拌制一车混合料所需的时间，min；

α——储备系数，视交通情况而定，一般取 $\alpha=1.1\sim1.2$。

（1）运料汽车车厢应清扫干净，车厢侧板和底板可涂一层薄的油水（柴油与水的比例为 1∶3）混合液，但不得有余液积聚在车厢底部，以防止混合料与车厢板黏结。

（2）从拌和机向运料车上放料时，应每卸一斗料挪动一下汽车位置，以减少粗细集料的离析现象。

（3）运料车应用篷布覆盖，用以保温、防雨、防污染，夏季运输时间短于 0.5h 时，也可不加覆盖。

（4）按上述公式计算运输车辆数后，应考虑运量应较拌和能力或摊铺速度有所富余，施工过程中摊铺机前方应有运料车在等候卸料。对高速公路和一级公路，开始摊铺时在施工现场等候卸料的运料车不宜少于 5 辆。

（5）连续摊铺过程中，运料车应在摊铺机前 10～30cm 处停住，不得撞击摊铺机。卸料过程中运料车应挂空挡，靠摊铺机推动前进。

（6）混合料运至摊铺地点后应凭运料单接收，并检查拌和质量及温度等是否符合规定要求，不符合温度规定要求或已结成团块或遭雨淋湿的混合料不得铺筑在道路上。

3. 热拌沥青混合料摊铺施工要点

摊铺过程是自动倾卸汽车将混合料卸到摊铺机料斗后，经链式传送器将混合料往后传到螺旋摊铺器，随着摊铺机向前行驶、螺旋摊铺器即在摊铺带宽度上均匀地摊铺混合料。随后由振捣板捣实，并由摊平板整平。其工艺流程如图 3-3-1 所示。

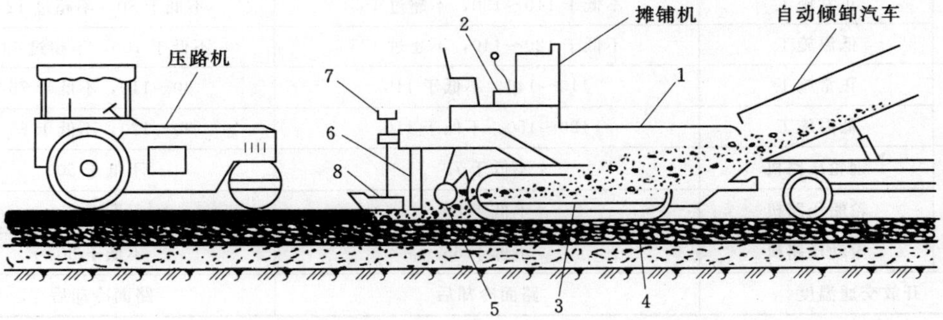

图 3-3-1　沥青混合料摊铺机操作示意图

1—料斗；2—驾驶台；3—送料器；4—履带；5—螺旋摊铺器；
6—振捣器；7—厚度调节杆；8—摊平板

摊铺工序十分重要，其主要施工要点如下：

（1）检查确认下层质量，当不合要求或未按规定洒布透层、粘层、铺筑下封层时，不得铺筑沥青面层。

（2）对高速公路、一级公路宜采用两台以上摊铺机成梯队作业进行摊铺，相邻两幅的摊铺应有 5～10cm 宽度的重叠。相邻两台摊铺机宜相距 10～30m，且不得造成前面摊铺混合料冷却。当混合料供应能满足不间断摊铺时，也可采用全宽度摊铺机一幅摊铺。摊铺机在开始受料前应在料斗内涂刷少量防止粘料的柴油。摊铺机应符合下列要求：

1）具有自动或半自动式调节摊铺厚度及找平装置。

2）具有足够容量的受料斗，在运料车换车时能连续摊铺，并有足够的功率推动运料车。

3）具有可加热的振动熨平板或振动夯等初步压实装置。

4）摊铺机宽度可以调整。

（3）摊铺机自动找平时，中、下面层宜采用基线厚度控制方式，表面层宜采用平衡梁厚度控制方式。经摊铺机初步压实的摊铺层应符合平整、横坡的规定要求。

（4）高速公路、一级公路施工气温低于10℃、其他等级公路低于5℃时，不宜摊铺热拌沥青混合料。如必须摊铺时，应采取以下措施：

1）提高混合料拌和温度，达到低温摊铺的温度要求。

2）运料车覆盖保温。

3）采用高密实度的摊铺机，熨平板应加热。

4）摊铺后紧接着碾压，并缩短碾压长度。

（5）松铺系数由试铺试验方法或按表3-3-11选用。摊铺过程中应随时检查摊铺层厚度及路拱、横坡，并按下式由使用的混合料总量与面积校验平均厚度，不合要求时，应视情况及时进行调整。

表3-3-11　　沥青混合料的松铺系数

种　类	机械摊铺	人工摊铺
沥青混凝土混合料	1.15～1.35	1.25～1.50
沥青碎石混合料	1.15～1.30	1.20～1.45

$$T=\frac{100M}{DLW}$$

式中　D——压实成型后沥青混合料的密度，t/m^3；

L——摊铺段长度，m；

M——摊铺的沥青混合总质量，t；

T——摊铺层压实成型后的平均厚度，cm；

W——摊铺宽度，m。

（6）应缓慢、均匀、连续不间断地摊铺，并不得随意变换速度或中途停顿。摊铺速度，按下式确定

$$v=\frac{100Q}{60DWT}C$$

式中　v——摊铺机摊铺速度，m/min；

D——压实成型后沥青混合料的密度，t/m^3；

Q——拌和机产量，t/h；

T——摊铺层压实成型后的平均厚度，cm；

W——摊铺宽度，m；

C——效率系数，根据材料供应、运输能力等配套情况确定，宜为0.6～0.8。

（7）用机械摊铺的混合料，不应用人工反复修整。但出现下列情况时，可用人工作局部找补或更换混合料：

1）横断面不符合要求。

2）构造物接头部位缺料。

3）摊铺带边缘局部缺料。

4）表面明显不平整。

5）局部混合料明显离析。

6）摊铺机后有明显的拖痕。

人工找补或更换混合料应在现场主管人员指导下进行。缺陷较严重时，应予铲除，并调整摊铺机或改进推铺工艺。当属机械原因引起严重缺陷时，应立即停止摊铺。人工修补时，工人不宜站在热混合料层面上操作。

（8）在路面狭窄部分、平曲线半径过小的匝道或加宽部分，以及小规模工程可用人工摊铺。人工摊铺沥青混合料应符合下列要求：

1）半幅施工时，路中一侧宜事先设置挡板。

2）沥青混合料宜卸在铁板上，摊铺时应扣锹摊铺，不得扬锹远甩。

3）边摊铺边用刮板整平，刮平时应轻重一致，往返刮 2～3 次达到平整即可。不得反复撒料，反复刮平，以免引起粗集料离析。

4）撒料用的铁锹等工具宜加热使用，也可沾涂轻柴油或油水混合液，以防黏结混合料。但涂油不得过于频繁，以免影响混合料质量。

5）摊铺后如因故不能及时碾压或遇雨时，应停止摊铺，并对卸下的混合料覆盖保温。低温施工时，卸下的混合料应以苫布覆盖。

4. 热拌沥青混合料的压实及成型要点

混合料摊铺整平后，应趁热及时进行碾压。其碾压温度见表 3－3－12。

表 3－3－12　　　　热拌沥青混合料的碾压温度　　　　单位：℃

沥青种类		石油沥青	煤沥青
碾压温度	正常施工	110～140，不低于 110	80～110，不低于 75
	低温施工	120～150，不低于 110	90～120，不低于 85
碾压终了温度	钢轮压路机	不低于 70	不低于 50
	轮胎压路机	不低于 80	不低于 60
	振动压路机	不低于 65	不低于 50
开放交通温度		路面冷冻后	路面冷却后

（1）应选择合理的压路机基合方式及碾压步骤。宜采用钢筒式静态压路机与轮胎压路机或振动压路机组合的方式。压路机的数量应根据生产率决定。宜采用的压实机械为：双轮钢筒式压路机（6～8t）；三轮钢筒式压路机（8～12t、12～15t）；轮胎压路机（12～20t、20～25t）；振动压路机（2～6t、6～14t）；手扶式小型振动压路机（1～2t）；振动夯板（质量不小于 180kg，振动频率不小于 3000 次/min）；人工热夯等。

（2）压实应按初压、复压、终压（包括成型）三个阶段进行。压路机的碾压速度应符合表3-3-13的要求。

表 3-3-13 压路机碾压速度 单位：km/h

压路机类型	初压		复压		终压	
	适宜	最大	适宜	最大	适宜	最大
钢筒式压路机	1.5～2	3	2.5～3.5	5	2.5～3.5	5
轮胎压路机	—	—	3.5～4.5	8	4～6	8
振动压路机	1.5～2（静压）	5（静压）	4～5（振动）	4～5（振动）	2～3（静压）	5（静压）

压实后的沥青混合料的压实度和平整度均应达到规定要求，其分层压实厚度不得大于10cm。

（3）初压。

1）初压应在混合料摊铺后较高温度下进行，并不得产生推移、发裂，压实温度应根据沥青稠度、压路机类型、气温、铺筑层厚度、混合料类型经试验确定。

2）压路机应从外侧向中心碾压。相邻碾压带应重叠1/3～1/2轮宽，最后碾压路中心部分，压完全幅为一遍。当边缘有挡板、路缘石、路肩等支挡时，应紧靠支挡碾压。边缘无支挡时，可用耙子将边缘的混合料稍稍耙高，然后将压路机的外侧轮伸出边缘10cm以上碾压。也可在边缘先空出30～40cm，待压完第一遍后，将压路机大部分重量位于已压实过的混合料面上再压边缘，以减少向外推移。

3）应采用轻型钢筒式压路机或关闭振动装置的振动压路机碾压两遍，其线压力不宜小于350N/cm。初压后检查平整度、路拱，必要时予以适当修整。

4）碾压时应将驱动轮面向摊铺机（图3-3-2）。碾压路线及碾压方向不应突然改变而导致混合料产生推移。压路机启动、停止必须减速缓缓进行。

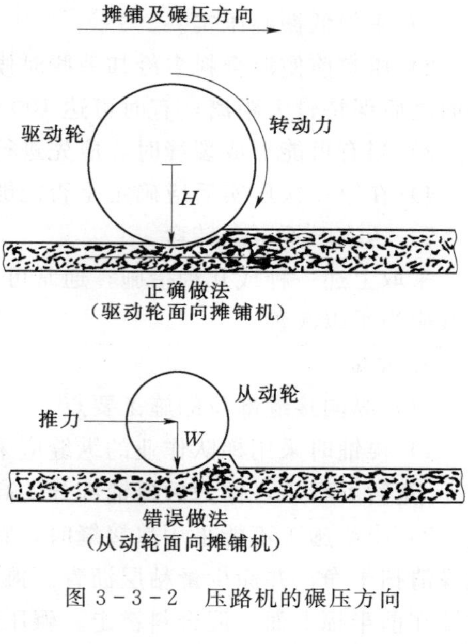

图3-3-2 压路机的碾压方向

（4）复压。

1）复压宜采用重型轮胎压路机，也可采用振动压路机或钢筒式压路机。碾压遍数应经试验确定，不宜少于4～6遍，应达到要求的压实度，并无显著轮迹。

2）当采用轮胎压路机时，总质量不宜小于15t。碾压厚层时，总质量不宜小于22t。轮胎充气压力不小于0.5MPa，相邻碾压带应重叠1/3～1/2的碾压轮宽度。

3）当采用三轮钢筒式压路机时，总质量不宜小于12t，相邻碾压带应重叠后轮1/2宽度。

4）当采用振动压路机时，振动频率宜为35～50Hz，振幅宜为0.3～0.8mm，可根据混合料种类、温度和层厚选用。层厚较厚时，选用较大的频率和振幅。相邻碾压带重叠宽度为 10～20cm。振动压路机起步时应先起步后振动，停车时应先停止振动再停车，以免混合料形成鼓包。

（5）终压。终压应紧接在复压后进行。可选用双轮钢筒式压路机或关闭振动的振动压路机碾压，不宜少于两遍，并无轮迹。路面压实成型的终了温度应符合规定要求。

（6）碾压段长度以与摊铺速度平衡为原则选定，并保持大体稳定。压路机每次应由两端折回的位置阶梯形地随摊铺机向前推进，使折回处不在同一横断面上。在摊铺机连续摊铺的过程中，压路机不得随意停顿。压路机不得在未碾压成型并冷却的路段上转向、调头或停车等候。振动压路机在已成型的路面上行驶时应关闭振动。

（7）对压路机无法压实的桥梁、挡土墙等构造物接头、拐弯死角、加宽部分及某些路边缘等局部部位，应采用振动夯板压实。对雨水井与各种检查井的边缘还应用人工夯锤、热烙铁补充压实。

（8）在当天碾压的尚未冷却的层面上，不得停放任何机械设备或车辆，不得散落矿料、油料等杂物。

（9）使用振动压路机压实，如在沥青混合料上进行压实，极易产生纵向和横向裂缝，且有产生轮迹的可能。如表面塑性太大，也难以获得较高的密实度，为此，可采用下列方法处理：

1）采用低振幅压实。

2）压实前使混合料多冷却一些时候，使之基本稳定再压。具体措施是使压路机在摊铺面之后保持较大距离，有时可达 1000m。

3）当有可能形成裂缝时，应先进行 1～2 次慢速静力压实，速度可为 l.2km/h。

4）在第一次压实后应确定是否能够继续碾压或混合料是否需要进一步冷却。

5）压实时不可急转弯。

采取上述一种或几种措施，通常可获得较高密实度。如是属于混合料的配比等问题，自然应当予以改善。

5. 接缝

（1）纵向接缝部位的施工要点。

1）摊铺时采用梯队作业的纵缝应采用热接缝。施工时应将已铺混合料部分留下 10～20cm 宽暂不碾压，作为后摊铺部分的高程基准面，再最后作跨缝碾压以消除缝迹。

2）半幅施工不能采用热接缝时，宜加设挡板或采用切刀切齐。铺另半幅前必须将缝边缘清扫干净，并涂少量粘层沥青。摊铺时应重叠在已铺层上 5～10cm，摊铺后用人工将摊铺在前半幅上面的混合料铲走。碾压时应按图 3－3－3 的方式进行。先在已压实路面上

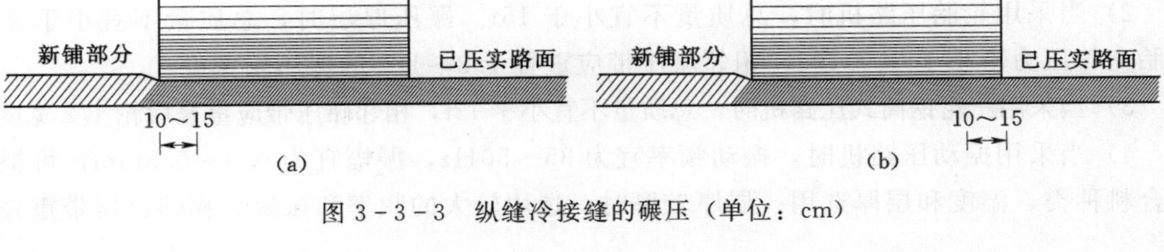

图 3－3－3　纵缝冷接缝的碾压（单位：cm）

行走，碾压新铺层10～15cm，然后压实新铺部分，再伸入已压实路面10～15cm，充分将接缝压实紧密。上下层的纵缝应错开15cm以上，表层的纵缝应顺直，且宜留在车道区画线位置上。

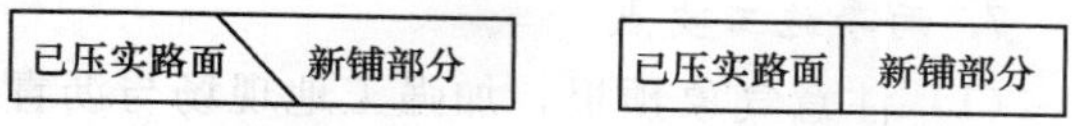

(a)斜接缝 (b)平接缝

图3-3-4 纵缝冷接缝的碾压

(2) 相邻两幅及上下层的横向接缝要点。相邻两幅及上下层的横向接缝均应错位1m以上。对高速公路、一级公路，中下层的横向接缝时可采用斜接缝，在上面层应采用垂直的平接缝如图3-3-4所示。其他等级公路的各层均可采用斜接缝。铺筑接缝时，可在已压实部分上面铺设一些热混合料使之预热软化，以加强新旧混合料的黏结。但在开始碾压前，应将预热用的混合料铲除。斜接缝的搭接长度与层厚有关，宜为0.4～0.8m。搭接处应清扫干净并洒粘层油。当搭接处混合料中的粗集料颗粒超过压实层厚时应予剔除，并补上细料，斜接缝应充分压实并搭接平顺。平接缝应做到紧密黏结，充分压实，连接平顺。为此，可在施工结束时，在摊铺机接近端部前约1m处将熨平板稍稍抬起驶离现场，用人工将端部混合料铲齐后再予碾压。然后用3m直尺检查平整度，趁尚未冷透时垂直铲除端部层厚不足的部分，使下次施工时成直角连接；在预定的摊铺段的末端先撒一薄层砂带，摊铺混合料后趁热在摊铺层上挖出一道缝隙，缝隙位于撒砂与未撒砂的交界处，在缝中嵌入一块与压实层厚等厚的木板或型钢，待压实后，铲除撒砂的部分，扫除砂子，撤去木板或型钢，在端部洒粘层沥青接茬摊铺；在预定摊铺段的末端先铺上一层麻袋或牛皮纸，摊铺碾压成斜坡，下次施工时将铺有麻袋或牛皮纸的部分用人工刨除，在端部洒粘层沥青接着摊铺；在预定摊铺段的末端先撒一薄层砂带，再摊铺混合料，待混合料稍冷却后用切割机将撒砂的部分切割整齐后取走，用干拖布吸走多余的冷却水，待完全干燥后在端部洒粘层沥青接着摊铺，但不得在接头处有水或潮湿情况下铺筑混合料。

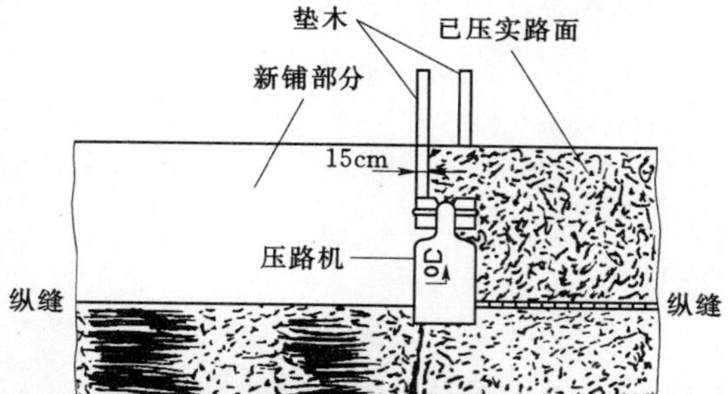

图3-3-5 横向接缝的碾压方法

(3) 从接缝处起继续摊铺混合料前，应用3m直尺检查端部平整度，不合要求时，应予修整。摊铺时应调整好预留高度，接缝处摊铺层施工结束后再用3m直尺检查平整度，当不合要求时应趁热立即处理。

(4) 横向接缝的碾压应先用双轮或三轮钢筒式压路机进行横向碾压，如图3-3-5所示。碾压带的外侧应放置供压路机行驶的垫木，碾压时压路机应位于已压实的混合料层上，伸入新铺层的宽度为15cm。然后每压一遍向新铺混合料移15～20cm，直至全部在新铺纵缝层上为止，再改为纵向碾压。当相邻摊铺层已经成型，同时又有纵缝时，可先用钢筒式压路机沿纵缝碾压一遍，其碾压宽度为15～20cm，然后再沿横缝作横向碾压，最后进行正常的纵向碾压。

6. 开放交通

应待摊铺层完全自然冷却，混合料表面温度低于50℃后，方可开放交通。需要提早开放交通时，可洒水冷却降低混合料温度。

7. 雨季施工要点

（1）注意气象预报，加强工地现场与沥青拌和厂联系，缩短施工长度，各项工序紧密衔接。

（2）运料车和工地应备有防雨设施，并做好基层及路肩的排水措施。

（3）当遇雨或下层潮湿时，不得摊铺施工，对未经压实即遭雨淋的混合料，应全部清除，更换新料。

复习思考题

1. 沥青表面处治路面的施工程序及施工要点是什么？
2. 沥青贯入式路面的施工程序及施工要点是什么？
3. 热拌沥青混合料路面的施工程序及施工要点是什么？

第四章　水泥混凝土路面施工

第一节　水泥混凝土路面的构造

水泥混凝土路面是以水泥混凝土做面层的路面，也称为刚性路面，包括普通混凝土（素混凝土）、钢筋混凝土、连续配筋混凝土、预应力混凝土、装配式混凝土、钢纤维混凝土和混凝土预制块铺砌路面等。

普通混凝土路面是指除接缝区和局部范围（边缘和角隅）外不配置钢筋的混凝土路面。

一、水泥混凝土路面的优点

与其他类型路面相比，水泥混凝土路面具有以下优点：

（1）强度高、耐久性好。水泥混凝土路面具有较高的抗压、抗弯拉、抗磨耗的力学性能，因而耐久性好，使用年限较长。

（2）稳定性好。水泥混凝土路面的水稳性、热稳性均较好，强度能随着时间的延长而逐渐提高，不存在沥青路面的老化现象。

（3）平整度和粗糙度好。尽管水泥混凝土路面设有接缝，但它的表面很少有起伏、波浪变形，通行各种重型车辆均能够保持良好的平整度。同时，路面在潮湿时仍能保持足够的粗糙度，而使车辆不打滑，能够保持较高的安全行车速度。

（4）养护维修费用少，运输成本低。由于水泥混凝土路面坚固耐久，养护维修的工作量小，故所需的养护费用小而且路面平整，行车阻力小，能提高车速，减少燃料消耗，降低运输成本。

二、水泥混凝土路面的缺点

水泥混凝土面层的缺点主要有以下几方面：

（1）对水泥和水的需要量大，在水泥供应不足和缺水地区施工困难。

（2）普通水泥混凝土面层设置的接缝增加了施工和养护的复杂性，而且影响行车的舒适性，且易导致路面板边和板角处破坏。

（3）开放交通较迟。水泥混凝土面层完工后，一般要经过 14～ 21d 养生才能开放交通，如需提早开放交通，则需采取特殊措施。

（4）修复困难。水泥混凝土面层损坏后，开挖很困难，修补工作量大，且影响交通。

三、接缝的设置

一年四季和白天黑夜，气温冷热的变化，使混凝土面板产生膨胀和收缩。白天气温升高，面板顶面温度较底面为高，这种温度坡差会造成面板中部突起。夜间气温降低，面板顶面温度较底面为低，致使面板的周围和角隅翘起，如图 3－4－1（a）所示。这些变形会受到面板和地基之间的摩阻力和黏结力以及面板自重和车轮荷载的约束，致使面板内产生过大的应力，造成面板断裂或拱胀破坏，如图 3－4－1（b）、（c）所示。为了避免这些缺陷，不得不把整个路面分割成多板块，故而设置许多接缝。接缝应能：①控制收缩应力和翘曲应力所引起的裂缝出现的位置；②通过接缝提供足够的荷载传递；③防止坚硬的杂物落入接缝缝隙内。

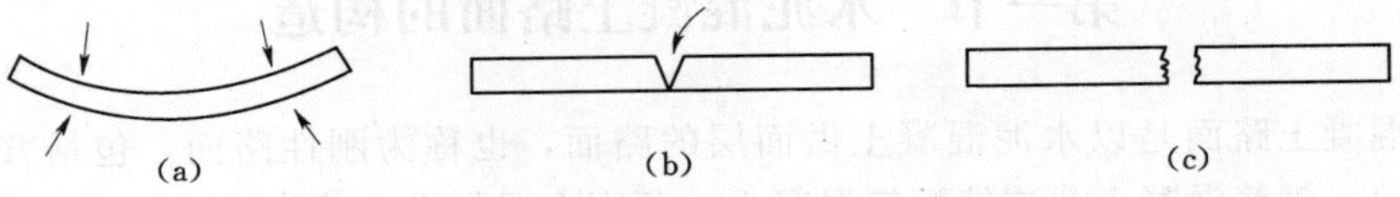

图 3－4－1　混凝土面板由于温度坡差引起的变形及开裂

四、纵缝及其构造

纵缝分为纵向缩缝和纵向施工缝。

（1）由于受施工条件限制，当铺筑宽度小于路面宽度时，应设置纵向施工缝，一般采用平缝，并在板厚中央设置拉杆，以防止接缝张开和板的上下错动，其构造如图 3－4－2 所示。

（2）当一次铺筑宽度大于 4.5m 时，应设置纵向缩缝，可采用假缝加拉杆型，其构造如图 3－4－3 所示。

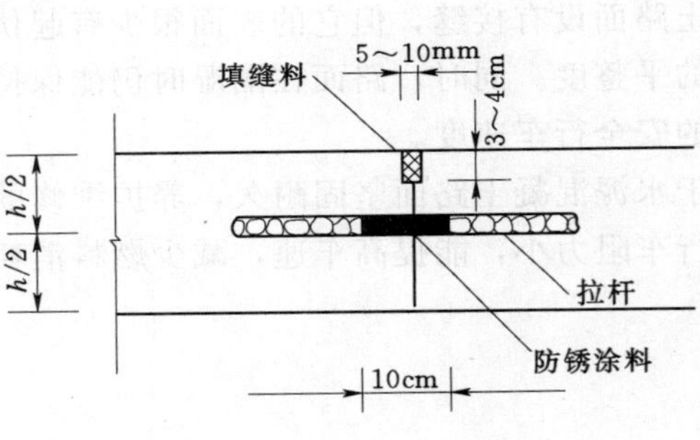

图 3－4－2　纵向施工缝构造图

h—路面的厚度

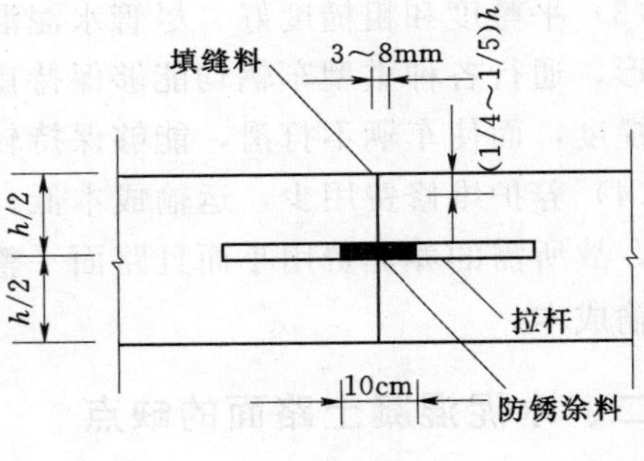

图 3－4－3　纵向缩缝构造图

h—路面的厚度

五、横缝及其构造

横缝是指在水泥混凝土路面板上设置的与道路中线垂直或接近垂直的缝。

横缝分为横向缩缝、横向胀缝和横向施工缝，其构造如图 3－4－4～图 3－4－6 所示。

六、拉杆与传力杆

拉杆是为了防止板块横向位移而设置在纵缝上的异形钢筋。拉杆应采用螺纹钢筋，设于板厚的中央，并应对拉杆中部 10cm 范围内进行防锈处理。拉杆的尺寸和间距可按表

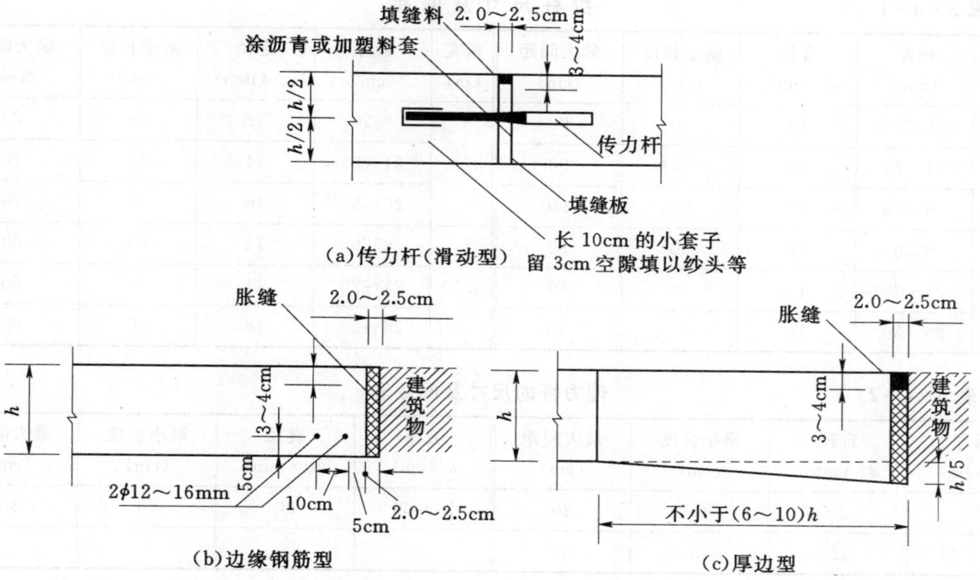

图 3-4-4　胀缝构造图

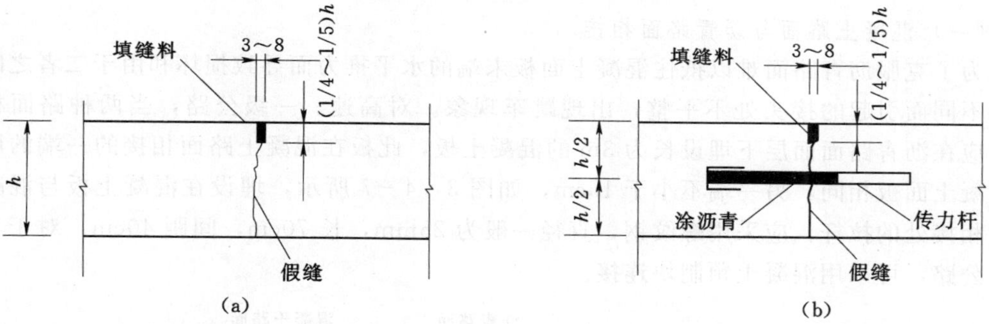

图 3-4-5　横向缩缝构造图（单位：mm）

3-4-1选用。

传力杆是为了保证接缝的传荷能力和路面的平整度，防止产生错台等而设置的。传力杆采用光圆钢筋，主要用于横向接缝。对胀缝或缩缝，传力杆均采用相同的间距和尺寸，见表 3-4-2。对设在缩缝上的传力杆，其长度的一半再加 5cm，应涂以沥青或加塑料套，涂沥青端宜在相邻板中交错布置；对设于胀缝上的传力杆，尚应在涂沥青一端加套筒，内留 3cm 的空隙，填以弹性填料、纱头或泡沫塑料。套子端宜在相邻板中交错布置。注意：其外边的传力杆距接缝或自由边的距离一般为 15～25cm。

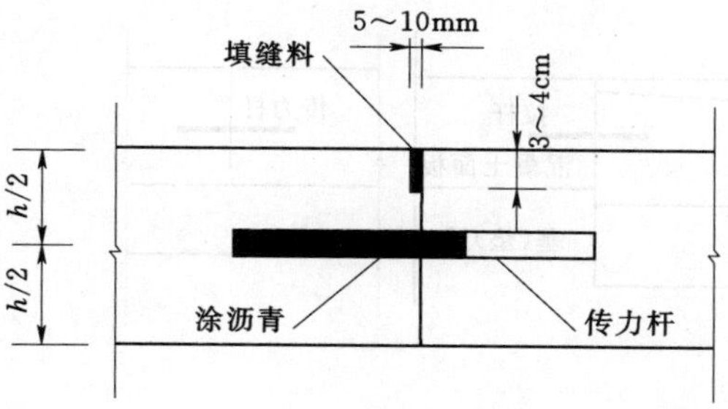

图 3-4-6　横向施工缝构造图

表 3-4-1　　　　拉杆尺寸及间距

板宽 (m)	板厚 (cm)	直径 d_s (mm)	最小长度 (cm)	最大间距 (cm)	板宽 (m)	板厚 (cm)	直径 d_s (mm)	最小长度 (cm)	最大间距 (cm)
3.00	≤20	12	60	90	3.75	≤20	12	60	70
	21～25	14	70	90		21～25	14	70	70
	26～30	16	80	90		26～30	16	80	70
3.50	≤20	12	60	80	4.50	≤20	12	60	60
	21～25	14	70	80		21～25	14	70	60
	26～30	16	80	90		26～30	16	80	60

表 3-4-2　　　　传力杆的尺寸及间距表

板厚 h (cm)	直径 d_s (mm)	最小长度 (cm)	最大间距 (cm)	板厚 h (cm)	直径 d_s (mm)	最小长度 (cm)	最大间距 (cm)
20	20	40	30	26～30	30	50	30
21～25	25	45	30				

七、水泥混凝土路面与构筑物的衔接

（一）混凝土路面与沥青路面相接

为了克服沥青路面难以抵住混凝土面板末端的水平推力而导致损坏和由于二者之间的沉降不同而引起的接头处不平整，出现跳车现象。对高速、一级公路，当两种路面相接时，应在沥青路面面层下埋设长为 3m 的混凝土板，此板在混凝土路面相接的一端的厚度与混凝土面板相同，另一端不小于 15cm，如图 3-4-7 所示，埋设在混凝土板与混凝土路面相接处的拉杆，应采用螺纹钢，直径一般为 25mm，长 70cm，间距 40cm。对于其他等级公路，可采用混凝土预制块连接。

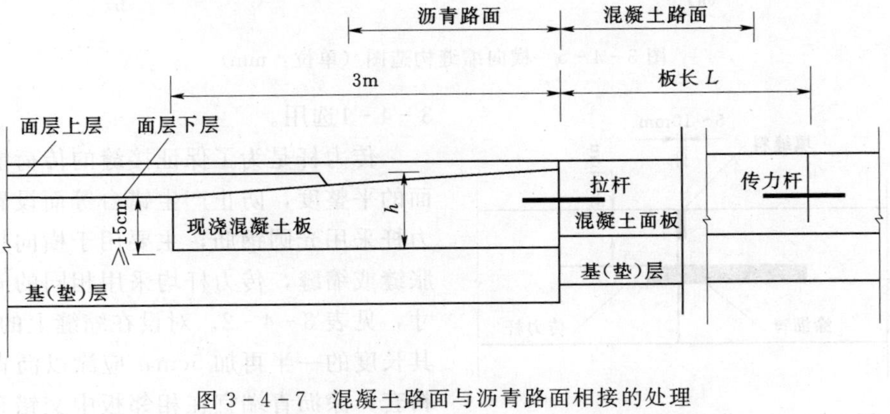

图 3-4-7　混凝土路面与沥青路面相接的处理

（二）混凝土路面与桥梁相接

在公路上，特别是在高等级公路上应设置桥头搭板。搭板与路面板之间采用钢筋混凝土面板过渡（过渡板），且其长度不小于 5m。搭板与过渡板之间应设置接缝，过渡板与混凝土面板之间应设置胀缝，见图 3－4－8 所示。当与桥斜交时，过渡板的锐角部配置钢筋网补强。搭板与过渡板相接处设拉杆，其尺寸、间距和上述（一）中的拉杆设置相同。

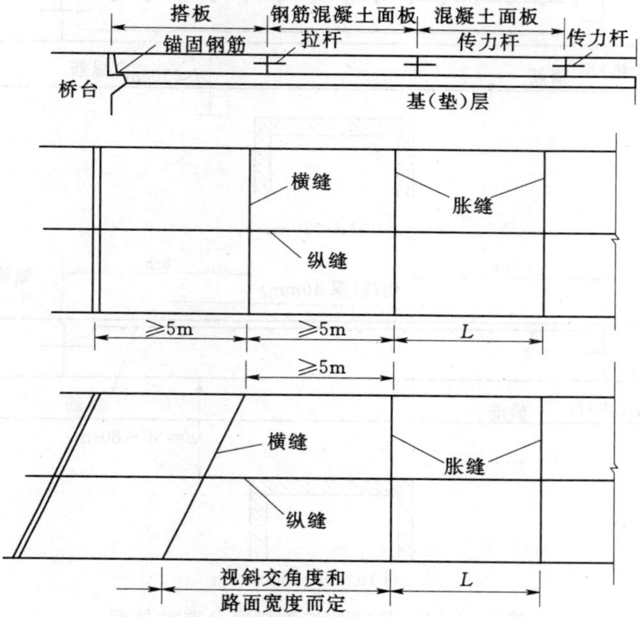

图 3－4－8　混凝土路面与桥梁相接的处理

对低等级公路，桥头可铺筑一段混凝土预制块或沥青路面，待沉降稳定后，再铺筑水泥混凝土路面。当桥头设有搭板时，其长度不小于 5m；当桥头未设搭板时，其长度不小于 8m。此法亦可作为高等级公路的过渡措施。

（三）构造物横穿公路

为了防止过路构造物如涵洞等上方的路面出现横向裂缝、错台、跳车等现象，应采取必要措施。

（1）对于箱状构造物，当其顶面至板底的距离 $d<80$cm 时，其顶面及两侧各 6m 范围内的混凝土板采用钢筋网补强。当 $d<30$cm 或嵌入基层时，应采用双层钢筋网补强，如图 3－4－9（a）所示，钢筋网分别设在距板底和板顶 1/3～1/4 板厚处。钢筋直径为 10～12mm 的光面钢筋，纵筋间距 10cm，横筋间距 20～30cm。如构造物顶面上的基层厚度小于 10cm，基层改为混凝土找平；当 $d=30\sim80$cm 时，可采用单层钢筋网补强，如图 3－4－9（b）所示，钢筋网布设在距板顶 1/3～1/4 板厚处。钢筋采用 8～10mm 的光圆钢筋，纵、横筋间距分别为 10～15cm 和 20～30cm。

（2）如有圆管涵、管线等穿越公路时，当其顶部至板底的距离 $d<80$cm 时，其两侧各 6m 范围内的面板应采用钢筋网补强。当 $d=30\sim80$cm 时，采用单层钢筋网补强，如图 3－4－10 所示，钢筋布设在距板顶 1/3～1/4 板厚处。钢筋采用直径为 8mm 的光面钢筋，纵、横筋间距分别为 10～15cm 和 20～30cm。当 $d<30$cm 时，采用双层钢筋网补强，钢筋分别布设在距板底和 1/3～1/4 板厚处。钢筋采用直径为 10～20mm 的光面圆钢筋，纵、横筋间距分别为 10cm 和 20～30cm。

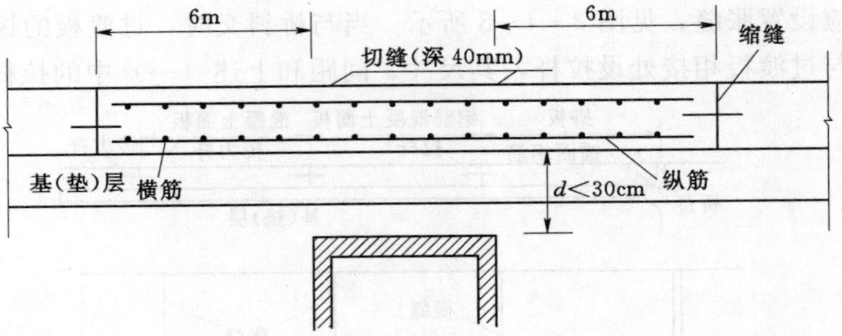

(a) $d<30$cm

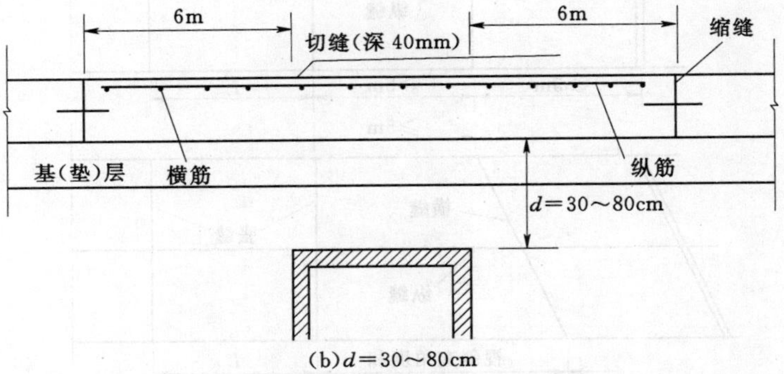

(b) $d=30\sim80$cm

图 3-4-9　箱状构造物横穿公路的处理

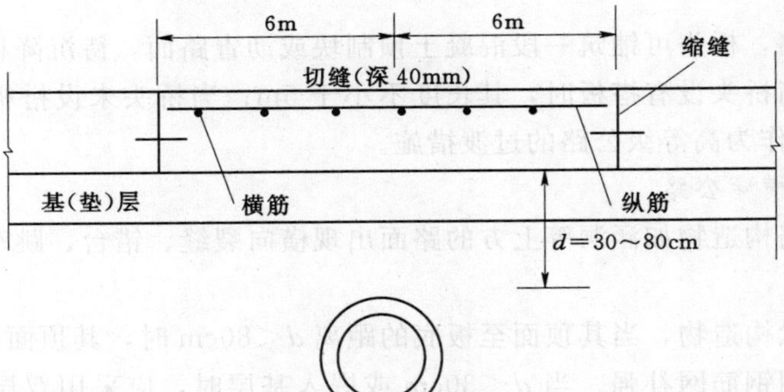

图 3-4-10　管状构造物横穿公路的处理

（四）补强钢筋

1. 板边补强

一般选用两根直径为 12～16mm 的螺纹钢筋，布置于板的下部，距板底为板厚的 1/4，且不小于 5cm，间距一般为 10cm，钢筋两端应向上弯起，钢筋保护层的最小厚度不应小于 5cm，如图 3-4-11 所示。

2. 角隅补强

可选用两根直径为 12～16mm 的螺纹钢筋，布设于板的上部，距板顶不应小于 5cm，距板边为 10cm，如图 3-4-12 所示。板角小于 90°时，亦可采用双层补强钢筋网补强。钢筋可选用直径 6mm，布设于板的上下部，距板顶和板底以 5～10cm 为宜，钢筋保护层

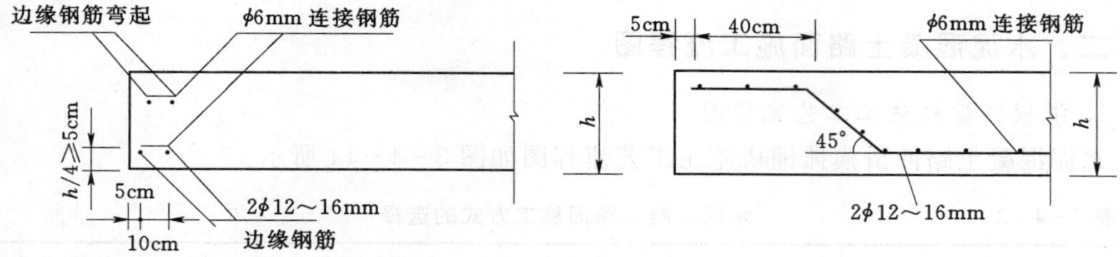

图 3-4-11　边缘钢筋布置

的最小厚度不应小于 5cm，如图 3-4-13 所示。

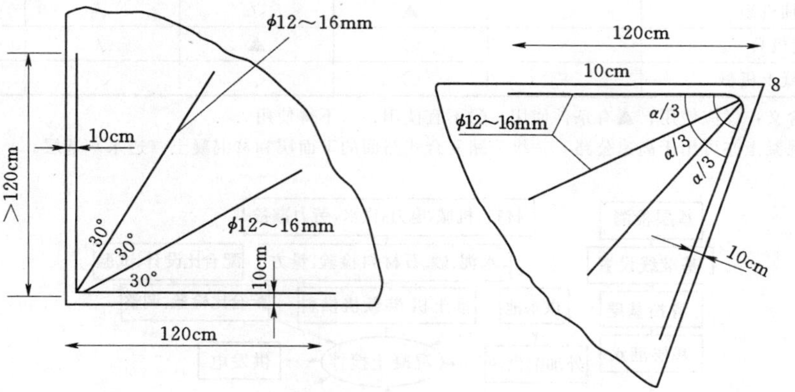

图 3-4-12　发针型钢筋补强布置

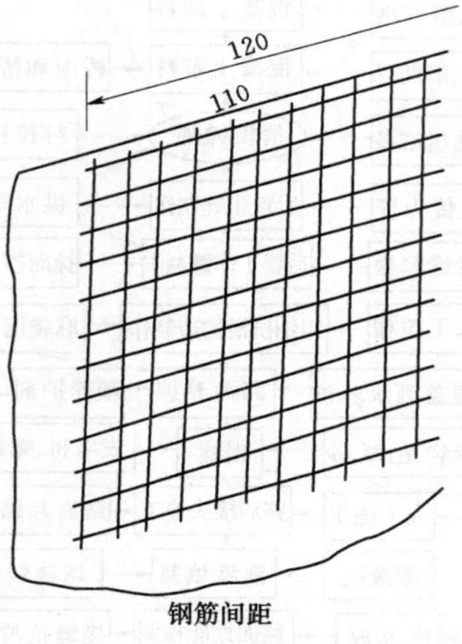

图 3-4-13　钢筋网补强布置图（单位：cm）

第二节　水泥混凝土路面施工方式的选择

一、选择水泥混凝土路面的施工方式

根据公路等级的不同，按表 3-4-3 选择水泥混凝土路面的施工方式。

二、水泥混凝土路面施工流程图

1. 滑模摊铺机施工工艺流程图

水泥混凝土路面滑模摊铺机施工工艺流程图如图 3－4－14 所示。

表 3－4－3　　水泥混凝土路面施工方式的选择

施工方式	高速公路	一级公路	二级公路	三级公路	四级公路
滑模摊铺机	√	√	√	▲	○
轨道摊铺机	▲	√	√	√	○
三辊轴机组	○	▲	√	√	√
小型机具	×	○	▲	√	√
碾压混凝土机械	×	○	√	√	▲

注 1. 符合含义：√应使用；▲有条件使用；○不宜使用；×不得使用。

2. 碾压混凝土亦可用于高速公路、一级公路复合式路面的下面层和贫混凝土（透水）基层。

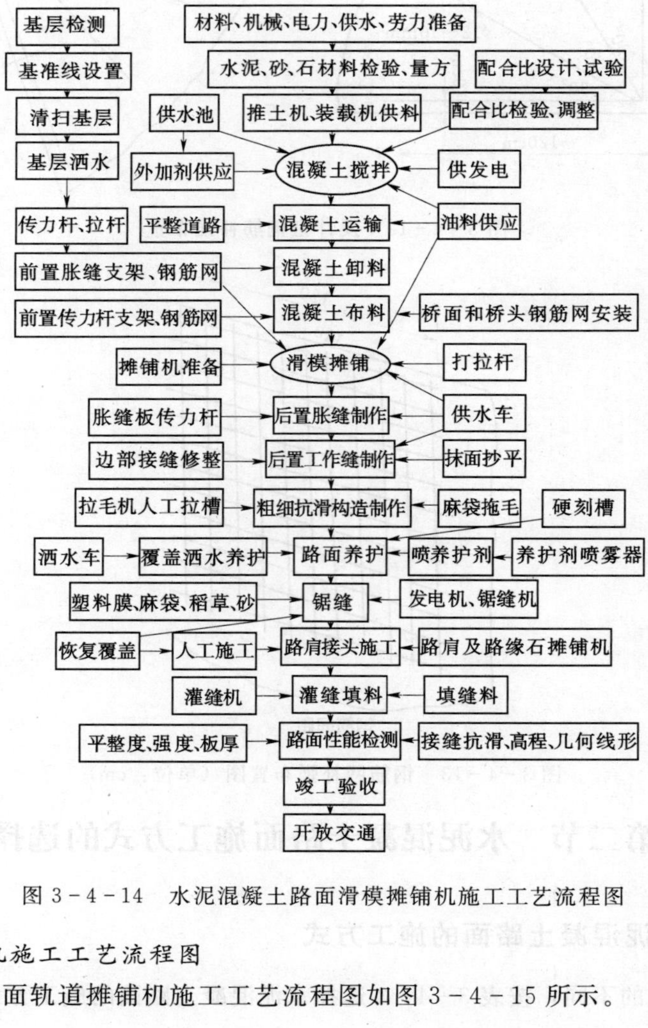

图 3－4－14　水泥混凝土路面滑模摊铺机施工工艺流程图

2. 轨道摊铺机施工工艺流程图

水泥混凝土路面轨道摊铺机施工工艺流程图如图 3－4－15 所示。

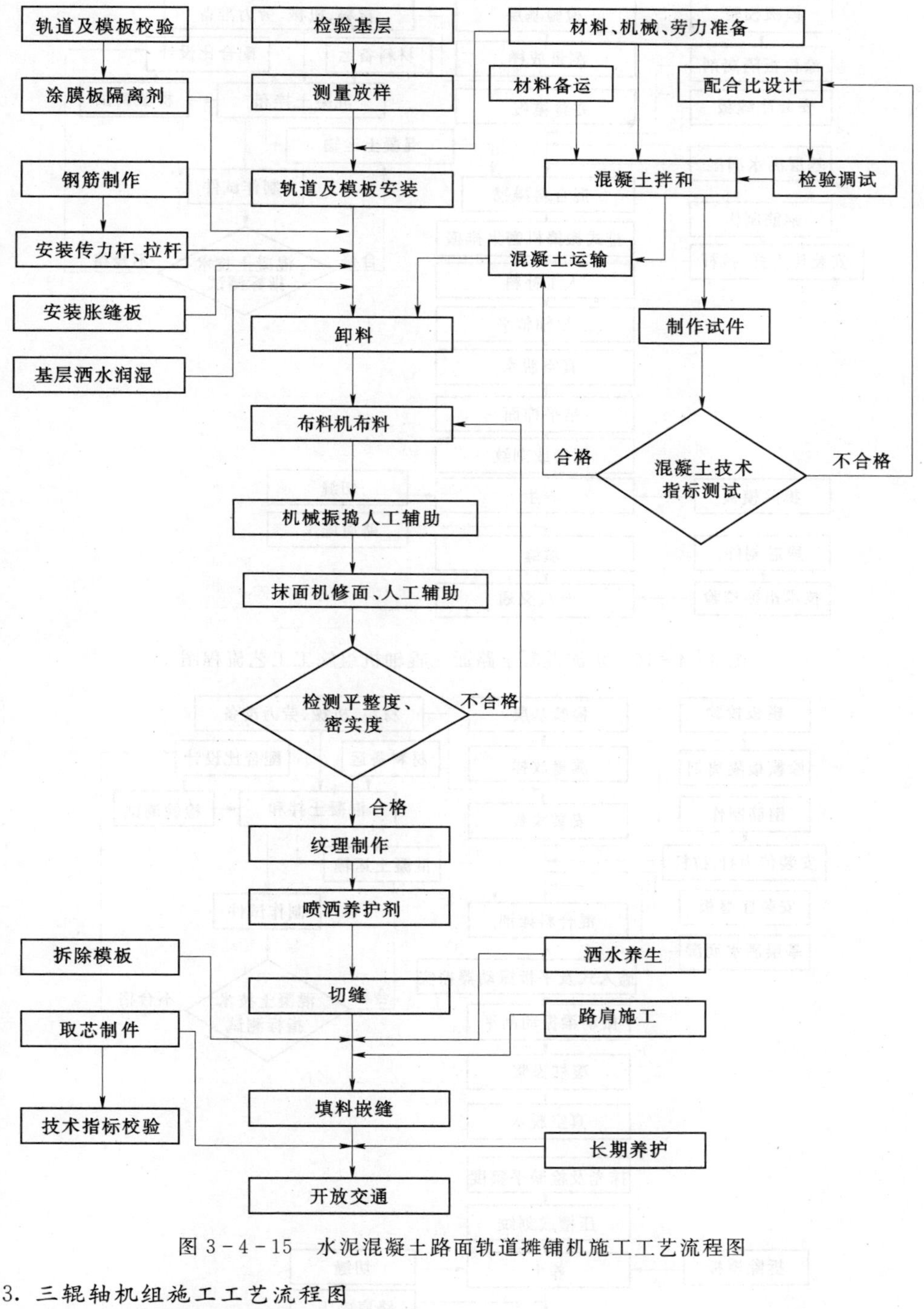

图 3-4-15　水泥混凝土路面轨道摊铺机施工工艺流程图

3. 三辊轴机组施工工艺流程图

水泥混凝土路面三辊轴机组施工工艺流程图如图 3-4-16 所示。

4. 小型机具施工工艺流程图

水泥混凝土路面小型机具施工工艺流程图如图 3-4-17 所示。

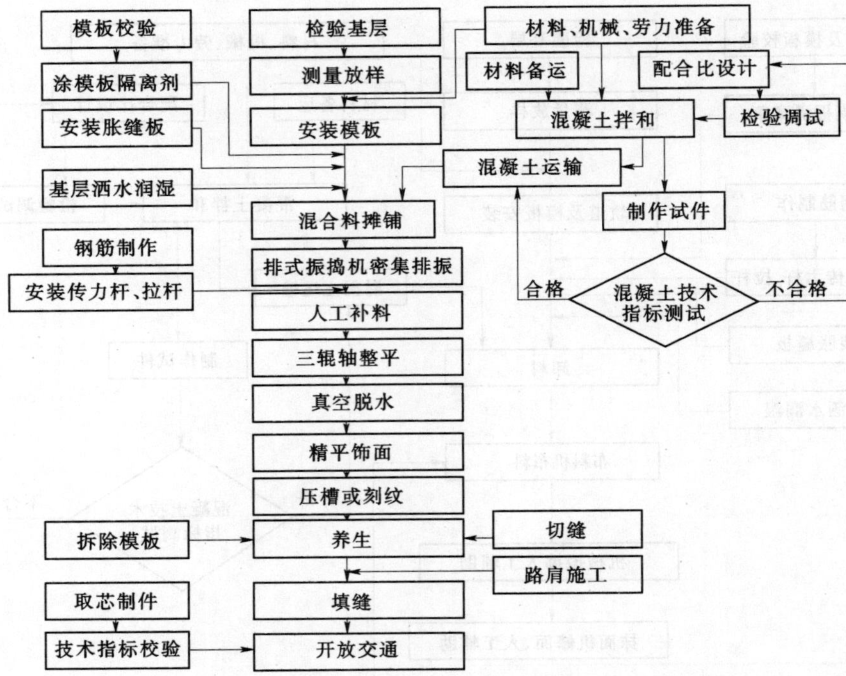

图 3-4-16 水泥混凝土路面三辊轴机组施工工艺流程图

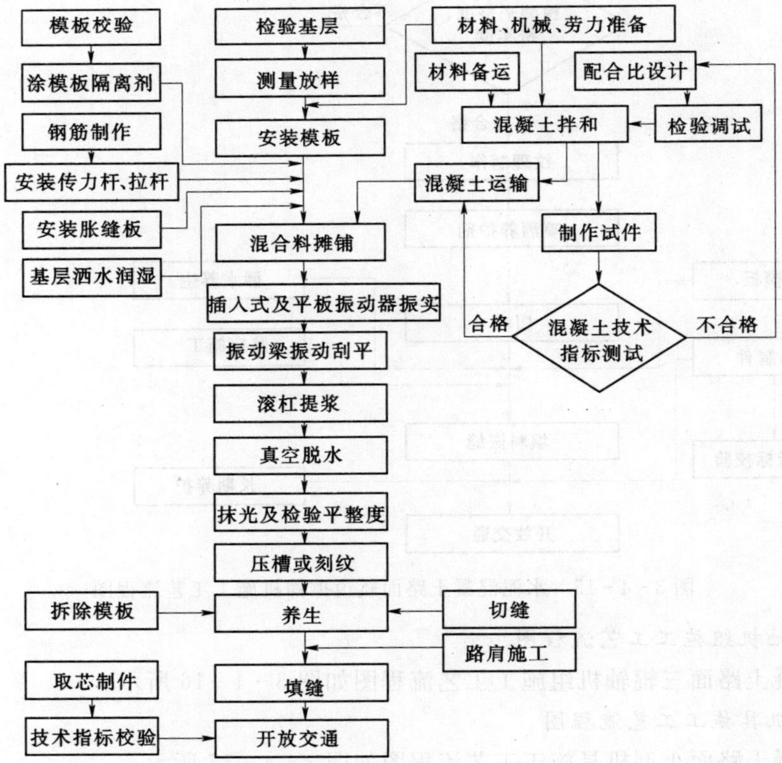

图 3-4-17 水泥混凝土路面小型机具施工工艺流程图

第三节　水泥混凝土路面原材料的选择

开工前，工地试验室应合理选择原材料，并用合格的原材料进行水泥混凝土配合比设计，提交监理工程师进行水泥混凝土配合比验证。

根据路面施工进度安排，及时供给原材料，分批量检验和储存，不合格原材料不得进场。

一、水泥混凝土路面使用的水泥

水泥品种及强度等级的选择与交通等级密切相关。

(1) 水泥品种的选择。特重、重交通路面宜采用旋窑道路硅酸盐水泥，也可采用旋窑硅酸盐水泥或普通硅酸盐水泥；中、轻交通的路面可采用矿渣硅酸盐水泥；低温天气施工或有快通要求的路段可采用R型水泥，此外宜采用普通型水泥。

(2) 水泥的强度等级。以实测的水泥抗折强度来选择和使用水泥；各交通等级路面水泥抗折强度、抗压强度应符合表3-4-4的规定。

表3-4-4　各交通等级路面水泥各龄期的实测抗折强度、抗压强度

交通等级	特重交通超重载*		特重交通		重交通		中、轻交通	
水泥混凝土的弯拉强度标准值(MPa)	5.5		5.0		5.0		4.5、4.0	
龄期(d)	3	28	3	28	3	28	3	28
抗压强度(MPa)　≥	23.0	52.5	20.0	47.5	16.0	42.5	11.0	32.5
抗折强度(MPa)　≥	5.0	8.0	4.5	7.5	4.0	7.0	3.5	6.5

*　特重交通超重载水泥混凝土路面设计为5.5MPa弯拉强度时采用，譬如运煤专线公路、矿区公路、施工专用公路等。

选用水泥时，还应通过混凝土配合比试验，根据其配制弯拉强度、耐久性和工作性优选适宜的水泥品种、强度等级。

(3) 水泥的化学成分和物理指标。水泥的化学成分、物理指标应符合《公路水泥混凝土路面施工技术规范》(JTG F30—2003)的有关规定。

(4) 采用机械化铺筑时，宜选用散装水泥。散装水泥的夏季出厂温度：南方不宜高于65℃，北方不宜高于55℃。混凝土搅拌时的水泥温度：南方不宜高于60℃，北方不宜高于50℃，且不宜低于10℃。

二、水泥混凝土路面使用的粗集料

1. 粗集料的最大粒径与级配范围

卵石最大粒径不宜大于19.0mm；碎卵石最大粒径不宜大于26.5mm；碎石最大粒径不应大于31.5mm。在相同水泥用量与水灰比条件下，最大粒径增加使路面混凝土抗压强度增大，但减小最大粒径有利于提高路面混凝土的弯拉强度；大粒径的集料振捣下沉缓慢，直接影响路面的平整度。

用作路面和桥面混凝土的粗集料不得使用不分级的统料，应采用 2～4 个粒级的集料进行掺配，并应符合表 3-4-5 合成级配的要求，且碎卵石或碎石中粒径小于 75μm 的石粉含量不宜大于 1%。

2. 粗集料的技术要求

粗集料应使用质地坚硬、耐久、洁净的碎石、碎卵石和卵石。粗集料的压碎值、坚固性、针片状颗粒含量、含泥量、碱集料反应等物理力学指标应符合 JTG F30—2003 的有关规定。

表 3-4-5　　　　粗集料级配范围

类型	级配＼粒径	方筛孔尺寸（mm）							
		2.36	4.75	9.50	16.0	19.0	26.5	31.5	37.5
		累计筛余（以质量计）（%）							
合成级配	4.75～16	95～100	85～100	40～60	0～10				
	4.75～19	95～100	85～95	60～75	30～45	0～5	0		
	4.75～26.5	95～100	90～100	70～90	50～70	25～40	0～5	0	
	4.75～31.5	95～100	90～100	75～90	60～75	40～60	20～35	0～5	0
单粒级	4.75～9.5	95～100	80～100	0～15	0				
	9.5～16		95～100	80～100	0～15	0			
	9.5～19		95～100	85～100	40～60	0～15	0		
	16～26.5			95～100	55～70	25～40	0～10	0	
	16～31.5			95～100	85～100	55～70	25～40	0～10	0

三、水泥混凝土路面使用的细集料

1. 细集料技术指标

细集料需采用质地坚硬、耐久、洁净的天然砂、机制砂或混合砂。细集料的氯化物、坚固性、含泥量、亚甲蓝 MB 值等技术指标应符合 JTG F30—2003 的有关规定。

2. 细集料的级配范围与细度模数

细集料的级配应符合表 3-4-6 的规定。

路面和桥面用天然砂宜为中砂，也可使用细度模数在 2.0～3.5 之间的砂。同一配合比用砂的细度模数变化范围不应超过 0.3，否则，应分别堆放，并应调整配合比中的砂率。

表 3-4-6　　　　细集料级配范围

砂分级	方筛孔尺寸（mm）					
	0.15	0.30	0.60	1.18	2.36	4.75
	累计筛余（以质量计）（%）					
粗砂	90～100	80～95	71～85	35～65	5～35	0～10
中砂	90～100	70～92	41～70	10～50	0～25	0～10
细砂	90～100	55～85	16～40	0～25	0～15	0～10

四、水泥混凝土路面使用的水

饮用水可直接作为混凝土搅拌、养护用水。若对水质有疑问时，应按 JTG F30—2003 的有关规定进行检验。

五、外加剂

对于有抗冰（盐）冻要求地区，各交通等级路面、桥面、路缘石、路肩及贫混凝土基层必须使用引气剂；对于无抗冰（盐）冻要术地区，二级及二级以上公路路面混凝土中应使用引气剂。

路面水泥混凝土往往需要掺减水剂，以满足施工规范规定的最大单位用水量要求。高温施工宜使用引气缓凝（保塑）（高效）减水剂；低温施工宜使用引气早强（高效）减水剂。选定减水剂品种前，必须与所用的水泥进行化学成分和剂量适应性检验。化学成分不适应，必须更换减水剂品种。剂量不适应，应进行减水剂不同掺量的混凝土试验，找到所用水泥的减水剂最佳掺量。

处在海水、海风、氯离子、硫酸根离子环境的或冬季洒除冰盐的路面或桥面钢筋混凝土、钢纤维混凝土中宜掺阻锈剂。

外加剂的产品质量应符合 JTG F30—2003 的有关规定。供应商应提供有相应资质外加剂检测机构的品质检测报告，检验报告应说明外加剂的主要化学成分，认定对人员无毒副作用。

六、钢筋

混凝土路面、桥面和搭板所用钢筋网、传力杆、拉杆等钢筋应符合国家有关标准的技术要求。钢筋应顺直，不得有裂纹、断伤、刻痕、表面油污和锈蚀。传力杆钢筋加工应锯断，不得挤压切断；断口应垂直、光圆，用砂轮打磨掉毛刺，并加工成 2～3mm 圆倒角。

七、接缝材料

1. 胀缝材料

胀缝板、胀缝橡胶填缝条的技术要求应符合 JTG F30—2003 的有关规定。高速公路、一级公路宜采用塑胶、橡胶泡沫板或沥青纤维板；其他公路可采用橡胶泡沫板、沥青纤维板、杉木板、杨木板、松木板等各种胀缝板。

2. 缩缝填缝材料

填缝材料技术指标应符合 JTG F30—2003 的有关规定。

常温施工式填缝料主要有聚（氨）酯、硅树脂类，以及氯丁橡胶、沥青橡胶类等。加热施工式填缝料主要有沥青玛瑞脂类、聚氯乙烯胶泥类、改性沥青类等。高速公路、一级公路应优选使用树脂类、橡胶类或改性沥青类填缝材料，并宜在填缝料中加入耐老化剂。

3. 缩缝背衬垫条

填缝时应使用背衬垫条控制填缝形状系数。背衬垫条应具有良好的弹性、柔韧性、不吸水、耐酸碱腐蚀和高温不软化等性能。背衬垫条材料有聚氨酯、橡胶或微孔泡沫塑料等，其形状应为圆柱形，直径应比接缝宽度大2～5mm。

第四节　水泥混凝土拌和物的搅拌与运输

一、水泥混凝土拌和物的搅拌

（一）搅拌设备

1. 总拌和生产能力要求

采用滑模、轨道、碾压、三辊轴机组摊铺时，搅拌场配置的混凝土总拌和生产能力可按式（3-4-1）计算，并按总拌和能力确定搅拌楼数量和型号。

$$M=60\mu bhv_t \tag{3-4-1}$$

式中 M——搅拌楼总拌和能力，m^3/h；

b——摊铺宽度，m；

v_t——摊铺速度（≥1m/min），m/min；

h——面板厚度，m；

μ——搅拌楼可靠性系数，取1.2～1.5，根据下述具体情况确定：搅拌楼可靠性高，μ可取较小值；反之，μ取较大值；拌和钢纤维混凝土时，μ应取较大值；坍落度要求较低者，μ应取较大值。

2. 搅拌场最小生产容量

搅拌楼最小生产容量应满足表3-4-7的规定。一般可配备2～3台搅拌楼，最多不宜超过4台，搅拌楼的规格和品牌尽可能统一。

表3-4-7　不同摊铺方式的搅拌楼最小配置容量　单位：m^3/h

摊铺宽度 \ 摊铺方式	滑模摊铺	轨道摊铺	碾压混凝土	三辊轴摊铺	小型机具
单车道3.75～4.5m	≥100	≥75	≥75	≥50	≥25
双车道7.5～9m	≥200	≥150	≥150	≥100	≥50
整辐宽不小于12.5m	≥300	≥200	≥200	—	—

3. 搅拌机型选择

间歇搅拌楼搅拌精确度高于连续搅拌楼，弃料少，宜优先选配间歇搅拌楼。强制双卧轴或行星立轴是搅拌效果最好的机型。自落式小滚筒搅拌机体积计量不准，加水量易失控，导致强度失控，混凝土拌和物质量和匀质性无法保证，采用这种方式铺筑的路面表面砂浆和水泥浆的聚积程度不同，表面色泽不均匀。

4. 搅拌楼的配套设备

每台搅拌楼应配齐自动供料、称量、计量、砂石料含水率反馈控制、外加剂加入装置和计算机自控所需的各种内置设备。同时还应配齐生产所需的其他各种外置设备，包括3～4个砂石料仓，1～2个外加剂池，3～4个水泥及粉煤灰罐仓。使用袋装水泥时应配备拆包和水泥输送设备。搅拌场应配备适量装载机或推土机供应砂石料。

（二）拌和技术要求

1. 搅拌楼的标定和校验

每台搅拌楼在投入生产前，必须进行标定和试拌。在标定有效期满或搅拌楼搬迁安装后，均应重新标定。施工中应每15d校验一次搅拌楼计量精确度。搅拌楼配料计量偏差不得超过表3-4-8的规定。不满足时，应分析原因，排除故障，确保拌和计量精确度。采用计算机自动控制系统的搅拌楼时，应使用自动配料生产，并按需要打印每天（周、旬、月）对应路面摊铺桩号的混凝土配料统计数据及偏差。定期测定集料含水率，并进行混凝土的配合比调整。

表3-4-8　　搅拌楼的混凝土拌和计量允许偏差　　%

材料名称	水泥	掺合料	钢纤维	砂	粗集料	水	外加剂
高速公路、一级公路每盘	±1	±1	±2	±2	±2	±1	±1
高速公路、一级公路累计每车	±1	±1	±1	±2	±2	±1	±1
其他公路	±2	±2	±2	±3	±3	±2	±2

2. 拌和时间

应根据拌和物的黏聚性、均质性及强度稳定性试拌确定最佳拌和时间。一般情况下，单立轴式搅拌机总拌和时间宜为80～120s，全部原材料到齐后的最短纯拌和时间不宜短于40s；行星立轴和双卧轴式搅拌机总拌和时间为60～90s，最短纯拌和时间不宜短于35s；连续双卧轴搅拌楼的最短拌和时间不宜短于40s。为保证搅拌楼产量，最长总拌和时间不应超过高限值的2倍。

3. 砂石料拌和要求

混凝土拌和过程中，不得使用沥水、夹冰雪、表面沾染尘土和局部曝晒过热的砂石料。

4. 外加剂掺加要求

外加剂应以稀释溶液加入，其稀释用水和原液中的水量应从拌和加水量中扣除。使用间歇搅拌楼时，外加剂溶液浓度应根据外加剂掺量、每盘外加剂溶液筒的容量和水泥用量计算得出。连续式搅拌楼应按流量比例控制加入外加剂。加入搅拌锅的外加剂溶液应充分溶解，并搅拌均匀。有沉淀的外加剂溶液，应每天清除一次稀释池中的沉淀物。

5. 引气混凝土拌和要求

拌和引气混凝土时，搅拌楼一次拌和量不应大于其额定搅拌量的90%。纯拌和时间应控制在含气量最大或较大时。

6. 粉煤灰等掺合料掺加要求

粉煤灰或其他掺合料应采用与水泥相同的输送、计量方式加入。粉煤灰混凝土的纯拌和时间应比不掺的延长10～15s。当同时掺用引气剂时，宜通过试验适当增大引气剂掺量，以达到规定含气量。

（三）拌和物质量检验项目和频率

混凝土搅拌过程中，拌和物质量检验与控制应符合表3-4-9的规定。

低温或高温天气施工时，拌和物出料温度宜控制在10～35℃。若拌和物视密度误差大于 2%，应及时调整砂石料用量。拌和物应均匀一致，有生料、干料、离析或外加剂、粉煤灰成团现象的非均质拌和物严禁用于路面摊铺。一台搅拌楼的每盘之间，各搅拌楼之间，拌和物的坍落度最大允许偏差为±10mm。拌和坍落度应为最适宜摊铺的坍落度值与当时气温下运输坍落度损失值两者之和。

表 3-4-9　　混凝土拌和物的质量检验项目和频率

检查项目	检查频度	
	高速公路、一级公路	其他公路
水灰比及稳定性	每 5000m^3 抽检 1 次，有变化随时测	每 5000m^3 抽检 1 次，有变化随时测
坍落度及其均匀性	每工班测 3 次，有变化随时测	每工班测 3 次，有变化随时测
坍落度损失率	开工、气温较高和有变化随时测	开工、气温较高和有变化随时测
振动黏度系数	试拌、原材料和配合比有变化时测	试拌、原材料和配合比有变化时测
钢纤维体积率	每工班测 2 次，有变化随时测	每工班测 1 次，有变化随时测
含气量	每工班测 2 次，有抗冻要求不少于 3 次	每工班测 1 次，有抗冻要求不少于 3 次
泌水率	局部大面积出现泌水现象时必测	局部大面积出现泌水现象时必测
视密度	每工班测 2 次	每工班测 1 次
碾压混凝土压实度	每工班测 2～3 次	每工班测 2 次
透水（贫）混凝土孔隙率	每 200 延米测一次，密实（贫）混凝土测视密度、压实度	每 200 延米测一次，密实（贫）混凝土测视密度、压实度
温度、凝结时间	冬、夏季施工、气温最高、最低时，每工班至少测 1～2 次	冬、夏季施工、气温最高、最低时、每工班至少测 1 次
水化发热量	面层或贫混凝土基层出现裂缝时必测	面层或贫混凝土基层出现裂缝时必测
离析	随时观察，出现离析应采取适当均化措施	随时观察
VC 值及稳定性	每工班测 3 次，有变化随时测	每工班测 2 次，有变化随时测
松铺系数	试铺时多次测定，确定后施工时每工班 2 次	试铺时多次测定，确定后施工时每工班 1 次

二、水泥混凝土拌和物的运输

1. 运输设备

混凝土运输车辆可选配车况优良、载质量 5～20t 的自卸车。自卸车后挡板应关闭紧密，运输时不漏浆撒料，车厢板应平整光滑，其最大运距不应超过 20km。远距离运输或摊铺钢筋混凝土路面及桥面时，宜选配混凝土罐车。

应根据施工进度、运量、运距及路况选配车型和车辆总数。总运力应比总拌和能力略有富余，确保新拌混凝土在规定时间内运到摊铺现场。机械摊铺系统配套的运输车辆数量可按式（3-4-2）计算

$$N=2n\left(1+\frac{s\rho_c m}{v_q g_q}\right) \tag{3-4-2}$$

式中　N——汽车辆数，辆；

n——相同产量搅拌楼台数；

s——单程运输距离，km；

ρ_c——混凝土密度，t/m^3；

m——一台搅拌楼每小时生产能力，m^3/h；

v_q——车辆的平均运输速度，km/h；

g_q——汽车载重能力，t/辆。

2. 运输技术要求

（1）装车前，要冲洗干净车厢并洒水湿润，但不允许积水。

（2）减少拌和物离析：装料时，自卸车应挪动车位，搅拌楼卸料落差不应大于 2m；车辆起步和停车应平稳；自卸车运输应减小颠簸。

（3）混凝土运输过程中应防止漏浆、漏料和污染路面。

（4）驾驶员要了解混凝土拌和物出料到运输、铺筑完毕允许最长时间，见表 3-4-10，途中不得随意耽搁，混凝土一旦在车内停留超过初凝时间，应采取紧急措施处置，严禁混凝土硬化在车厢（罐）内。使用自卸车运输混凝土的最远运输半径不宜超过 20km。烈日、大风、雨天和低温天远距离运输时，自卸车应遮盖混凝土，罐车宜加保温隔热套。

（5）运输车辆严禁碰撞模板或基准线，一旦碰撞，应告知测工重新测量纠偏。

（6）车辆倒车及卸料时，应有专人指挥。卸料应到位，严禁碰撞摊铺机、前场施工设备及测量仪器。卸料完毕，车辆应迅速离开。

（7）碾压混凝土卸料时，车辆应在前一辆车离开后立即倒向摊铺机，并在机前 10～30cm 处停住，不得撞击沥青摊铺机。然后换成空挡，并迅速升起料斗卸料，靠摊铺机推动前进。

表 3-4-10　混凝土拌和物出料到运输、铺筑完毕允许最长时间

施工气温[①]（℃）	到运输完毕允许最长时间（h）		到铺筑完毕允许最长时间（h）	
	滑模、轨道	三辊轴、小型机具	滑模、轨道	三辊轴、小型机具
5～9	2.0	1.5	2.5	2.0
10～19	1.5	1.0	2.0	1.5
20～29	1.0	0.75	1.5	1.25
30～35	0.75	0.50	1.25	1.0

① 指施工时间的日间平均气温、使用缓凝剂延长凝结时间后，本表数值可增加 0.25～0.5h。

第五节　水泥混凝土面层的铺筑

一、滑模摊铺机铺筑

（一）机械配备

1. 滑模摊铺机

高速公路、一级公路施工，宜选配能一次摊铺 2～3 个车道宽度（7.5～12.5m）的滑

模摊铺机；二级及二级以下公路路面的最小摊铺宽度不得小于单车道设计宽度。硬路肩的摊铺宜选配中、小型多功能滑模摊铺机，并宜连体一次摊铺路缘石。

2. 布料机械

滑模摊铺路面时，可配备 1 台挖掘机或装载机辅助布料。

3. 抗滑构造施工机械

可采用拉毛养生机或人工软拉槽制作抗滑沟槽。工程规模大、日摊铺进度快时，宜采用拉毛养生机。高速公路、一级公路宜采用刻槽机进行硬刻槽，其刻槽作业宽度不宜小于 500mm，所配备的硬刻槽机数量及刻槽能力应与滑模摊铺进度相匹配。

4. 切缝机械

滑模摊铺混凝土路面的切缝，可使用软锯缝机、支架式硬锯缝机和普通锯缝机。配备的锯缝机数量及切缝能力应与滑模摊铺进度相适应。

（二）基准线设置

滑模摊铺混凝土路面的施工应设置基准线。基准线用拉线的设置方法。基准线设置形式有单向坡双线式、单向坡单线式和双向坡双线式三种。基准线应满足下列要求：

（1）基准线宽度：除应保证摊铺宽度外，尚应满足两侧 650～1000mm 横向支距的要求。

（2）基准线桩纵向间距：直线段不应大于 10m，竖、平曲线路段视曲线半径大小应加密布置，最小 2.5m。

（3）线桩固定时，基层顶面到夹线臂的高度宜为 450～750mm。基准线桩夹线臂夹口到桩的水平距离宜为 300mm。基准线桩应钉牢固。

（4）单根基准线的最大长度不宜大于 450m。

（5）基准线拉力不应小于 1000N。

（6）基准线的设置精确度应符合表 3－4－11 的规定。

（7）基准线设置后，严禁扰动、碰撞和振动。一旦碰撞变位，应立即重新测量纠正。多风季节施工，应缩小基准线桩间距。

表 3－4－11　　基准线设置精确度要求

项目	中线平面偏位（mm）	路面宽度偏差（mm）	面板厚度（mm）		纵断高程偏差（mm）	横坡偏差（%）	连接纵缝高差（mm）
			代表值	极值			
规定值	≤10	≤＋15	≥－3	≥－8	±5	±0.10	±1.5

注　在基准线上单车道一个横断面测 3 点、双车道测 5 点测定板厚，其平均值为该断面平均板厚。断面平均板厚不应薄于其代表值；极小值不应薄于极值、每 200m 测 10 个断面，其均值为该路段平均板厚，路段平均板厚不应小于设计板厚。不满足上述要求，不得摊铺面板。

（三）摊铺准备

1. 机械机具就位

所有施工设备和机具均应处于良好状态，并全部就位。

2. 基层、封层表面准备

基层、封层表面及履带行走部位应清扫干净。摊铺面板位置应洒水湿润，但不得积水。

3. 横向连接摊铺准备

横向连接摊铺时，前次摊铺路面纵缝的溜肩胀宽部位应切割顺直。侧边拉杆应校正扳直，缺少的拉杆应钻孔锚固植入。纵向施工缝的上半部缝壁应涂沥青。

4. 板厚检查与控制

板厚检查与控制必须在摊铺前的拉线上进行，并要求旁站监理认可，否则摊铺后不合格很难弥补。

（四）布料

1. 布料高度

滑模摊铺机前的正常料位高度应在螺旋布料器叶片最高点以下，亦不得缺料。卸料、布料应与摊铺速度相协调。

2. 松铺系数控制

当坍落度在10～50mm时，布料松铺系数宜控制在1.08～1.15之间。布料机与滑模摊铺机之间施工距离宜控制在5～10m。

3. 钢筋结构保护

摊铺钢筋混凝土路面、桥面或搭板时，严禁任何机械开上钢筋网。

（五）滑模摊铺机的施工参数设定及校准

1. 振捣棒位置设定

振捣棒下缘位置应在挤压板最低点以上，振捣棒的横向间距不宜大于450mm，均匀排列；两侧最边缘振捣棒与摊铺边沿距离不宜大于250mm。

2. 挤压底板前倾角

挤压底板前倾角宜设置为3°左右。提浆夯板位置宜在挤压底板前缘以下5～10mm之间。

3. 超铺高程及搓平梁的设置

两边缘超铺高程根据拌和物稠度宜在3～8mm间调整。搓平梁前沿宜调整到与挤压板后沿高程相同，搓平梁的后沿比挤压底板后沿低1～2mm，并与路面高程相同。

4. 首次摊铺位置校准

滑模摊铺机首次摊铺路面，应挂线对其铺筑位置、几何参数和机架水平度进行调整和校准，正确无误后，方可开始摊铺。

5. 摊铺参数复核

在开始摊铺的5m内，应在铺筑行进中对摊铺出的路面高程、边缘厚度、中线、横坡度等参数进行复核测量。所摊铺的路面精确度应控制在表3-4-11的规定值范围内。

（六）铺筑作业技术要点

1. 控制摊铺速度

操作滑模摊铺机应缓慢、匀速、连续不间断地作业。严禁料多追赶，然后随意停机等待，间歇摊铺。摊铺速度应根据拌和物稠度、供料多少和设备性能控制在0.5～2.0m/min之间，一般宜控制在1.0m/min左右。拌和物稠度发生变化时，应先调振捣频率，后改变摊铺速度。

2. 松方高度板调整

应随时调整松方高度板控制进料位置，开始时宜略设高些，以保证进料。正常摊铺时应保持振捣仓内料位高于振捣棒100mm左右，料位高低上下波动宜控制在±30mm之内。

3. 振捣频率控制

正常摊铺时，振捣频率可在6000～11000r/min之间调整，宜采用9000r/min左右。应防止混凝土过振、欠振或漏振。应根据混凝土的稠度大小，随时调整摊铺的振捣频率或速度。摊铺机起步时，应先开启振捣棒振捣2～3min，再缓慢平稳推进。摊铺机脱离混凝土后，应立即关闭振捣棒组。

4. 纵坡施工

滑模摊铺机满负荷时可铺筑的路面最大纵坡为：上坡5%；下坡6%。上坡时，挤压底板前仰角宜适当调小，并适当调小抹平板压力；下坡时，前仰角宜适当调大，并适当调大抹平板压力。当摊铺机板底不小于3/4长度接触路表面时，抹平板压力适宜。

5. 弯道施工

滑模摊铺机施工的最小弯道半径不应小于50m；最大超高横坡不宜大于7%。

6. 插入拉杆

单车道摊铺时，应视路面设计要求配置一侧或双侧打纵缝拉杆的机械装置。两个以上车道摊铺时，除侧向打拉杆的装置外，还应在假纵缝位置配置拉杆自动插入装置。

7. 抹面与表面砂浆厚度控制

较拉抗滑构造时表面砂浆层厚度宜控制在4mm左右，硬刻槽路面的砂浆表层厚度宜控制在2～3mm。

8. 养护

养护5～7d后，方允许摊铺相邻车道。

（七）摊铺中问题处置

（1）摊铺中应经常检查振捣棒的工作情况和位置。路面出现麻面或拉裂现象时，必须停机检查或更换振捣棒。摊铺后，路面上出现发亮的砂浆条带时，必须调高振捣棒位置，使其底缘在挤压底板的后缘高度以上。

（2）摊铺宽度大于7.5m时，若左右两侧拌和物稠度不一致，摊铺速度应按偏干一侧设置，并应将偏稀一侧的振捣棒频率迅速调小。

（3）路面一旦出现横向拉裂现象，应从如下几方面进行检查处理：

1）拌和物局部或整体过于干硬、离析、集料粒径过大，不适宜滑模摊铺。或在该部位摊铺速度过快，振捣频率不够，混凝土未振动液化而拉裂。应降低摊铺速度、提高振捣频率。

2）应检查挤压底板的位置和前仰角设置是否变化，前倒角时必定拉裂，前仰角过大也可能拉裂，应在行进中调整前两个水平传感器，即改变挤压底板为适宜的前仰角以消除拉裂现象。

3）拌和物较干硬或等料停机时间较长，起步摊铺速度过快，也可能拉裂路面。停机等待时间不得超过当时气温下混凝土初凝时间的4/5，超过此时间，应将滑模摊铺机迅速开出摊铺工作面，并做施工缝。

（八）自动抹平板抹面

滑模摊铺过程中应采用自动抹平板装置进行抹面。对少量局部麻面和明显缺料部位，应在挤压板后或搓平梁前补充适量拌和物，由搓平梁或抹平板机械修整。滑模摊铺的混凝土面板在下列情况下可用人工进行局部修整：

（1）用人工操作抹面抄平器，精整摊铺后表面的小缺陷，但不得在整个表面加薄层修补路面标高。

（2）对纵缝边缘出现的倒边、塌边、溜肩现象，应顶侧模或在上部支方铝管进行边缘补料修整。

（3）对起步和纵向施工接头处，应采用水准仪抄平并采用大于 3m 的靠尺边测边修整。

（九）滑模摊铺结束后的工作

（1）滑模摊铺结束后，必须及时清洗滑模摊铺机，进行当日保养等。

（2）宜在第二天硬切横向施工缝，也可当天软作施工横缝。

（3）应丢弃端部的混凝土和摊铺机振动仓内遗留下的纯砂浆，两侧模板应向内各收进 20～40mm，收口长度宜比滑模摊铺机侧模板略长。施工缝部位应设置传力杆，并应满足路面平整度、高程、横坡和板长要求。

二、模板架设与拆除

采用轨道摊铺机施工、三辊轴机组施工和小型机具施工时，均需要安装侧向模板。

1．模板的技术要求

（1）公路混凝土路面板、桥面板和加铺层的施工模板应采用刚度足够的槽钢、轨模或钢制边侧模板，不应使用木模板、塑料模板等其他易变形的模板。

（2）模板几何尺寸的精确度应符合表 3－4－12 的规定。钢模板的高度应为面板设计厚度，模板长度宜为 3～5m。需要设置拉杆时，模板应设拉杆插入孔。在小半径弯道，为了满足渐变段施工要求，可使用较短的模板。

表 3－4－12　　模板（加工矫正）允许偏差

施工方式	高度偏差 (mm)	局部变形 (mm)	垂直边夹角 (°)	顶面平整度 (mm)	侧面平整度 (mm)	纵向变形 (mm)
三辊轴机组	±1	±2	90±2	±1	±2	±2
轨道摊铺机	±1	±2	90±1	±1	±2	±1
小型机具	±2	±3	90±3	±2	±3	±3

（3）为了提高模板的架设稳固性，每米模板应设置 1 处支撑固定装置进行水平固定，如图 3－4－18 所示。

固定的作用主要是防止振捣机、三辊轴、振捣梁、滚杠振动和重力作用下向外水平位移。模板垂直度用垫木楔方法调整。模板底部的空隙，宜使用砂浆垫实或铺垫塑料薄膜，以防止振捣漏浆。

（4）横向施工缝端模板应按设计规定的传力杆直径和间距设置传力杆插入孔和定位套

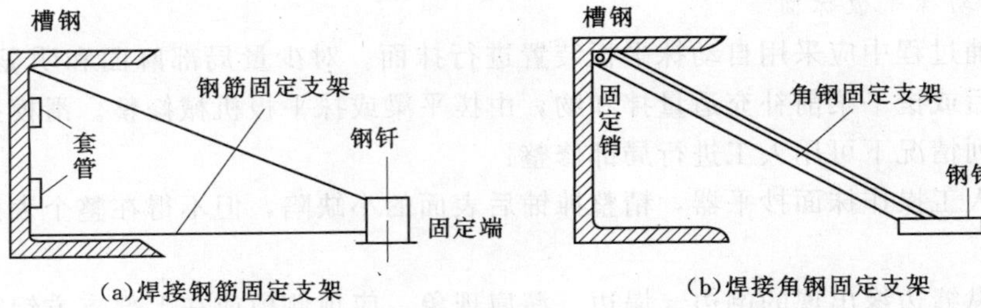

图 3-4-18　(槽) 钢模板焊接钢筋或角钢固定示意图

管。两边缘传力杆到自由边距离不宜小于 150mm。每米设置 1 个垂直固定孔套。工作缝端模侧立面如图 3-4-19 所示。

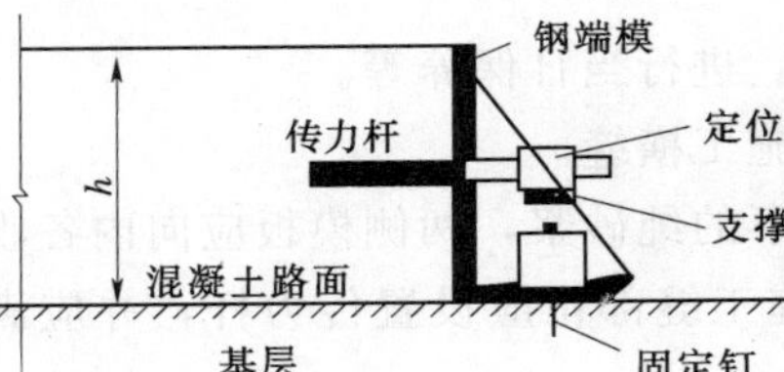

图 3-4-19　工作缝端模侧立面

(5) 模板或轨模数量应根据施工进度和施工气温确定，并应满足拆模周期内周转需要。一般情况下，模板或轨模总量不宜少于 3d 摊铺的需要。

2. 模板安装

(1) 模板测量放样：支模前在基层上应进行模板安装及摊铺位置的测量放样，每 20m 应设中心桩；每 100m 宜布设临时水准点；核对路面标高、面板分块、胀缝和构造物位置。测量放样的质量要求和允许偏差应符合相应规范的规定。

(2) 纵横曲线路段支模：纵横曲线路段应采用短模板，每块模板中点应安装在曲线切点上。

(3) 轨模安装：轨道摊铺应采用长度为 3m 的专用钢制轨模，轨模底面宽度宜为高度的 80%，轨道用螺栓、垫片固定在模板支座上，模板应使用钢钎与基层固定。轨道顶面应高于模板 20～40mm，轨道中心奎模板内侧边缘距离宜为 125mm。

(4) 模板应安装稳固、顺直、平整，无扭曲，相邻模板连接应紧密平顺，不得有底部漏浆、前后错茬、高低错台等现象。模板应能承受摊铺、振实、整平设备的负载行进、冲击和振动时不发生位移。严禁在基层上挖槽，嵌入安装模板。

(5) 模板安装检验合格后，与混凝土拌和物接触的表面应涂脱模剂或隔离剂，接头应粘贴胶带或塑料薄膜等密封。

3. 模板安装检验

模板安装完毕，应经过测量人员使用与设计板厚相同的测板作全断面检验，其安装精确度应符合表 3-4-13 的规定。

4. 模板拆除及矫正

(1) 当混凝土抗压强度不小于 8.0MPa 时方可拆模。当缺乏强度实测数据时，边侧模板的允许最早拆模时间宜符合表 3-4-14 的规定。达不到要求，不能拆除端模时，可空出一块面板，重新起头摊铺，空出的面板待两端均可拆模后再补做。

表 3-4-13 **模板安装精确度要求**

检测项目 \ 施工方式		三辊轴机组	轨道摊铺机	小型机具
平面偏位（mm）≤		10	5	15
摊铺宽度偏差（mm）≤		10	5	15
面板厚度（mm）≥	代表值	−3	−3	−4
	极值	−8	−8	−9
纵断高程偏差（mm）		±5	±5	±10
横坡偏差（%）		±0.10	±0.10	±0.20
相邻板高差（mm）≤		1	1	2
顶面接茬 3m 尺平整度（mm）≤		1.5	1	2
模板接缝宽度（mm）≤		3	2	3
侧向垂直度（mm）≤		3	2	4
纵向顺直度（mm）≤		3	2	4

表 3-4-14 **混凝土路面板的允许最早拆模时间**

昼夜平均气温（℃）	−5	0	5	10	15	20	25	≥30
硅酸盐水泥、R 型水泥（h）	240	120	60	36	34	28	24	18
道路、普通硅酸盐水泥（h）	360	168	72	48	36	30	24	18
矿渣硅酸盐水泥（h）	—	—	120	60	50	45	36	24

注 允许最早拆侧模时间从混凝土面板精整成形后开始计算。

（2）拆模不得损坏板边、板角和传力杆、拉杆周围的混凝土，也不得造成传力杆和拉杆松动或变形。模板拆卸宜使用专用拔楔工具，严禁使用大锤强烈拆卸模板。

（3）拆下的模板应将粘附的砂浆清除干净，并矫正变形或局部损坏，矫正精度应符合表 3-4-12 的要求。

三、三辊轴机组铺筑

（一）设备选择与配套

（1）三辊轴整平机：板厚 200mm 以上宜采用直径 168mm 的辊轴；桥面铺装或厚度较小的路面可采用直径为 219mm 的辊轴；轴长宜比路面宽度长出 600～1200mm；振动轴的转速不宜大于 380r/min。

（2）三辊轴机组铺筑混凝土面板时，必须同时配备一台安装插入式振捣棒组的排式振捣机，振捣棒的直径宜为 50～100mm，间距不应大于其有效作用半径的 1.5 倍，并不大于 500mm。插入式振捣棒组的振动频率可在 50～200Hz 之间选择，当面板厚度较大和坍落度较低时，宜使用 100Hz 以上的高频振捣棒。

（3）当桥面铺装厚度小于 150mm 时，可采用振捣梁。振捣频率宜为 50～100Hz，振捣加速度宜为 4～5g（g 为重力加速度）。

（4）当一次摊铺双车道路面时应配备纵缝拉杆插入机，并配有插入深度控制和拉杆间距调整装置。

（二）三辊轴机组铺筑作业要点

1. 基层处理

布料前虚将基层清扫干净，并洒水润湿。

2. 卸料

应有专人指挥车辆均匀卸料。

3. 布料及松铺控制

布料应与摊铺速度相适应，不适应时应配备适当的布料机械。坍落度为10～40mm的拌和物，松铺系数为1.12～1.25。坍落度大时取低值，坍落度小时取高值。超高路段，横坡高侧取高值，横坡低侧取低值。

4. 振捣作业

混凝土拌和物布料长度大于l0m时，可开始振捣作业。

密排振捣棒组间歇插入振实时，每次移动距离不宜超过振捣棒有效作用半径的1.5倍，并不得大于500mm，振捣时间宜为15～30s。排式振捣机连续拖行振实时，作业速度宜控制在4m/min以内。

排式振捣机应匀速缓慢、连续不间断地振捣行进。其作业速度以拌和物表面不露粗集料、液化表面不再冒气泡并泛出水泥浆为准。

5. 安装纵缝拉杆

面板振实后，应立即安装纵缝拉杆。

6. 三辊轴整平机作业

（1）作业单元划分：三辊轴整平机按作业单元分段整平，作业单元长度宜为20～30m，振捣机振实与三辊轴整平两道工序之间的时间间隔不宜超过15min。

（2）料位高差控制：三辊轴滚压振实料位高差宜高于模板顶面5～20mm，过高时应铲除，过低应及时补料。

（3）滚压方式与遍数：三辊轴整平机在一个作业单元长度内，应采用前进振动、后退静滚方式作业，宜分别2～3遍；最佳滚压遍数应经过试铺确定。

（4）在三辊轴整平机作业时，应有专人处理轴前料位的高低情况，过高时，应辅以人工铲除，轴下有间隙时，应使用混凝土找补。

（5）滚压完成后，将振动辊轴抬离模板，用整平轴前后静滚整平，直到平整度符合要求、表面砂浆厚度均匀为止。

（6）表面砂浆厚度宜控制在4±1mm，三辊轴整平机前方表面过厚、过稀的砂浆必须刮除丢弃。

7. 精平饰面

应采用3～5m刮尺，在纵、横两个方向进行精平饰面，每个方向不少于两遍。也可采用旋辖抹面机密实精平饰面两遍。

四、轨道摊铺机铺筑

（一）机械选型与配套

（1）轨道摊铺机的选型应根据路面车道数或设计宽度进行选择。最小摊铺宽度不得小于单车道 3.75m。

(2) 轨道摊铺机按布料方式不同，可选用刮板式、箱式和螺旋式布料机械。

(二) 轨道摊铺机铺筑作业要点

1. 布料

(1) 基层处理。布料前应将基层清扫干净，并洒水润湿。

(2) 布料方式。使用轨道摊铺机前部配备的螺旋布料器或可上下左右移动的刮板布料，料堆不得过高过大，亦不得缺料。可使用挖掘机、装载机或人工辅助布料。螺旋布料器前的拌和物应保持在面板以上 100mm 左右，布料器后宜配备松铺高度控制刮板。也可使用有布料箱的轨道摊铺机精确布料，箱式轨道摊铺机的料斗出料口关闭时，装进拌和物并运到布料位置后，轻轻打开料斗出料口，待拌和物堆成堤状，左右移动料斗布料。

(3) 坍落度与松铺控制。轨道摊铺时的适宜坍落度按振捣密实情况宜控制在 20～40mm 之间。不同坍落度时的松铺系数 K 可参考表 3-4-15 确定，并按此计算出松铺高度。

表 3-4-15　　松铺系数 K 与坍落度 S_L 的关系

坍落度 S_L (mm)	5	10	20	30	40	50	60
松铺系数 K	1.30	1.25	1.22	1.19	1.17	1.15	1.12

(4) 钢筋混凝土路面布料。当施工钢筋混凝土路面时，宜选用（两台）箱型轨道摊铺机分两层两次布料，可在第一层布料完成后，将钢筋网片安装好，再进行表面第二层布料，然后一次振实；也可两次布料两次振实，中间安装钢筋网。采用双层两遍摊铺钢筋混凝土路面时，下部混凝土的布料与摊铺长度应根据钢筋网片长度和第一层混凝土凝结情况而定，且不宜超过 20m。

2. 振实作业

(1) 振捣棒组作业。轨道摊铺机应配备振捣棒组，振捣方式有斜插连续拖行及间歇垂直插入两种，当面板厚度超过 150mm、坍落度小于 30mm 时，必须插入振捣；连续拖行振捣时，宜将作业速度控制在 0.5～1.0m/min 之间，并随着坍落度的大小而增减。间歇振捣时，当一处混凝土振捣密实后，将振捣棒组缓慢拔出，再移动到下一处振实，移动距离不宜大于 500mm。

(2) 振动板或振动梁作业。轨道摊铺机应配备振动板或振动梁对混凝土表面进行振捣和修整，振动梁的振捣频率宜控制在 50～100Hz，偏心轴转速调节到 2500～3500r/min。经振捣棒组振实的混凝土，宜使用振动板振动提浆，并密实饰面，提浆厚度宜控制在 4±1mm。

3. 整平饰面

(1) 整平滚筒作业面。往复式整平滚筒前的混凝土堆积物应涌向横坡高的一侧，保证路面横坡高端有足够的料找平。

(2) 清理与整平。及时清理因整平推挤到路面边缘的余料，以保证整平精度和整平机械在轨道上的作业行驶。

(3) 抹平作业。轨道摊铺机上宜配备纵向或斜向抹平板。纵向抹平板随轨道摊铺机作业行进可左右贴表面滑动并完成表面修整；斜向修整抹平板作业时，抹平板沿斜向左右滑动，同时随机身行进，完成表面修整。

4. 精平饰面

应采用 3～5m 刮尺，在纵、横两个方向进行精平饰面，每个方向不少于两遍。也可采用旋转抹面机密实精平饰面两遍。

五、小型机具铺筑

（一）小型机具配套

小型机具性能应稳定可靠，操作简易，维修方便，机具配套应与工程规模、施工进度相适应。

（二）摊铺、振实与整平

1. 摊铺

(1) 摊铺前检查。混凝土拌和物摊铺前，应对模板的位置、支撑稳固情况，以及传力杆、拉杆的安设等进行全面检查。修复破损基层，并洒水润湿。用厚度标尺板全面检测板厚，与设计值相符方可开始摊铺。

(2) 卸料。专人指挥自卸车，尽量准确卸料。

(3) 人工布料。人工布料应用铁锹反扣，严禁抛掷和耧耙。

(4) 坍落度控制。人工摊铺混凝土拌和物的坍落度应控制在 5～20mm 之间。

(5) 松铺系数控制。拌和物松铺系数宜控制在 1.10～1.25 之间，料偏干，取较高值；反之，取较低值。

(6) 停工等待时间。因故造成 1h 以上停工或达到 2/3 初凝时间，致使拌和物无法振实时，应在已铺筑好的面板端头设置施工缝，废弃不能被振实的拌和物。

2. 插入式振捣棒振实

(1) 在待振横断面上，每车道路面应使用两根振捣棒，组成横向振捣棒组，沿横断面连续振捣密实，并应注意路面板底、内部和边角处不得欠振或漏振。

(2) 振捣棒在每一处的持续时间，应以拌和物全面振动液化、表面不再冒气泡和泛水泥浆为限，不宜过振，也不宜少于 30s。振捣棒的移动间距不宜大于 500mm；至模板边缘的距离不宜大于 200mm。应避免碰撞模板、钢筋、传力杆和拉杆。

(3) 振捣棒插入深度宜离基层 30～50mm，振捣棒应轻插慢提，不得猛插快拔，严禁在拌和物中推行和拖拉振捣棒振捣。

(4) 振捣时，应辅以人工补料，应随时检查振实效果、模板、拉杆、传力杆和钢筋网的移位、变形、松动、漏浆等情况，并及时纠正。

3. 振动板振实

(1) 在振捣棒已完成振实的部位，可开始用振动板纵横交错两遍全面提浆振实，每车道路面应配备 1 块振动板。

(2) 振动板移位时，应重叠 100～200mm，振动板在一个位置的持续振捣时间不应少于 15s。振动板须由两人提拉振捣和移位，不得自由放置或长时间持续振动。移位控制以振动板底部和边缘泛浆厚度 3±1mm 为限。

(3) 缺料的部位，应辅以人工补料找平。

4. 振动梁振实

(1) 每车道路面宜使用1根振动梁。振动梁应具有足够的刚度和质量，底部应焊接或安装深度4mm左右的粗集料压实齿，保证4±1mm的表面砂浆厚度。

(2) 振动梁应垂直路面中线沿纵向拖行，往返2～3遍，使表面泛浆均匀平整。在振动梁拖振整平过程中，缺料处应使用混凝土拌和物填补，不得用纯砂浆填补；料多的部位应铲除。振实是摊铺中的关键工序。4m宽路面小型机具摊铺时应按“2—1—1—1”原则配制机具，即采用2个振捣棒、1块振动板、1根振捣梁和1根滚杠；8m宽路面小型机具摊铺时应按“4—2—2—2”原则配制机具，即采用4个振捣棒、2块振动板、2根振捣梁和2根滚杠。

5. 整平饰面

(1) 每车道路面应配备1根滚杠（双车道两根）。振动梁振实后，应拖动滚杠往返2～3遍提浆整平。第一遍应短距离缓慢推滚或拖滚，以后应较长距离匀速拖滚，并将水泥浆始终赶在滚杠前方。多余水泥浆应铲除。

(2) 拖滚后的表面宜采用3m刮尺，纵横各1遍整平饰面，或采用叶片式或圆盘式抹面机往返2～3遍压实整平饰面。抹面机配备每车道路面不宜少于1台。

(3) 精平饰面：在抹面机完成作业后，应进行清边整缝，清除粘浆，修补缺边、掉角。应使用抹刀将抹面机留下的痕迹抹平，当烈日暴晒或风大时，应加快表面的修整速度，或在防雨篷遮阴下进行。精平饰面后的面板表面应无抹面印痕，致密均匀，无露骨，平整度应达到规定要求。

第六节 水泥混凝土面层接缝、抗滑构造的施工与养生

一、接缝施工

(一) 纵缝施工

(1) 纵向施工缝。当一次铺筑宽度小于路面和硬路肩总宽度时，应设纵向施工缝，其位置应避开轮迹带，并重合或靠近车道线，构造可采用平缝加拉杆型。采用滑模施工时，纵向施工缝的拉杆可用摊铺机的侧向拉杆装置插入。采用固定模板施工方式时，应在振实过程中从侧模预留孔中手工插入拉杆。

(2) 纵向缩缝。当一次铺筑宽度大于4.5m时，应采用假缝拉杆型纵向缩缝，即锯切纵向缩缝。纵缝位置应按车道宽度设置，并在摊铺过程中用专用的拉杆插入装置插入拉杆。

(3) 钢筋混凝土路面、桥面和搭板的纵缝拉杆可由横向钢筋延伸穿过接缝代替。钢纤维混凝土路面纵向缩缝可不设拉杆，纵向施工缝应设拉杆。

(4) 插入的侧向拉杆应牢固，不得松动、碰撞或拔出。若发现拉杆松脱或漏插，应在横向相邻路面摊铺前重新钻孔植入。当发现拉杆可能被拔出时，宜进行拉杆拔出力（握裹力）检验。

（二）横缝施工

1. 横向施工缝施工

每天摊铺结束或摊铺中断时间超过 30min 时，应设置横向施工缝，其位置宜与胀缝或缩缝重合；确有困难不能重合时，施工缝应采用设螺纹传力杆的企口缝形式。横向施工缝应与路中心线垂直。横向施工缝在缩缝处采用平缝加传力杆型，在胀缝处其构造与胀缝相同。

2. 横向缩缝施工

（1）普通混凝土路面横向缩缝宜等间距布置，不宜采用斜缝；不得不调整板长时，最大板长不宜大于 6.0m，最小板长不宜小于板宽。

（2）在中、轻交通的混凝土路面上，横向缩缝可采用不设传力杆的假缝型。

（3）在特重和重交通公路、收费广场、邻近胀缝或路面自由端的三条缩缝应采用假缝加传力杆型。

缩缝传力杆的施工方法可采用前置钢筋支架法或传力杆插入装置（DBI）法。钢筋支架应具有是够的刚度，传力杆应准确定位，摊铺之前应在基层表面放样，并用钢钎锚固，宜使用手持振捣棒振实传力杆高度以下的混凝土，然后机械摊铺。传力杆无防粘涂层一侧应焊接，有涂料一侧应绑扎。用 DBI 法置入传力杆时，应在路侧缩缝切割位置作标记，保证切缝位于传力杆中部。

3. 胀缝施工

（1）普通混凝土路面的胀缝应设置胀缝补强钢筋支架、胀缝板和传力杆。钢筋混凝土和钢纤维混凝土路面可不设钢筋支架。胀缝宽 20～25mm，使用沥青或塑料薄膜滑动封闭层时，胀缝板及填缝宽度宜加宽到 25～30mm。传力杆一半以上长度的表面应涂防粘涂层，端部应戴活动套帽。胀缝板应与路中心线垂直，缝壁垂直；缝隙宽度一致；缝中完全不连浆。

（2）胀缝应采用前置钢筋支架法施工，也可预留一块面板，高温时再铺封。前置法施工，应预先加工、安装和固定胀缝钢筋支架，并在使用手持振捣棒振实胀缝板两侧的混凝土后再摊铺。宜在混凝土未硬化时，剔除胀缝板上部的混凝土，嵌入（20～25）mm×20mm 的木条，整平表面。胀缝板应连续贯通整个路面板宽度。

（三）拉杆、胀缝板、传力杆等设置精度

拉杆、胀缝板、传力杆及其套帽、滑移端设置精确度应符合表 3－4－16 的要求。

表 3－4－16　拉杆、胀缝板、传力杆及其套帽、滑移端设置精确度

项目	允许偏差（mm）	测量位置
传力杆端上下左右偏斜偏差	10	在传力杆两端测量
传力杆在板中心上下左右偏差	20	以板面为基准测量
传力杆沿路面纵向前后偏位	30	以缝中心线为准
拉杆深度偏差及上下左右偏斜偏差	10	以板厚和杆端为基准测量
拉杆端及在板中上下左右偏差	20	杆两端和板面测量
拉杆沿路面纵向前后偏位	30	纵向测量

续表

项　　目	允许偏差（mm）	测量位置
胀缝传力杆套帽长度不小于 100 mm	10	以封堵帽端起测
缩缝传力杆滑移端长度大于 1/2 杆长	20	以传力杆长度中间起测
胀缝板倾斜偏差	20	以板底为准
胀缝板的弯曲和位移偏差	10	以缝中心线为准

注　胀缝板不允许混凝土连浆，必须完全隔断。

（四）切缝

贫混凝土基层、各种混凝土面层、加铺层、桥面和搭板的纵、横向缩缝均应采用切缝法施工。切缝作业应符合下列规定。

1. 切横向缩缝

（1）横向缩缝的切缝方式有全部硬切缝、软硬结合切缝和全部软切缝三种，切缝方式的选用应由施工期间该地区路面摊铺完毕到切缝时的昼夜温差确定，宜参照表 3－4－17 选用。

表 3－4－17　　根据施工气温所推荐的切缝方式

昼夜温差①（℃）	切　缝　方　式	缩　缝　切　深
<10	硬切缝，最长时间不得超过 24h	硬切缝，为板厚的 1/4～1/5
10～15	软硬结合切缝，每隔 1～2 条提前软切缝，其余用硬切缝补切	软切深度不应小于 60 mm；不足者应硬切补深到板厚的 1/3，已断开的缝不补切
>15	宜全部软切缝，抗压强度约为 1～1.5MPa，人可行走；软切缝不宜超过 6h	软切缝深大于等于 60 mm，未断开的接缝，应硬切补深到不小于板厚的 1/4

① 降雨后刮风会引起路面温度骤降，若面板昼夜温差在表中规定的范围内，则应按表中方法提早切缝。

（2）对分幅摊铺的路面，应在先摊铺的混凝土板横缩缝已断开的部位作标记，后摊铺的路面应对齐已断开的横缩缝提前软切缝。

（3）有传力杆缩缝的切缝深度应为板厚的 1/3～1/4，最浅不得小于 70mm；无传力杆缩缝的切缝深度应为板厚的 1/4～1/5，最浅不得小于 60mm。

2. 切纵向施工缝与涂沥青

高速公路和一级公路及路基高度大于等于 10m 的高边坡、软基及填挖交界路段、桥头搭板、桥面板的纵向施工缝，应在上半部涂满沥青，然后硬切缝，并填缝。二级及其以下公路一般路段的纵向施工缝在上半部涂满沥青后，可不切缝。

3. 切纵向缩缝

对已插入拉杆的纵向假缩缝，切缝深度不应小于板厚的 1/3 ～1/4，最浅切缝深度不应小于 70mm，纵、横缩缝宜同时切缝。

4. 缩缝结构

缩缝切缝宽度宜控制在 4～6mm，切缝时锯片晃度不应大于 2mm。可先用薄锯片锯切到要求深度，再使用 6～8mm 厚锯片或叠合锯片扩宽填缝槽，填缝槽深度宜为 25～30mm，宽度宜为 7～10mm。缩缝切缝、填缝（槽）、垫条细部尺寸如图 3－4－20

所示。

5. 变宽度路面的切缝要求

在变宽度路面上，宜先切缝划分板宽。匝道上的纵缝宜避开轮迹带位置。横缝应垂直于每块面板的中心线。变宽度路面缩缝，允许切割成小转角的折线，相邻板的横向缩缝切口必须对齐，允许偏差不得大于5mm。

（五）灌缝

混凝土板养生期满后，应及时灌缝。

1. 灌缝技术要求

（1）清缝。应先采用切缝机清除接缝中夹杂的砂石、凝结的泥浆等，再使用压力不小于0.5MPa的压力水和压缩空气彻底清除接缝中的尘土及其他污染物，确保缝壁及内部清洁、干燥。缝壁检验以擦不出灰尘为灌缝标准。

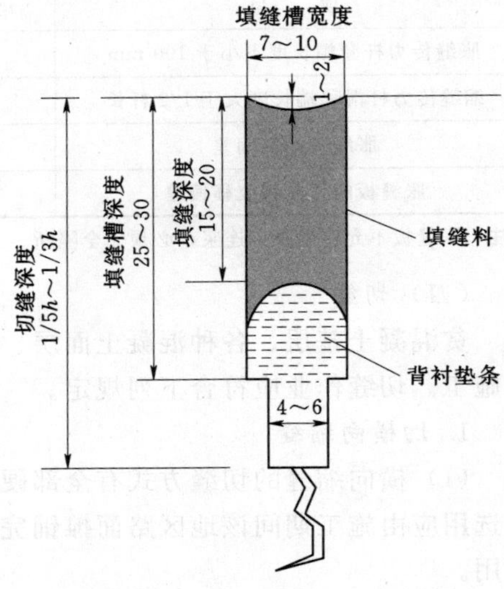

图3-4-20　缩缝切缝、填缝（槽）、垫条细部尺寸（单位：mm）

（2）配填缝料。使用常温聚氨酯和硅树脂等填缝料时，应按规定比例将两组分材料按1h灌缝量混拌均匀后使用。

（3）热灌填缝料应保温使用。使用加热填缝料时应将填缝料加热至规定温度。加热过程中应将填缝料融化，搅拌均匀，并保温使用。

（4）灌缝的形状系数控制。灌缝的形状系数（即灌缝槽的深宽比）宜控制在2左右，灌缝深度宜为15～20mm，最浅不得小于15mm，如图3-4-20所示。先挤压嵌入直径9～12mm多孔泡沫塑料背衬条，再灌缝。灌缝顶面热天应与板面齐平；冷天应填为凹液面，中心低于板面1～2mm。填缝必须饱满、均匀、厚度一致，并连续贯通，填缝料不得缺失、开裂和渗水。

（5）填缝料的养生与保护。常温施工式填缝料的养生期，低温天宜为24h，高温天宜为12h。加热施工式填缝料的养生期，低温天宜为2h，高温天宜为6h。在灌缝料养生期间应封闭交通。

2. 胀缝和桥台隔离缝的填缝

路面胀缝和桥台隔离缝等应在填缝前凿去接缝板顶部嵌入的木条，涂黏结剂后，嵌入胀缝专用多孔橡胶条或灌进适宜的填缝料，当胀缝的宽度不一致或有啃边、掉角等现象时，必须灌缝。

二、抗滑构造施工

（一）抗滑构造技术要求

各交通等级混凝土面层交工时的表面抗滑技术要求应符合《公路工程质量检验评定标准》（JTG F80/1—2004）的要求，构造深度应均匀，耐磨抗冻，不影响路面和桥面的平整度。

（二）抗滑构造施工

1. 软拖细观构造施工

摊铺完毕或精整平表面后，宜使用钢支架拖挂1～3层叠合麻布、帆布或棉布，洒水湿润后作拉毛处理。布片接触路面的长度以0.7～1.5m为宜，细度模数偏大的粗砂，拖行长度取小值；砂较细，取大值。人工修整表面时，宜使用木抹。用钢抹修整过的光面，必须再拉毛处理，以恢复细观抗滑构造。

2. 软拉宏观构造施工

当日施工进度超过500m时，抗滑沟槽制作宜选用拉毛机械施工，没有拉毛机时，可采用人工拉槽方式。在混凝土表面泌水完毕20～30min内应及时进行拉槽。拉槽深度应为2～4mm，槽宽3～5mm，槽间距15～25mm。可施工等间距或非等间距抗滑槽，为减小噪声，宜采用后者。衔接间距应保持一致。

3. 硬刻槽施工

（1）特重和重交通混凝土路面宜采用硬刻槽，凡使用圆盘、叶片式抹面机精平后的混凝土路面、钢纤维混凝土路面必须采用硬刻槽方式制作抗滑沟槽。

（2）可采用等间距刻槽，其几何尺寸与软拉宏观构造施工的相同；为降低噪声宜采用非等间距刻槽，尺寸宜为：槽深3～5mm，槽宽3mm，槽间距在12～24mm之间随机调整。

（3）路面结冰地区，硬刻槽的形状宜使用上宽6mm、下窄3mm的梯形槽；硬刻槽机重量宜重不宜轻，一次刻槽最小宽度不应小于500mm；硬刻槽时不应掉边角，亦不得中途抬起或改变方向，并保证硬刻槽到面板边缘。抗压强度达到40%后可开始硬刻槽，并宜在两周内完成。硬刻槽后应随即将路面冲洗干净，并恢复路面的养生。

（4）一般路段可采用横向槽或纵向槽，在弯道或要求减噪的路段宜使用纵向槽。

（5）年降雨量小于250mm地区的各级公路混凝土路面，可不拉毛和刻槽；年降雨量为250～500mm的地区，当组合坡度小于3%时，可不拉毛与刻槽；高寒和寒冷地区混凝土路面的停车带边板和收费站广场，可不制作抗滑沟槽；隧道内混凝土路面和钢纤维混凝土路面可不做抗滑构造。

4. 抗滑构造恢复

新建路面或1d路面抗滑构造不满足要求时，可采用硬刻槽或喷砂打毛等方法加以恢复。

三、混凝土路面养生

1. 养生方式选择

混凝土路面铺筑完成或软作抗滑构造完毕后应立即开始养生，确保混凝土表面始终处于潮湿状态。

机械摊铺的各种混凝土路面、桥面及搭板宜采用喷洒养生剂同时保湿覆盖的方式养生。在雨天或养生用水充足的情况下，也可采用覆盖保湿膜、土工毡、土工布、麻袋、草袋、草帘等洒水湿养生方式，不宜使用围水养生方式。

2. 喷洒养生剂养生

混凝土路面采用喷洒养坐剂养生时，喷洒应均匀，成膜厚度应足以形成完全密闭水分的薄膜，喷洒后的表面不得有颜色差异。

喷洒时间宜在表面混凝土泌水完毕后进行。喷洒高度宜控制在0.5～1m。使用一级品养生剂时，最小喷洒剂量不得少于0.30kg/m²；合格品的最小喷洒剂量不得少于0.35kg/m²。不得使用易被雨水冲刷掉的和对混凝土强度、表面耐磨性有影响的养生剂。

当喷洒一种养生剂达不到90%以上有效保水率要求时，可采用两种养生剂各喷洒一层或喷一层养生剂再加覆盖的方法。

3. 覆盖复合养生膜或塑料薄膜养生

覆盖塑料薄膜养生的初始时间，以不压坏细观抗滑构造为准。薄膜厚度（韧度）应合适，宽度应大于覆盖面600mm。两条薄膜对接时，搭接宽度不应小于400mm，养生期间应始终保持薄膜完整盖满。

4. 其他材料覆盖洒水养生

（1）宜使用保湿膜、土工毡、土工布、麻袋、草袋、草帘等覆盖物保湿养生并及时洒水，保持混凝土表面始终处于潮湿状态，并由此确定每天的洒水遍数。

（2）昼夜温差大于10℃以上的地区或日平均温度不大于5℃施工的混凝土路面应采取保温保湿养生措施。

5. 养生时间

养生时间应根据混凝土弯拉强度增长情况而定，不宜小于设计弯拉强度的80%，应特别注重前7d的保湿（温）养生。一般养生天数宜为14～21d，高温天不宜少于14d，低温天不宜少于21d。掺粉煤灰的混凝土路面，最短养生时间不宜少于28d，低温天应适当延长。

6. 养生期保护

混凝土面板养生初期，严禁人、畜、车辆通行；在达到设计强度40%后，行人方可通行。在路面养生期间，平交道口应搭建临时便桥。面板达到设计弯拉强度后，方可开放交通。

复习思考题

1. 水泥混凝土路面的接缝分为哪几种？作用是什么？
2. 水泥混凝土路面的施工方法有哪些？施工过程及注意事项是什么？
3. 水泥混凝土路面抗滑构造的作用是什么？如何施工？

参考文献

[1] 夏连学．路面施工技术．北京：人民交通出版社，2001.
[2] 文德云．公路施工技术．北京：人民交通出版社，2003.
[3] 李建斌．沥青路面施工技术．北京：中国建筑工业出版社，2009.
[4] 王爱迎．公路地基处理技术与应用．青岛：山东大学出版社，2009.
[5] 韩山东．公路工程施工测量．北京：人民交通出版社，2004.
[6] 俞高明．公路施工技术．北京：人民交通出版社，2009.
[7] JTG F10—2006 公路路基施工技术规范．北京：人民交通出版社，2006.
[8] JTG F40—2004 公路沥青路面施工技术规范．北京：人民交通出版社，2004.
[9] JTG F30—2003 公路水泥混凝土路面施工技术规范．北京：人民交通出版社，2003.